蹒跚复苏的世界经济

新格局、新风险与新机遇

2021—2022年
世界经济分析报告

赵蓓文 等 著

"世界经济分析报告"系列
编委会名录

学术顾问
  权　衡　王德忠　张幼文　徐明棋
编委会主任
  赵蓓文
编委会成员
  胡晓鹏　王　莹　孙立行　苏　宁
  沈玉良　高洪民　黄烨菁　智　艳
  姜云飞　刘　芳　陈陶然　唐杰英
  张天桂　徐乾宇

目 录

第一章　2021年世界经济回顾 ······ 001
第一节　2021年世界经济的新亮点 ······ 001
一、共同抗疫：全球合作致力经济复苏 ······ 001
二、宏观政策：适时调整助力经济复苏 ······ 003
三、绿色复苏：全球经济复苏的关键 ······ 004
四、数字经济：全球经济复苏的新引擎 ······ 004
五、危中有机：疫情背景下的全球经济复苏 ······ 007

第二节　2021年世界经济的主要问题 ······ 013
一、疫情反复，增强经济复苏不确定性 ······ 013
二、通胀成为全球经济的主要风险点 ······ 014
三、供应链受阻成为经济复苏的障碍 ······ 016
四、全球经济复苏逐渐呈现分化趋势 ······ 017
五、全球贸易投资规则正在加速重构 ······ 018
六、气候变化与人口老龄化问题加剧 ······ 019

第二章　影响2022年世界经济增长的主要因素 ······ 020
第一节　疫情反复是影响世界经济增长的最大不确定因素 ······ 020
一、几轮疫情对全球经济造成持续冲击 ······ 020
二、2022年经济波动风险依然存在 ······ 021

第二节　持续高通胀是世界经济增长的重要风险 ······ 022
一、此轮高通胀具有明显的结构性差异 ······ 022
二、此轮高通胀给全球经济带来高风险 ······ 023

第三节　发达和发展中经济体的分化为世界经济稳定复苏埋下隐患 ······ 024
一、全球经济复苏呈分化趋势 ······ 024
二、发达和发展中经济体分化的具体表现 ······ 025

第四节　全球产业链重构或将重塑国际分工格局 ………………………… 027
一、全球产业链有重构的趋势 ……………………………………………… 027
二、中国在稳定全球产业链中发挥重要作用 ……………………………… 027

第五节　科技创新和绿色经济成为推动经济复苏的新动能 ………………… 028
一、科技创新为全球经济复苏提供新动能 ………………………………… 028
二、绿色经济为全球经济复苏带来新机遇 ………………………………… 029

第三章　2022 年世界经济发展的新趋势 ……………………………………… 032

第一节　世界经济新趋势 ………………………………………………………… 032
一、世界经济：复苏势头被扰动 …………………………………………… 032
二、发达经济体：美欧经济持续分化 ……………………………………… 037
三、新兴经济体：持续为全球经济注入活力 ……………………………… 039

第二节　国际金融新趋势 ………………………………………………………… 041
一、强势美元导致全球资本市场风险加大 ………………………………… 041
二、俄乌冲突导致大宗商品价格波动加剧 ………………………………… 043
三、宏观政策负面效应导致债务压力普遍加重 …………………………… 044

第三节　世界贸易新趋势 ………………………………………………………… 047
一、世界贸易：总额上涨但增速下滑 ……………………………………… 047
二、贸易保护主义愈演愈烈 ………………………………………………… 050

第四节　全球投资新趋势 ………………………………………………………… 053
一、战争不确定性加剧跨国直接投资的避险情绪 ………………………… 053
二、主要央行加息下，并购投资减少 ……………………………………… 054

第四章　中国经济：稳定复苏中回归合理增长区间 …………………………… 056

第一节　需求侧：内需稳定复苏，外需高速增长 ……………………………… 057

一、2021—2022年中国投资总体平稳，投资结构不断改善 …………… 057
二、2021—2022年消费增长放缓，尚未恢复到预期水平 ……………… 059
三、2021—2022年进出口较快增长，成为经济亮点 …………………… 061

第二节　供给侧：工业表现优于服务业，就业总体平稳 …………………… 063
一、2021—2022年工业韧性较强，高技术产业发展势头良好 ………… 064
二、2021—2022年服务业复苏力度较弱，线上行业表现更好 ………… 065
三、2021—2022年就业总体平稳 ………………………………………… 066

第三节　中国经济的新风险 …………………………………………………… 067
一、2022年底后，中国短期内将面临经济波动 ………………………… 068
二、房地产行业下行压力仍然较大，市场主体信心尚未修复 ………… 068
三、人口老龄化挑战加剧 ………………………………………………… 068
四、地方政府财政平衡承压，少收多支矛盾加剧 ……………………… 069
五、外部投资、贸易环境持续恶化 ……………………………………… 070

第四节　中国经济的新动力 …………………………………………………… 071
一、防控措施持续优化，疫情对经济社会发展的影响减少 …………… 071
二、政策助力打通发展难点、提升经济长期增长潜力 ………………… 072
三、健全国家安全体系，保障社会经济平稳运行 ……………………… 072
四、绿色转型与高质量发展持续推进 …………………………………… 073
五、对外开放持续扩大，国内国际双循环互相促进 …………………… 074

第五章　美国经济："拜登新政"及其"得失参半" …………………………… 075
第一节　2021年美国经济运行的主要特征 ………………………………… 075
一、经济强劲复苏 ………………………………………………………… 076
二、失业率维持低位 ……………………………………………………… 076
三、资本市场繁荣 ………………………………………………………… 076

四、通胀水平高企 …………………………………………………………… 076
五、政府债务膨胀 …………………………………………………………… 077
六、贸易失衡加剧 …………………………………………………………… 077
七、房地产市场升温 ………………………………………………………… 077
八、金融体系总体平稳,但金融风险不断积聚 …………………………… 078
九、基础设施投资取得进展,但供给侧改革依然任重道远 ……………… 078

第二节 影响2022年美国经济走势的主要因素 ……………………………… 079
一、宏观经济政策工具的支撑作用或不及预期 …………………………… 079
二、需求对经济增长的带动作用难以有效发挥 …………………………… 080
三、供给恢复不充分不均衡延缓经济复苏进程 …………………………… 080
四、通货膨胀持续高企 ……………………………………………………… 081

第三节 2022年中美经贸合作的新动向 ……………………………………… 083
一、2020年以来的中美经贸合作 …………………………………………… 083
二、中美经贸合作寻求新的调整 …………………………………………… 085
三、中美经贸合作面临新挑战 ……………………………………………… 086
四、中美元首会晤 …………………………………………………………… 086

第六章 欧盟经济:复苏进程遭遇能源危机挑战 …………………………… 088

第一节 2021—2022年欧盟经济的主要特征 ………………………………… 088
一、主要经济指标表现 ……………………………………………………… 088
二、主要成员国宏观经济运行的主要特征 ………………………………… 092

第二节 影响欧盟经济走势的主要因素 ……………………………………… 094
一、能源危机持续,导致生活和制造成本高企 …………………………… 094
二、财政负担加重,导致债务风险攀升 …………………………………… 096
三、货币政策转向,导致融资成本上升 …………………………………… 099

第三节　2022年中欧经贸合作的新动向 ………………………………………… 100
　一、双边贸易额持续攀升 …………………………………………………… 100
　二、双边投资冷却后出现回暖 ……………………………………………… 101

第七章　日韩经济：增长分化中负重前行 …………………………………… 103
第一节　日本经济：复苏艰难又遭遇多重挑战 ……………………………… 103
　一、2021—2022年日本经济形势 …………………………………………… 103
　二、经济振兴政策 …………………………………………………………… 107
　三、长期问题与短期冲击 …………………………………………………… 111
第二节　韩国经济：强劲复苏中面临不确定性 ……………………………… 114
　一、2021—2022年韩国经济形势 …………………………………………… 114
　二、经济提振对策 …………………………………………………………… 117
　三、长期问题及短期冲击 …………………………………………………… 120
第三节　中国与日韩经贸合作 ………………………………………………… 122
　一、中日经贸合作 …………………………………………………………… 122
　二、中韩经贸合作 …………………………………………………………… 123
　三、RCEP对日韩经贸合作的影响 ………………………………………… 125

第八章　东盟经济：RCEP助力"共同应对挑战" …………………………… 126
第一节　2021年的东盟经济：在疫情反复中加快数字化转型 ……………… 126
　一、经济增速大幅回调，业已由负转正 …………………………………… 126
　二、货物贸易大幅上涨，再回增长轨道 …………………………………… 128
　三、FDI流入大幅增长，再当全球引擎 …………………………………… 128
　四、RCEP生效条件达成，经济转型加快 ………………………………… 129
　五、疫情及其应对是影响复苏的重要因素 ………………………………… 130

第二节 2022年的东盟经济：在RCEP效应释放中加快一体化 ……………… 131
　一、东盟经济增速在全球增速大幅放缓中继续加快，通胀压力增大 ……… 132
　二、货物贸易继续快速增长 ……………………………………………… 133
　三、FDI重要目的地地位在全球供应链重塑中稳固 …………………… 135
　四、区域经济一体化在RCEP正式实施中加快步伐 …………………… 136

第三节 中国-东盟经济：聚焦可持续发展合作 …………………………… 137
　一、东盟继续为中国第一大货物贸易伙伴 ……………………………… 137
　二、东盟继续为中国对外投资重要目的地 ……………………………… 138
　三、中国-东盟可持续发展合作亮点纷呈 ……………………………… 139
　四、3.0版FTA谈判正式启动，区域经济一体化持续深入 …………… 141
　五、"两国双园"模式推广 ……………………………………………… 141

第九章　印度经济：潜力释放后经济保持较快增长 ……………………… 143

第一节 2021—2022年印度经济运行的主要特征 ………………………… 143
　一、2021年整体经济增速亮眼 ………………………………………… 143
　二、2021年经济复苏不均衡 …………………………………………… 145
　三、2022年经济保持较快增长 ………………………………………… 148
　四、人均GDP水平仍然较低 …………………………………………… 148
　五、对外贸易发展迅速，但逆差依旧巨大 ……………………………… 149

第二节 影响2022年印度经济的主要因素 ………………………………… 150
　一、发展以服务业为主 …………………………………………………… 151
　二、工业化进程逐步步入正轨 …………………………………………… 151
　三、整体营商环境有待实质性改变 ……………………………………… 152

第三节 2022年中印经贸合作的新动向 …………………………………… 153
　一、中印经济存在互补空间 ……………………………………………… 153

二、中印在全球经济治理中的合作 ·· 154

第十章　俄罗斯经济：俄乌冲突和西方制裁下的韧性与隐忧 ················ 156
第一节　2021年的俄罗斯经济：稳步复苏中开始绿色转型 ················ 156
　　一、俄罗斯经济的主要特征 ·· 156
　　二、影响2021年俄罗斯经济的主要因素 ··· 167
第二节　2022年的俄罗斯经济：西方制裁下的韧性 ·························· 169
　　一、2022年俄罗斯经济的主要特征 ·· 169
　　二、影响2022年俄罗斯经济的主要因素 ··· 177
第三节　2022年中俄经贸合作新进展 ·· 185
　　一、中俄贸易额创下新高 ··· 185
　　二、中俄能源合作继续推进 ·· 186
　　三、重大项目取得持续进展 ·· 187
　　四、人民币在俄备受青睐 ··· 187

主要参考文献 ·· 189

后记 ·· 195

第一章
2021年世界经济回顾

2021年,世界经济从新冠肺炎疫情中艰难复苏。2021年前期,由于疫情得到有效控制以及全球各经济体宽松的财政货币经济政策的实施,全球经济在2020年低基数的基础上实现强劲复苏。后期由于疫情反弹,叠加各主要经济体的宏观经济政策趋于正常化,全球经济复苏步伐放缓。整体来看,世界经济迈入复苏通道,但是发达经济体和新兴经济体、低收入经济体之间,以及不同经济体内部的复苏分化明显。疫情带来的风险和不确定性、全球通胀不断攀升、债务高企、供应链瓶颈、气候恶化和人口老龄化加剧等问题成为影响世界经济实现包容性和可持续性复苏的关键变量。总体而言,2021年世界经济复苏受到多重冲击,积极因素和消极因素兼具,面临的风险和挑战增多。

第一节 2021年世界经济的新亮点

2021年全球经济复苏的进程困难重重。面对环境的恶化和疫情的挑战,全球各经济体加快对疫苗的研发和接种,采取灵活的宏观经济政策刺激经济的发展,加快推进数字经济和绿色经济发展,为世界经济的增长注入了新的动能。

一、共同抗疫:全球合作致力经济复苏

首先,全球共同合作加快疫苗研发。自新冠肺炎疫情暴发以来,全球经济体加快在疫苗研发领域的合作,在确保疫苗安全有效的情况下加快研发进程。2021年5月,国际货币基金组织(IMF)提供了500亿美元用于疫苗的研发,以加快在全球范围内普及疫苗。[①]据世界卫生组织统计,2021年12月,全球处于临床和临床前研究的疫

---

① IMF. IMF Annual Report 2021[EB/OL]. (2021-08-02)[2022-09-20]. https://www.imf.org/external/pubs/ft/ar/2021/eng/downloads/imf-annual-report-2021.pdf.

苗分别为 137 种和 194 种。①2021 年,疫苗的安全性和有效性得到了极大的提升,确诊病例死亡率从 1.83% 降低到 0.42%。全球的开放合作、资源共享和技术进步共同推进了疫苗的研发进程,2021 年全球的疫苗产能超 110 亿剂。②

其次,疫苗接种总量和覆盖率不断提升。从疫苗接种总量来看,截至 2021 年 12 月 27 日,全球范围内疫苗接种总量达 90.97 亿剂,其中人口较多的国家中中国、印度、美国的疫苗接种总量分别为 27.96 亿剂、14.35 亿剂和 5.06 亿剂。2021 年全球疫苗接种覆盖率持续上升(见图 1-1),2021 年 12 月全球接种疫苗的人口比例约达 58%,其中完全接种疫苗人口占比 49%,非完全接种疫苗人口占比 8.5%。全球疫情比较严重国家和地区的人口总量中已有很高的疫苗接种比例,如美国、欧盟、日本完全接种疫苗的人口比例分别达到 63%、69% 和 80%。③

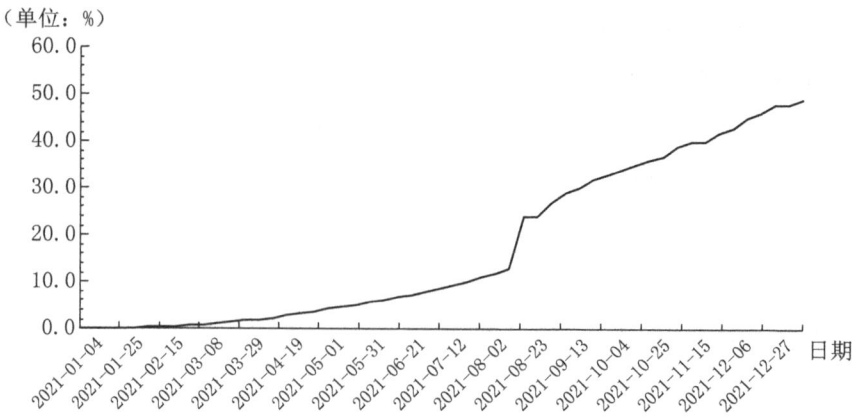

图 1-1 2021 年全球各时间点完全接种新冠肺炎疫苗情况

· 数据来源:WHO 官网。

最后,主要经济体放宽限制标准。2021 年,伴随疫苗接种覆盖率的提高,以及疫苗安全性和有效性的提升,全球主要经济体逐渐放宽各项疫情相关的限制措施。随着全球范围内新冠肺炎疫情的常态化,有关病毒检测和隔离的标准逐步放宽,极大地便利了正常的生产活动。全球主要经济体重新开放公共场所,全球范围内的经济活动逐渐增加,为全球经济的复苏提供了动力。

---

① WHO. COVID-19 vaccine tracker and landscape[DB/OL]. (2022-01-24)[2022-10-20]. https://www.who.int/publications/m/item/draft-landscape-of-covid-19-candidate-vaccines.
② Our World In Data. COVID-19 Vaccinations, Cases, Excess Mortality, and Much More[DB/OL]. (2022-10-20)[2022-10-20]. https://ourworldindata.org/grapher/covid-vaccine-doses-by-manufacturer?time=earliest.
③ Our World In Data. Coronavirus (COVID-19) Vaccinations[DB/OL]. (2022-10-20)[2022-10-20]. https://ourworldindata.org/covid-vaccinations.

二、宏观政策:适时调整助力经济复苏

一方面,采用前松后紧的货币政策。为应对疫情对全球经济的冲击,创造良好的货币环境,促进全球经济复苏,2021年前期,全球范围内普遍采取超宽松的货币政策。2021年8月23日,国际货币基金组织分配了6 500亿美元特别提款权,是规模最大的一次SDR分配,其中约3 750亿美元分配给发达国家,约2 750亿美元分配给新兴和发展中国家(其中包括低收入国家获得的份额,约为210亿美元)。[①]疫情暴发以来,全球发达经济体普遍采用"降息+量化宽松"等宽松的货币政策。2021年前期,美国将基准利率继续维持在0—0.25%,并继续采取了超宽松的量化宽松货币政策(QE),连续三次的量化宽松货币政策共向市场释放流动性高达9万亿美元;[②]欧盟、日本等发达经济体均保持宽松的货币政策。持续宽松的货币政策在增加市场流动性的同时,助长通胀在全球范围内上升。为避免通胀进入工资—价格螺旋式上涨模式,2021年后期各国逐步实行紧缩的货币政策。2021年7月以来,全球约75%的央行都实行了加息政策,各央行平均加息3.8次。2021年后期,为应对不断攀升的全球性通胀压力,发达经济体逐步结束宽松的货币政策,新兴经济体和发展中经济体率先进行加息。美联储在第四季度的货币政策转变为"减债+加息+缩表",将每月购债量削减至300亿美元。欧洲央行第四季度也放缓了紧急抗疫购债计划(PEEP)的速度,并计划到2022年3月底全部结束购债。英国央行年终放弃零利率,将基本利率上调至0.25%,成为第一个加息的欧洲发达经济体。2021年,新兴经济体和发展中经济体的加息速度快于发达经济体,平均加息达3%,约为发达经济体的两倍,其中巴西央行加息至9.25%,俄罗斯加息至8.50%。巴西央行将基准利率上调至5.25%。[③]

另一方面,采用针对性灵活的财政政策。新冠肺炎疫情暴发后,全球各经济体普遍采用宽松的货币政策与财政政策相结合的方式以应对疫情对经济的冲击。特别是,各经济体普遍采取财政直接投入、发行国债、减免税等更精准的财政政策,为经济的增长提供有力的保障。2021年,全球各经济体共提供抗疫财政支持大约16.9万亿美元,其中发达经济体比发展中经济体采取的财政措施更多。2021年,为缓解疫

---

① IMF. IMF Annual Report 2021[EB/OL]. (2021-08-02)[2022-09-20]. https://www.imf.org/external/pubs/ft/ar/2021/eng/downloads/imf-annual-report-2021.pdf.
② FRB. Monetary Policy Report—July 2021[EB/OL]. (2021-08-02)[2022-07-09]. https://www.federalreserve.gov/monetarypolicy/files/20210709_mprfullreport.pdf.
③ IMF. International Financial Statistics[EB/OL]. (2021-12-31)[2022-10-31]. https://data.imf.org/regular.aspx?key=61545855.

情对经济的巨大冲击,美国第一季度推出第一轮财政刺激方案约 2.2 万亿美元,主要用于医疗补助、企业救援和贫困补助。2021 年 12 月底推出了总计约 9 000 亿美元的财政方案,用于薪资保护、病毒治疗和交通行业等领域。① 欧盟推出 5 400 亿欧元的经济救助计划,以及 1.8 万亿欧元的全面复苏计划。日本推出了多个税种的税收优惠政策,2021 年减税的规模超过 500 亿日元。②

三、绿色复苏:全球经济复苏的关键

首先,全球各经济体的绿色复苏政策出台(见表 1-1)。新冠肺炎疫情暴发之后,全球各经济体更加关注经济的可持续发展水平,重视对环境的治理。经济复苏带来了生产生活方式的转变,加速了传统经济向绿色经济的转型。可持续发展是经济复苏的关键,绿色复苏是经济可持续发展的核心。和传统经济相比,绿色经济能带来更多的就业机会,大幅降低生产成本,更有利于经济的长期可持续发展。全球各经济体采取的绿色发展措施主要包括产业转型、利用可再生能源、科技创新等,争取到 2050 年全球实现碳净零排放。

其次,绿色可持续发展给经济复苏带来新契机。绿色经济给后疫情时代经济的发展带来新的发展机遇,具体表现在以下三个方面:第一,全球加快推进技术升级和产业转型。新冠肺炎疫情不仅给全球经济带来了重创,更是严重威胁到人类的生命健康和财产安全,人类日益认识到良好的生态环境对人类生存和发展的重要性。全球各经济体更加关注生存环境安全,加强对生态环境的治理和保护。各经济体对环境污染严重的企业积极进行技术升级或者产业转型,加快推进绿色可持续发展。第二,推动全球供应链向绿色低碳转变。目前为止,全球已超 120 个经济体提出碳中和的愿景。全球范围内正在加速形成以绿色环保为主题的更高标准的国际贸易规则体系。跨国公司在自身实现低碳发展的同时,也在供应链上推动上下游企业实现低碳要求。第三,绿色复苏经济催生了新业态,为各经济体提供了大量新的工作岗位。疫情一定程度上改变了人类的生产和生活方式,催生出大量的数字化、智能化、低碳化的新业态。新业态的出现促进了经济的发展,提供了大量新的工作岗位。

四、数字经济:全球经济复苏的新引擎

首先,疫情期间数字经济成为全球经济增长的重要支撑。疫情反复对全球各经

---

① IMF. Will Inflation Remain High? [J/OL]. (2022-04-07) [2022-10-31]. https://www.imf.org/en/Publications/fandd/issues/2022/03/Future-of-inflation-partI-Agarwal-kimball.
② IMF. Policy Response to COVID-1 [EB/OL]. (2021-07-02) [2022-09-20]. https://www.imf.org/en/Topics/imf-and-covid19/Policy-Responses-to-COVID-19#U.

表 1-1 全球主要国家和地区绿色政策汇总表

国家或地区	时 间	政 策
美国	2021年2月	美国签署重返"巴黎协定"法律文件,将启动1.9万亿美元发展绿色产业,同时创造7 000万个新能源就业岗位,2050年实现碳净零排放
	2021年4月	美国能源部将投资高达2.4亿美元,用于研究直接从空气中捕获碳排放技术,复制植物和树木吸收碳的方式
	2021年5月	美国能源部宣布为国家实验室提供5.4亿美元,以推进微电子的研究
	2021年6月	为其工业评估中心提供5.25亿美元的资金,帮助美国制造商和废水处理设施提高效率、节省资金并减少碳足迹,促进清洁能源经济的增长
	2021年7月	根据拜登对美国国家电网和基础设施现代化的承诺,能源宣传部分别从其贷款项目办公室和西部地区电力管理局电力输送基础设施项目获得50亿美元和32.5亿美元的贷款
	2021年7月	制定了2030年的海上风电目标,将部署30吉瓦海上风电机组,旨在推进美国海上风电行业发展,助力解决气候危机并创造就业机会
	2021年7月	美国基础设施计划总投资2万亿美元用于交通、建筑、创新和家庭护理等基础设施。与能源相关的投资包括:1 740亿美元用于电动车设施,850亿美元用于公共交通,1 000亿美元用于电网和清洁能源,460亿美元用于清洁能源制造,350亿美元用于气候技术,3 480亿美元用于建筑改造,800亿美元用于铁路服务,500亿美元用于提高交通部门的抗灾能力
	2021年9月	美国能源部科学办公室和大学主导的研究项目提供3亿美元,以开发新技术,旨在确保关键材料的国内供应链安全和多样化,并改善能源关键组件和高科技应用,如稀土和铂类元素的再利用和回收
	2021年10月	美国宣布提供6.14亿美元用于生产低成本、低碳的生物燃料,为目前难以电动化的重型车辆提供动力
	2021年10月	美国提出法案限制制冷剂中强温室气体的使用,以及延长对风能和太阳能的税收优惠,在2021年9月之前提供1.4亿美元的绿色资金,以及9 000亿美元的疫情救援方案
欧盟	2021年7月	建立互联欧洲基金项目,用于交通、数字和能源领域,该项目从2021年起,到2027年止,预算为337.1亿欧元。目标是促进脱碳和确保供应安全,进一步促进欧洲能源市场的一体化
	2021年7月	欧盟绿色协议投资计划为欧盟实现可持续发展目标所需的主要私人和公共投资提供可持续融资。它的目标是在未来十年提供1万亿欧元,用于促进更清洁、更廉价和更健康的交通形式,能源部门脱碳,确保建筑更节能,并提高国际环境标准的技术
	2021年10月	为了支持欧盟到2050年实现气候中立的目标,欧洲投资银行宣布支持新的投资项目,包括气候行动、清洁能源、可持续交通和通信等方面,其中20亿欧元用于法国、德国、西班牙、爱尔兰和意大利促进不同的可再生能源项目;7亿欧元用于资助荷兰、德国和西班牙的可持续交通;7.2亿欧元用于提高经济韧性、企业研究和商业投资;8.37亿欧元用于支持意大利、捷克共和国等的城市投资、住房、教育和通信
	2021年10月	建立欧盟2021—2027年度金融框架,向所有欧盟成员国提供与实施能源和气候计划相关的更多资金
	2021年10月	欧盟创立资助创新脱碳项目基金,旨在支持将低碳技术推向能源密集型产业和可再生能源市场的项目等
日本	2021年7月	日本政府发布了《气候转型融资基本指南》,以促进对低碳转型的投资,从而支持到2050年成为碳中和社会的目标,该指南旨在促进气候转型融资的普及,并提高其可信度
	2021年7月	日本和阿拉伯联合酋长国签署了氢合作备忘录,以交换氢政策和标准开发,并建立生产和运输到日本的国际供应链,该备忘录还根据《巴黎协定》将两国能源和基础设施领域扩大到向清洁能源过渡的领域
	2021年10月	环境部正在通过建立联合信用机制加强公私伙伴关系,使伙伴国家能够实现温室气体减排,从而成功实现日本的减排目标

(续表)

国家或地区	时间	政策
中国	2021年1月	以全面落实《进一步加强和规范能源监管工作的意见》(国能发监管〔2019〕83号)为主线,抓统筹、谋创新,切实加强能源市场监管和行业监管,维护公平公正的能源市场秩序,保障国家能源战略、规划、政策、项目有效落地,推动构建清洁低碳、安全高效的现代能源体系,为全面建设社会主义现代化国家开好局、起好步
	2021年1月	国家能源局《关于因地制宜做好可再生能源供暖工作的通知》提出,利用可再生能源供暖是我国调整能源结构、实现节能减排、合理控制能源消费总量的迫切需要,是完成非化石能源利用目标、建设清洁低碳社会、实现能源可持续发展的必然选择
	2021年2月	国家发改委、财政部、人民银行、银保监会、国家能源局联合发布《关于引导加大金融支持力度 促进风电和光伏发电等行业健康有序发展的通知》,提出若干金融举措支持风电、光伏、生物质等再生能源行业发展
	2021年6月	国家能源局《关于2021年风电、光伏发电开发建设有关事项的通知》提出,2021年,全国风电、光伏发电量占全社会用电量的比重达到11%左右,后续逐年提高,确保2025年非化石能源消费占一次能源消费的比重达到20%左右
	2021年7月	国家发展改革委、国家能源局《关于加快推动新型储能发展的指导意见》提出,实现碳达峰碳中和,努力构建清洁低碳、安全高效的能源体系,是党中央、国务院作出的重大决策部署,抽水蓄能和新型储能是支撑新型电力系统的重要技术和基础装备,对推动能源绿色转型、应对极端事件、保障能源安全、促进能源高质量发展、支撑应对气候变化具有重要意义
	2021年9月	国家能源局发布《关于促进地热能开发利用的若干意见》
	2021年10月	国家发展改革委、国家能源局、财政部、自然资源部、生态环境部、住房和城乡建设部、农业农村部、中国气象局、国家林业和草原局关于印发《"十四五"可再生能源发展规划》的通知
	2021年11月	国家能源局、科学技术部关于印发《"十四五"能源领域科技创新规划》的通知
巴西	2021年7月	定义实施国家环境服务付费政策的概念、目标、指南、行动和标准,建立国家环境服务付费登记和联邦环境服务付费计划,制定环境服务付费合同
	2021年7月	能源获取计划,以促进亚马孙地区偏远地区的电气化
	2021年7月	国家经济和社会发展银行宣布支持新能源集团电力分销商(Coelba、Celpe、Cosern和Elektro)2020—2021年的投资计划;为57.5亿雷亚尔总投资中的33.9亿雷亚尔提供融资
	2021年10月	国家节约电力计划将为信贷担保提供3 000万雷亚尔,预计这些担保将带动私营部门资金,为其支持的2亿至2.5亿雷亚尔的能效项目提供资金。考虑不同经济部门的能源效率项目
	2021年10月	重启安格拉3号核电站关键路径加速计划,该发电厂将由电核公司运营,容量为1 405兆瓦,将为里约热内卢提供一半的电力需求,减少对水力资源的依赖,2021年重新开工,到2026年11月投入运营
	2021年10月	新的天然气行业法律批准了该行业的改革,改革的重点是运销企业的拆分和天然气市场的开放,目标是发展一个开放、动态和有竞争力的天然气市场,增加燃气发电的竞争力,取代排放更多温室气体的其他燃料,使国家工业在不同领域具有竞争力,新法律还允许生物甲烷享有与天然气相同的待遇
印度	2021年1月	2021年1月11日,印度电力部启动了一项针对空气压缩机和超高清电视的自愿星标计划,预计到2030年,该项目将为压缩机节省8.41 BU的电力,为超高清电视节省9.75 BU的电力
	2021年7月	作为2021—2022年预算的一部分,印度政府宣布了融资计划,通过扩大地铁网络和改善城市公交服务来提高城市公共交通的运用
	2021年7月	为扩大国内太阳能制造规模,改善太阳能电池和组件/面板的出口市场,财政部已批准对太阳能电池和组件征收一项基本关税

• 数据来源:国际能源署官网。

济体的经济增长产生冲击,全球经济复苏面临巨大的下行压力,不确定性增加。数字经济快速发展,催生出大量的数字经济新业态和新模式。数字经济成为全球经济复苏的重要支撑,对全球经济复苏起到重要作用。2022年7月29日,中国信息通信研究院发布《全球数字经济白皮书(2022年)》(以下简称"白皮书")指出,数字经济为世界经济发展增添新动能。2021年,全球数字经济规模达到38.1万亿美元,和2020年相比增加了15.6%,数字经济占GDP的规模上升到45%。其中,全球发达经济体的数字经济具有规模大、占比高的特点。2021年发达经济体数字经济总量达27.6万亿美元,占全球数字经济的72.4%,占GDP的比重为55.7%。发展中经济体数字经济发展迅速,2021年的增幅达22.3%。2021年,从数字经济规模来看,美国数字经济达15.3万亿美元,是数字经济规模最大的国家,中国数字经济规模为7.1万亿美元,位列第二;从数字经济占比来看,德国、英国和美国是数字经济占GDP最高的三个国家,占比均超过65%;从数字经济增速来看,增速最快的挪威同比增长达34.4%。[1]疫情以来,数字经济对经济增长的带动作用持续提升。

其次,数字经济发展出现新的趋势。数字经济是科技创新和经济发展的必然结果,数字经济的快速发展对全球经济复苏产生了深刻影响。2021—2022年,数字经济出现了新的发展趋势。第一,数字经济带动了新兴产业的发展。2020年以来,数字经济由于其具有数据驱动和平台化的优势而出现了暴发式的增长,在线零售、智慧医疗、远程办公、在线教育、互联网金融等新兴产业获得了较快的发展和完善。第二,全球数字经济和实体经济融合化趋势更加明显。因为受到疫情冲击,全球传统产业发展受到阻力较大,数字技术迅速发展,数据作为新的生产要素,对经济增长的贡献远超资本和劳动力。全球范围内出现制造业、服务业等传统产业的全面数字化,数字经济和实体经济的融合发展极大地提高了全要素生产率。第三,更加重视数字化和绿色化的协调发展。国际货币基金组织(IMF)2021年年报中提出"建设绿色、包容和数字化的未来,数字领域的发展和对绿色基础设施领域的投资对全球经济的可持续复苏发挥着重要作用,数字化和绿色化的协调发展是经济可持续发展的重要驱动力"。

五、危中有机:疫情背景下的全球经济复苏

首先,全球经济增长前高后低。2008年金融危机以来,全球经济进入低速增长阶段:贸易保护主义抬头,全球化面临严峻的挑战,全球经济增长动力不足。2020

---

[1] 中国信通院.全球数字经济白皮书(2022年)[M].北京:中国信息通信研究院,2022:前言.

年,面对疫情冲击,同时受到经济性、结构性和政策性等因素的影响,全球经济陷入严重衰退(见图1-2)。

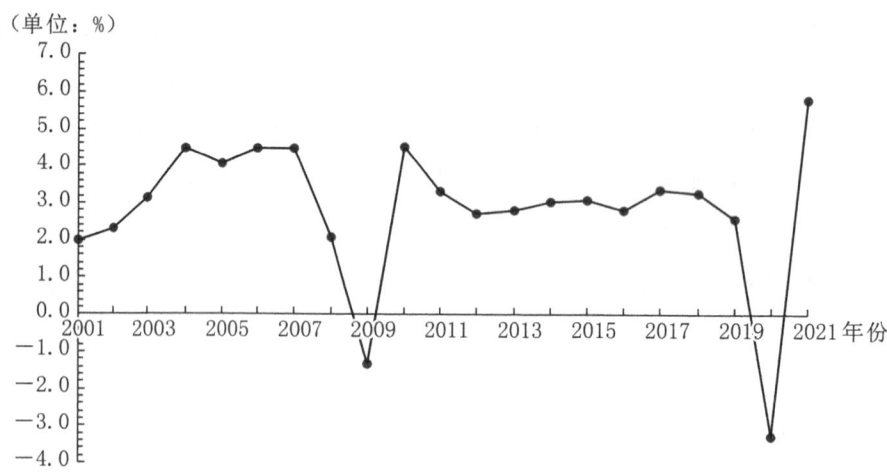

图1-2 2001—2021年全球GDP增长率

• 数据来源:世界银行。

2020年经济出现负增长,经济增长率为−3.1%,其中高收入国家经济增长率为−4.3%,中低收入国家经济增长率为−1.2%,低收入国家经济增长率为0,和2019年相比分别下降了6.1%、5.2%和3.7%。2020年,美国和中国是全球经济增长的主要动力源,其中美国全年经济增长率为−3.4%,高于发达经济体经济增长率,低于全球经济增长率,中国经济增长率为2.3%,成为全球唯一实现正增长的主要经济体,为助推全球经济增长作出重要贡献。发达经济体中欧盟、日本和韩国的经济增长率分别为−6.0%、−4.5%和−0.9%。主要新兴经济体如俄罗斯、印度和东盟的经济增长率分别为−2.7%、−6.6%和−3.3%。[①]

据世界银行统计,2020年全球经济总量为85.1万亿美元,和2019年相比缩减了2.5万亿美元。美国的经济规模仍为全球第一,经济总量为20.9万亿美元,占全球经济规模的24.7%;中国的经济规模为14.7万亿美元,占全球经济规模的17.3%,位列第二;排名第三的是日本,其经济总量为5.0万亿美元,在全球经济规模中占比为6.0%(见图1-3)。[②]

---

① WB. GDP Growth(annual %)[DB/OL]. (2022-09-20)[2022-10-31]. https://data.worldbank.org.cn/indicator/NY.GDP.MKTP.KD.ZG?end=2020&start=1961&view=chart.
② WB. GDP(current US $)[DB/OL]. (2022-09-20)[2022-10-31]. https://data.worldbank.org/indicator/NY.GDP.MKTP.CD?end=2020&start=1960&view=chart.

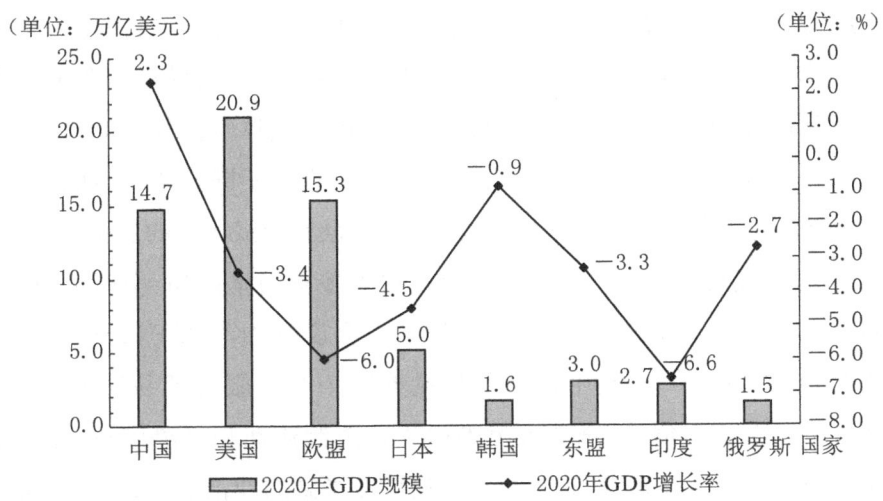

图 1-3　2020 年不同经济体 GDP 规模和 GDP 增长率

• 数据来源：世界银行官网。

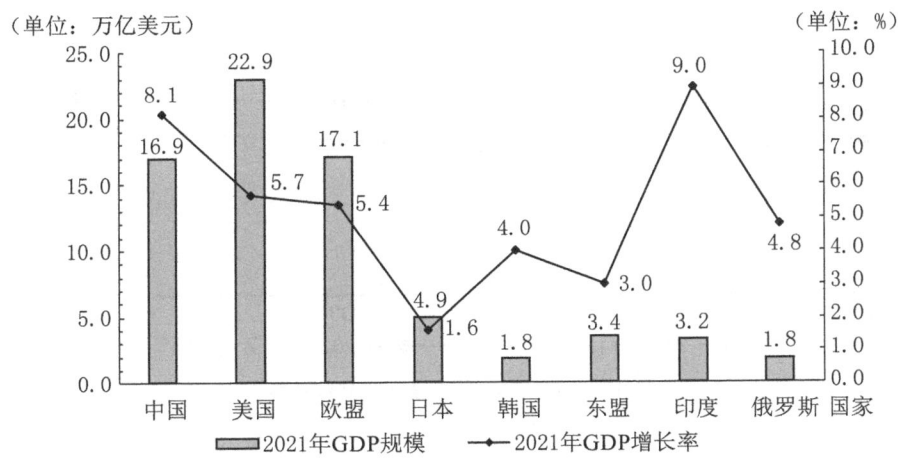

图 1-4　2021 年不同经济体 GDP 规模和 GDP 增长率

• 数据来源：世界银行官网。

2021 年，伴随疫苗接种率的提高，以及各种刺激性经济政策的实施，全球经济在 2020 年低基数的基础上强势反弹（见图 1-4），据世界银行统计数据显示，2021 年全球国内生产总值（GDP）总量达 96.5 万亿美元，经济增长率为 5.9%。[①] 其中，发达经济体的疫苗接种率较高、宏观经济政策的刺激力度较大，其经济复苏快于新兴经济体和发展中国家。具体来看，2021 年全球经济增长呈前高后低的态势。2021 年上半年，各经济体采取宽松的财政政策和货币政策刺激经济。全球范围内加快推进绿色经

---

① WB. GDP Growth(annual %)[DB/OL]. (2022-10-01)[2022-10-31]. https://data.worldbank.org.cn/indicator/NY.GDP.MKTP.KD.ZG?end=2021&start=1961&view=chart.

济,数字经济发展迅速,全球经济复苏的进程超过预期,主要国际经济组织均提高了对2021年全球经济增长的预期。2021年下半年,新的病毒变异毒株在全球范围内快速传播,疫情反弹带来了新的不确定性,严重阻碍了全球经济复苏的进程,经济增长大幅下滑。其后,随着疫情防控的常态化,其影响也在不断弱化,全球各主要经济体的宏观经济调整政策逐步趋于正常化,疫情对于世界经济增长的影响逐渐减小。

其次,全球贸易增长强劲。2020年,受疫情等多重因素影响,全球供应链断裂,货运不畅,全球贸易活动显著减少,据联合国贸发会议(UNCTAD)数据显示,全球商品和服务贸易量下降9.6%,其中商品贸易量萎缩7.4%,服务贸易量下降20%(见图1-5、图1-6)。为应对疫情,全球大范围内采取限制流动和隔离措施,导致服务贸易的萎缩更为严重。具体来看,旅游和交通运输业受到的冲击最大,金融服务行业受到的影响稍小,不过,计算机相关服务业有所增长。

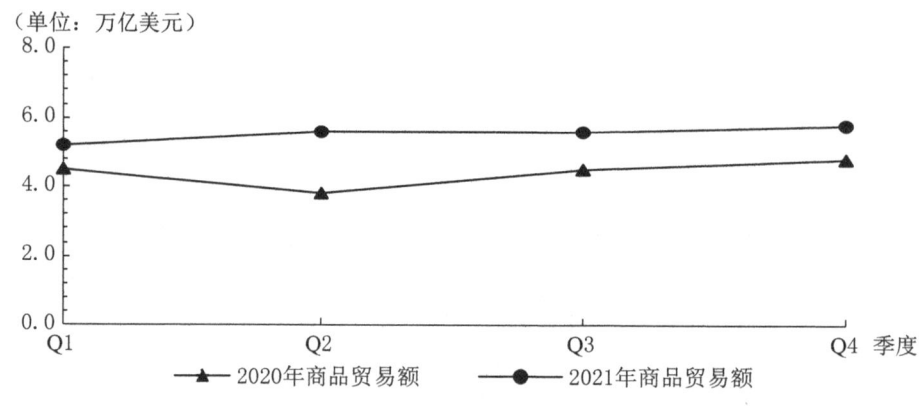

图1-5　2020—2021年全球商品贸易额

• 数据来源:UNCTAD官网。

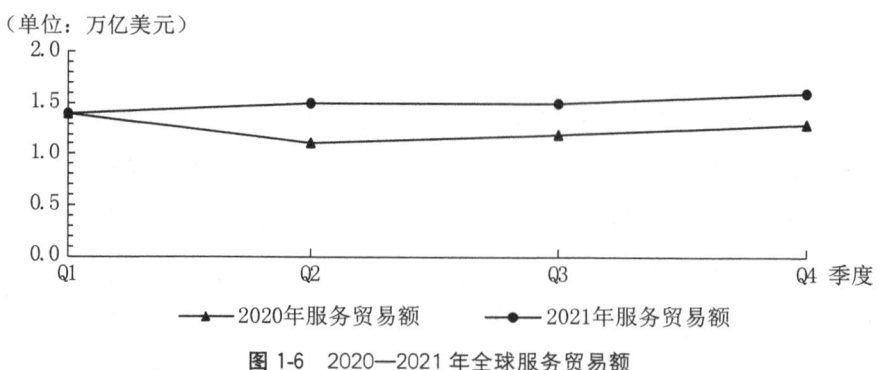

图1-6　2020—2021年全球服务贸易额

• 数据来源:UNCTAD官网。

据联合国贸发会议(UNCTAD)数据统计,2021年,全球疫情得到有效控制,各经济体实施宽松的经济政策,刺激全球经济强劲复苏,全球贸易增长强劲,总额达28.5万亿美元,和2020年相比增长25%,和2019年相比增长13%。其中,货物贸易额为22.4万亿美元,服务贸易额为6.1万亿美元。[①]2021年上半年,全球商品贸易强劲反弹,究其原因:第一,增长基数低,2020年受疫情冲击全球,商品进出口需求受到极大抑制;第二,2021年全球经济复苏推动全球商品贸易大幅增长,2020年被抑制的需求得到有效释放。2021年下半年,病毒变异并迅速在全球范围内蔓延,供应链紧张,进出口需求受到抑制,但由于运输成本提高,进出口价格显著上升,全球第三季度的商品贸易总额和第二季度相同,第四季度的商品贸易总额有小幅攀升。相对于全球商品贸易,2021年全球服务贸易的增长缓慢,其原因主要是疫情反复导致人员跨境流动大幅减少,全球服务贸易中的自然人流动、境外消费和商业存在都受到较大影响。数字经济的快速发展对跨境交付有显著的促进作用。

再次,全球外商直接投资大幅增长。近年来,全球外商直接投资(FDI)增长缓慢。2020年,受疫情冲击,全球供应链断裂,市场需求严重萎缩,以及全球范围内各种限制措施,导致各种形式的外商直接投资急剧减少。联合国贸发会议发布的《世界投资报告2022》显示,2020年全球外商直接投资约为9 631亿美元,和2019年的14 806亿美元相比下降了35%,比2008年金融危机时下降了43%,是近20年以来的最低水平。具体来看,2020年,发达经济体外商直接投资约为3 192亿美元,和2019年相比下降了58%,其中美国的外商直接投资为1 508亿美元,和2019年相比下降了33%。2020年发展中经济体的外商直接投资约为6 439亿美元,占全球外商投资总量的67%,其中中国的外商直接投资约为1 493亿美元,比2019年增加了6%,成为全球最大的外资流入国。

2021年,全球经济进入复苏通道,全球外商直接投资强劲反弹。据《世界投资报告2022》显示,2021年全球外商直接投资流入达15 823亿美元,和2020年相比增长64%,超过疫情前全球外商直接投资水平。其中,发达经济体和发展中经济体吸引外商直接投资分别为7 457亿美元和8 366亿美元,和2020年相比分别增长134%和30%。从产业层面来看,制药、农业和信息通信技术是2021年最吸引外商直接投资的行业。从区域层面来看,欧洲地区的外国直接投资大幅增加,但其资金流动仍低于疫情暴发前的水平;北美地区由于其较强的经济修复能力,以及投资政策的支持,外

---

① UNCTAD. Global Trade Hits Record High of $28.5 Trillion in 2021, but Likely to be Subdued in 2022[EB/OL]. (2022-02-17)[2022-09-20]. https://unctad.org/news/global-trade-hits-record-high-285-trillion-2021-likely-be-subdued-2022.

商直接投资大幅增加,和 2021 年相比增加 145%;亚洲地区由于区域全面经济伙伴关系协定(RCEP)的签订,及较强的价值链韧性的支持,对外资有较大的吸引力,外商直接投资的增长为 19%。①经济相对落后的非洲、加勒比和其他拉丁美洲地区由于在营商环境方面不具有吸引外资的优势,外资流入呈持续疲弱态势。

最后,全球金融市场整体上涨,风险增加。2021 年,受疫情反复冲击,全球供应链运行受阻、能源价格高涨、劳动力供应短缺,全球经济艰难复苏。全球金融市场整体上行,但面临的风险日益加大。第一,全球股市整体上涨,不同经济体间股市分化明显,其中发达经济体股市大幅上涨,新兴经济体股市趋于分化。2021 年,以美国为首的发达经济体股市增长强劲,主要因为其为应对疫情冲击,刺激经济复苏,推出超宽松的货币财政政策,向金融市场释放充足的流动性。同时和 2020 年相比,全球经济整体呈现明显复苏态势,市场信心有效恢复。2021 年,美国三大股票指数年度指数大幅上涨,其中纳斯达克年度指数上涨 21.4%,道琼斯和标准普尔指数分别上涨 18.7%和 26.9%。此外,德国 DAX30 指数上涨 15.8%,英国富时指数上涨 14.3%,日本日经指数上涨 4.9%。金融市场不断上涨的同时,实体经济和金融市场逐渐背离,金融市场风险显著增加。新兴经济体股市出现较大的分化,印度孟买敏感 30(SENSEX30)指数上涨 22.0%,俄罗斯交易系统(RTS)指数上涨 15.0%,亚太地区新兴经济体股指小幅上涨;巴西 IBOVESPA 指数下跌 11.9%,跌幅明显。第二,全球主要发达经济体和新兴经济体债券市场波动明显,走势一致。2021 年,全球通胀抬升,在流动性过于宽松的背景下,投资者的债券需求显著上升,全球主要经济体的长期国债收益率呈现不同程度的波动。受疫情反复、高通胀及美联储货币财政政策等一系列因素的影响,美国 10 年期国债收益率比 2020 年有所上升,整体呈宽幅波动的态势。欧元区全年公债收益率处于负利率区间,走势基本和美国 10 年期国债收益率一致,但欧洲通胀程度相对较低,欧洲央行未减少资产购买,其波动幅度相对较小。日本全年国债收益率维持在零利率上方,由于其实施收益率曲线控制的政策,10 年期国债收益率波动幅度较小。新兴经济体的债券市场和发达经济体的债券市场走势一致,巴西 10 年期国债收益率上升至 11%,和 2020 年相比上升了 4%;俄罗斯的国债收益率由 2020 年的 5.9%,上升至 8.5%;2021 年,土耳其的 10 年期国债收益率由 13.0%上升至 20.5%。第三,汇率市场震荡上行,美元指数整体走高。2021 年第一季度,受美债收益率上升的影响,美元指数震荡上行至

---

① UNCTAD. World Investment Report 2022[EB/OL]. [2022-06-09][2022-11-09]. http://unctad.org/system/files/official-document/wir2022_en.pdf.

93.4；第二季度，美国财政支出增加，财政货币政策维持宽松，美元指数下降至年初的89.2；第三季度以来，美国就业市场快速修复，通胀不断上行，美元指数持续震荡上行至97.0。①

第二节　2021年世界经济的主要问题

2021年，疫情仍然是影响世界经济的最主要因素。世界经济复苏的进程，很大程度上取决于疫情的控制程度。自2019年底新冠肺炎疫情暴发以来，为应对疫情冲击，全球各主要经济体实施宽松的财政货币政策。宽松的宏观经济政策在刺激经济复苏的同时，带来高通胀率等一系列的潜在风险，有可能对全球经济的可持续复苏产生不利影响。2021年，全球经济复苏形势有所改善，但不同经济体的复苏分化明显。全球贸易投资规则加速重构，对全球经济影响深远。全球气候变化与人口老龄化问题加剧，成为影响经济可持续复苏的重要因素。

一、疫情反复，增强经济复苏不确定性

一方面，疫情持续时间长，波及范围广。2020年，全球范围内疫情的冲击导致原处于下行周期的世界经济直接陷入深度衰退。2021年，"后疫情时代"并未到来，疫情持续时间不断延长。疫情带来更多的不确定性和风险：德尔塔、拉姆达和奥密克戎新冠变异毒株不断出现，并在全球范围内迅速扩散，全球感染人数和死亡人数不断增加，各个国家通过隔离和限制等措施防止病毒的传播，给世界经济的各个领域带来影响。世界银行（WB）统计数据显示，2020年全球经济下滑3.1%，是2008年金融危机以来的最低增长水平。2021年全球经济增长率为5.9%，在2020年低增长率的基础上实现强势反弹，但2020年和2021年的全球平均经济增速为1.4%，远低于疫情之前全球的经济增长水平。②

另一方面，全球各经济体经济复苏出现分化。世界各国经济发展及医疗水平的差异，导致全球不同国家的疫苗接种覆盖率存在很大的差距。据世界卫生组织（IMF）统计，截至2021年12月底，高收入国家的疫苗接种率已超过65%，低收入国家中有40多个国家的疫苗覆盖率未达10%，几乎一半的世界卫生组织成员国接种率未达40%。世界各国疫苗接种的不均衡，一方面助推了新的变异病毒的传

---

① 数据来源：Wind数据库。
② WB. GDP Growth (annual %) [DB/OL]. (2022-10-01) [2022-10-31]. https://data.worldbank.org.cn/indicator/NY.GDP.MKTP.KD.ZG?end=2021&start=1961&view=chart.

播,先后发现的德尔塔、拉姆达和奥密克戎新冠变异毒株,在全球范围内快速蔓延,引发疫情大范围内的快速反弹;另一方面导致全球范围内经济复苏分化加剧。根据世界银行2022年6月发布的《全球经济展望》统计,2021年发达经济体经济增速为5.3%,新兴市场和发展中经济体经济增速为6.7%,其中低收入发展中国家的增速为4.0%。①

二、通胀成为全球经济的主要风险点

首先,全球范围内通胀的压力持续增加。2008年金融危机以来,"低通胀,低增长"成为全球经济的常态。新冠肺炎疫情以来,为缓解疫情对经济的冲击,全球经济体普遍采取宽松的财政政策和货币政策以刺激经济。疫情冲击叠加宽松的经济政策与大宗商品价格大幅上涨,导致全球范围内通胀压力加大。据IMF统计,2021年全球通胀率高达4.8%,是金融危机以来的最高水平,其中全球范围内有超过80个经济体的通胀率为近5年的最高值。2021年以来,20国集团(G20)、经合组织(OECD)、7国集团(G7)和欧盟的消费物价指数(CPI)持续上升,其中G20和OECD的CPI分别达到4.29%和3.98%(见图1-7)。

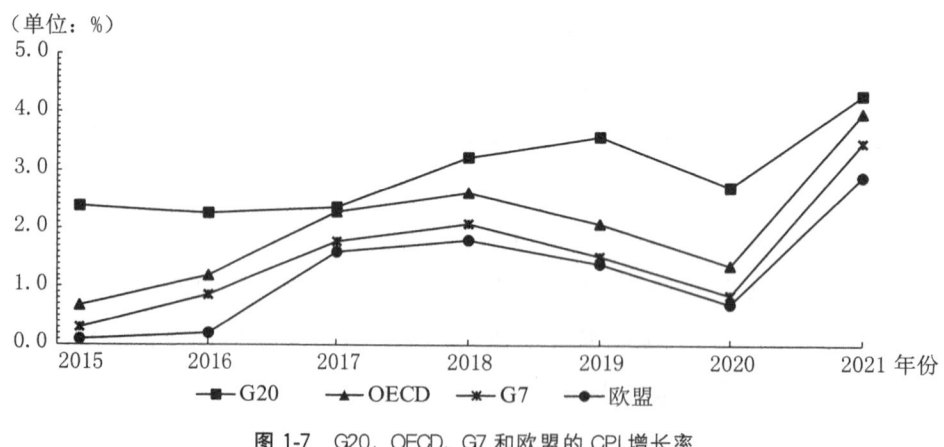

图1-7 G20、OECD、G7和欧盟的CPI增长率

• 数据来源:OECD官网。

2021年,发达经济体中,美国的通胀率总体迅速攀升,从1月份的1.40%上涨至12月份的7.04%,为G7中通胀率最高的国家。德国和加拿大的通胀率仅次于美国的水平,消费者价格指数(CPI)增长率不断上涨,分别由2021年1月的1.05%和

---

① WB. Global Economic Prospects[EB/OL]. (2023-07-01)[2023-01-10]. https://openknowledge.worldbank.org/server/api/core/bitstreams/254aba87-dfeb-5b5c-b00a-727d04ade275/content.

1.02%增加到2021年12月的5.31%和4.80%。英国、法国和意大利CPI的整体增长速度和美国有高度的协同性,通胀率水平持续上升。日本的通胀率一直维持在较低的水平,2021年9月份之前一直是负增长的水平,2021年的最高增长水平为0.80%,远低于美欧的水平和2%的警戒线(见图1-8)。这是由日本一直以来的经济结构决定的,长期以来日本面临人口老龄化、消费水平较低等问题,其经济长期低迷,尽管全球经济体都面临高通胀的问题,日本的CPI仍接近于零。

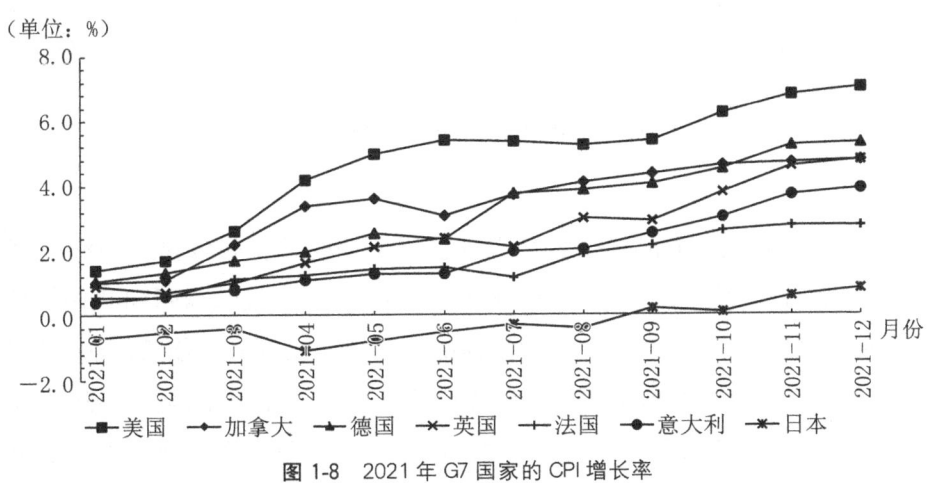

图1-8 2021年G7国家的CPI增长率

· 数据来源:OECD官网。

和发达经济体相比,2021年新兴经济体和发展中经济体CPI的上涨速度存在较大的差异性。巴西和俄罗斯CPI的上涨幅度较大,CPI增长率分别从2021年1月的4.56%、5.19%上升到2021年12月的10.06%和8.39%,远超美国的通胀率水平。南非和印度的通胀率水平也有所上升,2021年12月已超过5.56%(见图1-9)。2021年,中国一直维持在较低的通胀率,主要有以下原因:一是疫情以来中国推行的是适度宽松的货币政策,没有向市场投入过多的流动性;二是疫情之前中国贸易一直处于顺差的状态,疫情期间面临全球性的通货膨胀,中国通过产能释放的方式消化外来通胀的影响;三是中国采取的降息政策,刺激经济增长,同时使CPI增长率维持在较低的水平。

其次,全球通胀率大幅上涨有其原因。造成疫情后全球通胀率大幅上涨的原因主要有以下五个方面:第一,总供给下降,总需求先下降后反弹。疫情冲击下,生产活动受到严重影响,总供给急剧减少,从而引起供给曲线左移,引起产出下降,价格上涨。疫情期间总需求先下降,除生活必需品外的消费需求大幅减少,疫情得到有效控制后,全球采取宽松的宏观经济政策,刺激消费,使总需求出现反弹。第二,疫情对全

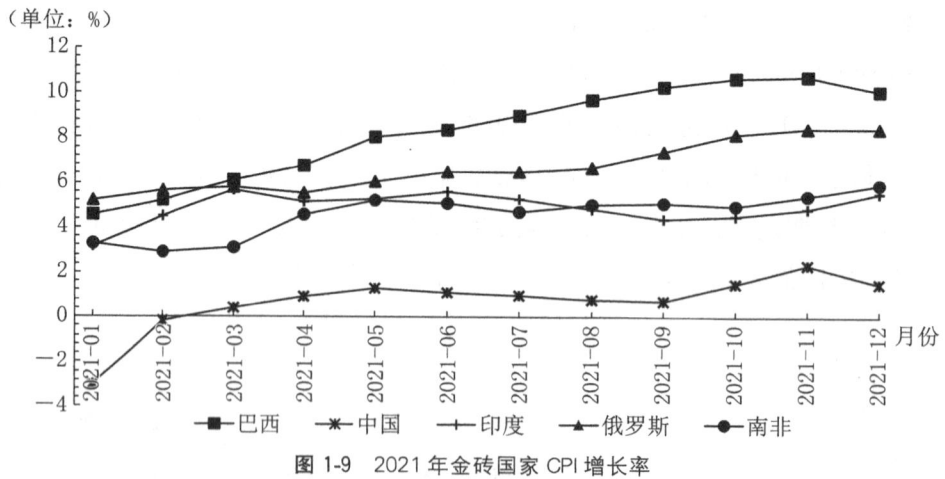

图 1-9　2021 年金砖国家 CPI 增长率

- 数据来源：OECD 官网。

球供应链产生冲击,大宗商品价格显著上涨。疫情期间各种防疫措施在缓解疫情的同时对全球供应链造成了严重影响,全球很多区域出现了供应链转移和断裂的情况,疫情的反复给供应链带来新的压力,大宗商品的供应链受到影响使其产能产生收缩,从而导致全球范围内大宗商品价格的大幅上涨。第三,疫情期间全球的运输成本大幅上升。疫情最严重的时期多国运输体系陷入瘫痪,很多防疫措施很大程度上限制了人员的流动,叠加其他因素,大幅增加了运输成本。第四,劳动力市场出现短缺。疫情给劳动力市场带来巨大的冲击,全球范围内出现劳动力供应不足,增加了复苏的不稳定性。劳动力短缺一方面降低了社会的劳动生产率,另一方面提高了劳动力的成本,推动全球通胀上行。第五,疫情后全球对绿色可持续发展的关注,引起传统能源供给的减少。全球更加注重节能减排和保护环境,传统能源的产能受到一定程度的影响,出现了逐渐收缩的趋势,但新能源的发展还不完善,此时传统能源的收缩会导致能源的供求不平衡,进一步推动通胀。

最后,解决通胀问题还存在很大的障碍。全球性的通货膨胀给经济增长带来了很大障碍,对社会稳定也带来一定程度的冲击。从解决通胀的两条主要途径来看,一是增加总供给,二是采用加息等紧缩性货币政策。但是,总供给增加主要通过技术进步,以及各种激励生产的政策措施等,这些措施有一定的滞后性和不确定性。如果采用加息等紧缩性货币政策,虽然可以降低通胀率,但同时会提高失业率,降低经济增长率,带来经济陷入衰退的风险。

三、供应链受阻成为经济复苏的障碍

一方面,疫情对供应链有影响。新冠肺炎疫情初期,各经济体采取不同程度的疫情防控措施,对各行业的正常生产活动造成严重影响,导致大范围的产能不足,使供应链遭到破坏。半导体、芯片等关键制成品的产能和供应受到极大影响,关键制成品的短缺阻碍多个相关产业的发展,全球范围内出现供应链断裂的危机。疫情引起物流运输系统的瘫痪,运输成本暴涨,供给大幅减少,需求不断累计,市场陷入失衡状态。供求缺口不断扩大的主要原因为:一方面,疫情引起消费结构转型、数字经济增长,叠加政府扩张的财政货币政策等,刺激市场的需求大量增加;另一方面,疫情引起生产停滞、运输受阻、交付延迟等问题,导致市场供应不足。累积的需求和供给的不足不断对供应链产生挤压,当压力过大时供应链便陷入瘫痪。另外,逆全球化思潮和贸易保护主义抬头,多国制造业有回迁和本土化趋势。疫情加速了全球产业链的重构,增强了供应链断裂的危机,全球供应链的安全和韧性都受到极大的挑战。

另一方面,全球供应链格局加速重构。新冠肺炎疫情给供应链带来前所未有的冲击,凸显供应链安全性和韧性的重要性,全球供应链加速调整,由全球化向本土化、多元化、区域化转变。第一,新冠肺炎疫情暴发后,供应链本土化趋势显现。发达经济体通过税收优惠、政府补贴等一系列措施鼓励制造业回流,同时增加对本国的投资,提高供应链的本土化率;发展中经济体更加重视关键技术的研发,供应链从以生产为主向本地研发、本地生产、本地销售的纵向一体化模式转变。跨国公司为了快速抢占消费市场,提高供应链的效率和安全性,将供应链集中到靠近终端消费市场的区域,加速了供应链的本土化趋势。第二,供应链朝多元化方向发展。对于难以实现本土化采购和生产的产品,政府鼓励供应链多元化和近岸化发展,并将分散的生产环节集中化,开展多样化采购,促进供应链的多元化,降低供应链单一带来的风险。第三,供应链由全球化向区域化集聚转变。受中美贸易摩擦和疫情影响,贸易保护主义不断加剧,越来越多的区域贸易协定被签订和实施,更高标准的国际经贸规加速重构。据WTO统计,截至2022年,全球已经生效的贸易协定达355项。全球供应链合作由全球模式向区域化聚集转变,新的供应链模式正在加速形成。

四、全球经济复苏逐渐呈现分化趋势

一方面,短期经济复苏分化更加复杂。短期来看,2021年,全球各经济体完成疫苗的接种比例存在很大的差异,发达国家和发展中国家的疫苗接种不均衡加剧了全球复苏分化;发达经济体和发展中经济体的经济复苏支持力度不一,经济修复能力也存在巨大的差异,导致其经济复苏进一步分化,发达经济体的复苏态势明显优于发展中国家。不同经济体内部的复苏也存在分化,发达经济体中美国的经济复苏步伐最快,欧盟和日本的经济复苏慢于美国。据统计,新兴经济体中,亚太地区的经济复苏较为强劲,非洲和拉丁美洲的经济复苏较慢。2021年下半年,疫情全球范围内出现反弹,全球通胀水平显著上升,各主要经济体逐步退出宽松的财政货币政策,全球不同经济体之间及不同经济体内部的经济复苏分化更加复杂。

另一方面,长期经济发展分化成为趋势。在疫情冲击及全球不同经济体之间的复苏分化日益复杂化的背景下,一些发展中经济体由于疫苗接种有限,疫情难以得到有效控制,经济复苏严重受阻,短期内经济无法恢复到正常的增长水平。全球主要经济体提前进入加息通道,带来金融市场的大幅波动。发展中经济体可能面临金融、债务等多重风险。长期来看,发展中经济体面临的不利因素显著增加,发展中经济体和发达经济体的经济鸿沟将不断加大,发展中经济体之间的差距日益显著。一国内部不同行业的复苏也存在显著差异,导致不同群体间的收入不平等差距进一步扩大。全球范围内经济分化或将成为趋势。

五、全球贸易投资规则正在加速重构

2008年以来,一方面,逆全球化、贸易保护主义和单边主义开始出现,既有的贸易投资规则推动全球经贸发展的作用大幅降低,2008—2019年,全球贸易规模和经济增长规模分别为16.79%和37.73%,和1997—2008年的188.71%和102.41%相比增长幅度大幅下滑。[①]另一方面,随着技术的进步和经济的发展,价值链分工、数字经济等新形势不断出现,既有的贸易投资规则很大程度上无法有效推动全球经济的发展。

2020年以来,面对新冠肺炎疫情冲击、供应链断裂、劳动力减少、债务规模扩大和全球经济进入新旧能转换期,既有的贸易投资规则难以适应国际经济格局的变化,全球贸易投资规则加速重构。2021年,区域全面经济伙伴关系协定(RCEP)签订,其成为全球规模最大的自贸协定,一系列贸易投资便利化措施更好地推进了东亚地区的经济发展。拜登推进的印太经济框架(IPEF)旨在加强区域内经济合作,提出更高门槛、更高标准的国际投资贸易规则。新的贸易投资规则呈现出新的特点:第一,全球贸易规则呈现出"有限全球化"的特点。受疫情冲击,全球大范围内出现产业链断裂,严重影响经济的发展,产业链过长带来的不确定性和风险性大大增加。为降低产业链带来的高风险性,跨国公司对产业链布局进行调整,尽量缩短产业链长度,使生产靠近终端消费市场,全球经济向区域化演变,新的贸易投资规则呈现出区域化的特

---

① UNCTAD. Data Center[DB/OL].(2022-10-31)[2022-10-31]. https://unctadstat.unctad.org/wds/ReportFolders/reportFolders.aspx.

点。第二,以美国为首的发达经济体致力于建立更高标准的全球贸易投资规则体系。新的自贸协定实施很高比例的零关税,对于非关税贸易壁垒、跨国投资等规则提出更加透明化等更高要求,并且新的全球贸易投资规则正在从边境向边境内延伸,从关税减让逐步扩展到环保法规、知识产权、市场竞争政策、消费者保护等领域,逐步全面构建边境后规则。第三,政府加大管控力度。如前所述,疫情冲击引发供应链断裂,严重影响到全球各经济体经济安全,西方国家加大了对新的贸易投资规则的管控力度,更加重视重塑有弹性的供应链,以保障国家经济安全。

六、气候变化与人口老龄化问题加剧

当前,全球面临气候变暖趋势加速、自然灾害频发、生物多样性遭到破坏、荒漠化速度加快等全球性生态环境问题。2022年5月18日,世界气象组织(WMO)发布的《2021年全球气候状况》显示,2021年气候变化的关键指标包括温室气体浓度、海平面上升、海洋热量和海洋酸化再创历史新高,环境问题更加严峻。通过碳减排来应对全球气候变化已成为各经济体的共识,但能源转型很难在短期内完成,如何平衡好经济发展和逐步减少对化石燃料的依赖,仍需要应对之策。

全球工业化程度比较高的经济体已普遍进入老龄化社会,其对经济的影响主要有以下两个方面:第一,劳动力供应大幅度减少,劳动力成本上升,人力资本质量降低,劳动生产率的提高受到影响,直接制约经济增长;第二,社会的消费需求和投资需求减少,相关的社会保障支出增加,财政赤字压力加大,严重阻碍经济的长期稳定增长。

第二章
影响 2022 年世界经济增长的主要因素

2022 年是新冠肺炎疫情在全球跌宕蔓延的第三个年头,全球发展受到了巨大冲击。疫情恶化了全球大多数国家的产业链和供应链,加剧了全球通胀水平和发展不平衡。同时,随着新冠病毒的变异、疫苗的进一步普及以及特效药的加快上市,全球疫情发展也迎来较大转变。与此同时,俄乌冲突导致全球供应链再度紧张,全球通胀压力大幅上升。在全球地缘政治紧张的局势影响下,全球经济复苏面临着巨大挑战。本章总结了影响 2022 年世界经济增长的主要因素,包括疫情反复、持续高通胀、发达和发展中经济体的分化、全球产业链重构、科技创新和绿色经济等方面。

第一节 疫情反复是影响世界经济增长的最大不确定因素

2020 年初暴发的新冠肺炎疫情是近几十年来人类遭受的严重的流行病灾难之一。新冠病毒已伴随人类三年,每一次新的突变株流行,都会引爆一轮新的疫情。

一、几轮疫情对全球经济造成持续冲击

新冠肺炎疫情对全球经济的打击在于:在供给端,员工无法按时到岗、生产所需的原材料和中间品无法及时获得,从而导致生产活动受阻、供给水平骤降;在需求端,消费者难以线下购买商品和服务,消费活动锐减。同时,投资者受市场恐慌情绪、金融市场动荡以及经济预期下降等因素的影响,投资活动进一步收缩,从而导致需求规模大减。在全球经济联系紧密的今天,疫情也重挫全球贸易供应链和国际金融市场,从而从外部间接地打击各国经济。

新冠肺炎疫情的中期影响和疫情后期对世界经济体系的长期影响也不容小觑。2020 年 4 月 13 日,国际货币基金组织发布的《世界经济展望》预计,2020 年全球经济将下降 3%,比 2008—2009 年金融危机期间的情况还要严重。世界银行在 2020 年 6 月份的《全球经济展望》中预测,2020 年全球 GDP 将下降 5.2%,是几十年来程度最深的衰退。当时,学者、机构及政策制定者更担心的是,全球将陷入一年以上的严

重经济萧条当中。在上述供需两端直接与间接的双重打击下,2020年上半年世界经济受到重挫,于第二季度跌入谷底,下半年随着政策支持的到位及防疫措施的改进,增长开始反弹,但疫情的冲击仍然强劲,大多数国家的经济增长速度仍在负值区间。2020年全年,全球GDP比2019年下跌3.1%,比年初的市场预测下降6个百分点以上,导致了1929年全球经济"大萧条"以来世界经济最严重的衰退,程度超过了两次世界大战和2017年至2018年的全球金融海啸。

进入2021年后,海外经历了三轮大规模的疫情反复,对全球经济持续造成冲击。南非报告了新变异毒株奥密克戎。新变异毒株的出现,令全球疫情形势充满不确定性,从而增加全球经济复苏的不确定性。

尽管疫情反复使得经济增长面临一定的不确定性,但其对全球范围内经济活动的制约和冲击有所减弱。主要原因在于,疫苗接种范围不断扩大、口服特效药的突破以及疫情防控措施的常态化,使经济活动受到的负面影响不断降低。相关口服特效药的研发取得进展,让疫情导致的重症率和病死率不断下降,越来越多的国家形成了疫情防控与经济活动两不误的态势,大部分经济体开始从新冠肺炎疫情中复苏,GDP增长出现回升,走出低谷,尤其是上半年,从2020年的低基数强劲反弹。疫苗接种速度的加快为经济复苏提供了支撑,至2021年中和年末全球疫苗接种率已分别达23.5%和57.6%。这使得各国的防疫措施得以进一步放松,消费者对于疫情的恐惧心理也明显降低。防疫方针向群体免疫方向发展,促使供需两端的各项经济活动快速恢复。同时,各国财政货币政策宽松的力度进一步增强。

二、2022年经济波动风险依然存在

全球经济2021年的复苏势头在2022年之初便受到一系列突发因素的冲击而受阻。这些因素包括:年初开始的全球通胀飙升,2月爆发的俄乌冲突,以及3月起步的美国加息等。从目前的趋势看,即便全球步入"后疫情时代",疫情反复波动和病毒变异都会或多或少对全球经济复苏带来一些变数。国际货币基金组织最新一期《全球经济展望报告》预测,至2025年,全球GDP可能会累计减少4.5万亿美元。因此,随着全球经济增速持续放缓的趋势愈加明朗,如果财政紧缩与宽松货币政策退出,能够实现有效替代的增长动能还十分薄弱。目前,国际金融市场已接近恢复到疫情之前,但仍屡现波动,潜在风险仍不容忽视。

总而言之,疫情对世界经济的影响大小,与流行时间、扩散范围和防控能力息息相关。从防疫的角度看,中、日、韩等东亚国家表现较好,欧洲发达国家大体无虞,一些发展中国家应对能力不足,美国貌似无惧但存在隐忧。对世界经济形势的跟踪研

判,一要紧盯疫情肆虐的时间和范围,二要紧盯美国经济和金融市场,三要紧盯全球资金链、产业链、供应链和服务链变动,做好应对不同时段、不同变化、不同风险的准备。

第二节　持续高通胀是世界经济增长的重要风险

2021年以来,全球通胀持续高企,主要经济体的物价指数接连创新高。为了刺激因疫情而受损的经济,以美国为代表的发达经济体大规模释放流动性,美国采取的超强财政刺激计划和超宽松货币政策直接推动了原材料和大宗商品的大幅上涨。除美国外,海外其他经济体的货币扩张幅度也大幅增加,通胀压力也逐渐显现。一些受益于大宗商品出口、发达国家需求外溢的新兴经济体(如巴西、俄罗斯、墨西哥等),其通胀水平已显著抬升。

一、此轮高通胀具有明显的结构性差异

这轮通胀上升具有明显的结构性差异。一方面,由于各国防疫措施与刺激经济的政策不同、生产能力和结构的不同,不同国家通胀上升的幅度不尽相同;另一方面,由于疫情对各产业的影响具有异质性,同一国家不同产业之间的通胀水平也存在差异。2022年疫情对经济影响的弱化将有助于全球产能的恢复,缓解供给端的压力,而需求强度则取决于刺激经济政策的强度。预计全球市场上大宗商品及工业品供需紧张的局面将有所缓解,但高通胀的风险依然存在。而工业品高通胀的压力会继续向消费品传导,最终影响CPI。由于货币超发对通胀的影响具有一定的滞后性。美国在2021年下半年才出现通胀加速的势头,并且尚未达到峰值,在2022年上半年继续面临通胀上行的压力。此外,2022年,疫后经济刺激政策的退出给全球经济带来不确定性。在量化宽松政策之后,发达经济体的货币政策逐步走向正常化,并逐渐转向加息周期。2021年3月以来,巴西、土耳其、俄罗斯、墨西哥、智利等新兴经济体先后加息。2021年12月16日,英格兰银行宣布将基准利率从0.1%提升至0.25%,成为自新冠肺炎疫情暴发以来首个加息的发达经济体。

这次全球性的高通胀有如下几个特征:一是数值高。美国通胀率创下近四十年新高,英国核心CPI创近三十年新高,欧元区主要经济体通胀率基本处于历史高位,土耳其通胀率甚至达到两位数。二是范围广。从欧洲、北美洲到非洲、亚洲、南美洲、大洋洲,从发达经济体到发展中经济体再到欠发达经济体,几乎都受到了通胀困扰。三是链条长。从能源、大宗商品、农产品等初级产品,到中间品再到终端消费品,都受波及。

造成全球通胀水平高涨的一个重要原因是全球化进程遭遇逆流。过去近三十年来,全球化的不断推进以及全球产业链的整合是全球主要经济体保持较低通胀水平的重要原因。然而近年来,逆全球化思潮蔓延,贸易保护主义、单边主义再起,这使得过去三十年形成的产业链和价值链面临着重塑的趋势,这些深层次的结构性变化导致抑制通胀的力量在削弱。

二、此轮高通胀给全球经济带来高风险

高通胀持续运行的风险不断加大。首先,发达国家的工资和物价螺旋上升使得通胀更持久。目前英美失业率处于20世纪70年代以来的低位,欧元区失业率也创出其成立以来的低位,"用工荒"迫使企业涨薪招人。2022年以来,美国和英国的平均工资持续上涨,工资和物价的螺旋上升将使通胀更为持久和顽固。其次,供给端的调整短期内难以结束,这使得通胀持续的时间更长。新冠肺炎疫情在全球蔓延并且反复威胁全球产业链的稳定。同时,供给端的调整在短期内难以结束。疫情后各国持续推动产业链"本土化""多元化",产业链重构和调整在逆全球化思潮泛滥、地缘政治竞争加剧的背景下将长期存在,这必然会降低全球生产体系的效率,提高全球产业链的生产成本,从而进一步提高通胀水平。再次,俄乌冲突进一步加剧能源危机。俄罗斯和乌克兰均为全球重要的大宗商品出口国,俄乌冲突仍在持续使得未来局势发展存在不确定性。如果欧美制裁使俄罗斯实施报复性减产,全球油价可能进一步飙升,从而进一步推高通胀水平。最后,近年来在能源转型方面比较激进的欧洲,遭遇了能源危机,欧洲天然气价格不断上升,能源转型和极端天气等因素也会造成能源价格的波动,从而成为全球通胀上升的重要推手。

席卷全球的高通胀不仅抬高了民众生活成本,加剧贫富分化,吞噬全球财富,影响经济复苏,更可能孵化民粹主义、极端主义等社会思潮,破坏社会和政治稳定,是各国需要着力防范化解的难题。同时,高通胀持续不退还将加重全球低收入人群生活负担,加大不同人群收入分配差距,进而可能造成部分国家社会动荡,引发社会和经济危机。世界银行近期估算称,全球食品价格每上升1%,就将有近1 000万人陷入每天生活费不到1.9美元的"极端贫困"中。2022年全球极端贫困人群预计将达到6.56亿至6.76亿人。2022年以来,南亚国家斯里兰卡在国际能源和粮食价格上涨冲击下陷入经济危机,引发社会骚乱和政局动荡,该国6月份CPI同比上涨54.6%,在大宗商品价格上涨和货币贬值的情况下,未来该国CPI同比涨幅可能突破60%。随着全球高通胀持续,不排除有更多国家陷入经济危机或社会动荡。通胀的持续高位运行将促使高通胀经济体的央行采取更加激进的措施,从而导致世界经济进一步

减速乃至面临陷入衰退的风险。2022年11月22日,经合组织发布报告表示,全球经济正面临重大挑战,增长已经失去动力,持久的高通胀已经几乎扩大到各个国家。预计全球经济增长率将从2022年的3.1%下滑至2023年的2.2%,在2024年小幅反弹至2.7%。能源冲击已将通货膨胀推高至数十年来未见的水平,并打击全球经济增长。

第三节 发达和发展中经济体的分化为世界经济稳定复苏埋下隐患

2020年,受新冠肺炎疫情影响,全球经济遭受重创。自2021年下半年以来,全球许多国家和地区逐渐放松封锁措施,全球经济进入复苏通道。尽管生产要素流动性降低,但各经济体逐渐适应新的工作和生活方式,各地区反弹均强于预期。2022年以美国为代表的主要发达经济体继续推出财政支持措施,全球疫苗接种加速,经济复苏形势进一步好转。

一、全球经济复苏呈分化趋势

在全球经济复苏形势改善的同时,由于各国疫情控制节奏和疫苗接种比例不同,目前全球经济复苏呈现高度的不均衡和不匹配状态,复苏的结构、区域、阶层和市场分化严重,具体表现在以下几个方面:首先,发达经济体比发展中经济体的复苏步伐更快。2008年金融危机期间发达经济体受到的冲击更大,而此次疫情对低收入国家和新兴市场冲击更大。其次,在不同经济体内部,复苏同样存在分化。发达经济体中美国复苏快于欧元区和日本,新兴经济体中亚太地区复苏快于非洲和拉丁美洲地区。2021年美国经济受到疫情、政治危机、金融动荡等多重打击,遭遇了"二战"结束以来最严重的经济萎缩。但与欧元区和日本相比,美国经济衰退的程度更小,且经济复苏的步伐更快。在新兴经济体中,亚太地区由于疫情防控得当,经济活动逐渐恢复;而非洲和拉丁美洲地区大部分国家疫情仍在蔓延,经济复苏乏力。最后,生产端和消费端的复苏也呈现分化趋势。此次新冠肺炎疫情对供给和需求端同时带来严峻冲击,但对需求端的冲击更加严重。在经历了短暂且同步的崩溃之后,主要国家工业生产已基本恢复到疫情前水平,产业链逐渐恢复,摩根大通全球制造业采购经理人指数(PMI)、经合组织综合领先指标、全球粗钢产量等生产端指标基本回到或超过疫情前水平。但居民消费意愿并未出现大幅改善,接触密集型服务消费仍然低迷,旅游、艺术、娱乐、体育、酒店和实体零售业复苏相对较慢。经合组织消费者信心指数较疫情前水平低2%左右,全球餐馆就餐人数较2019年同期低50%左右,航空客座率仅为疫情前的七成,消费端复苏明显滞后于生产端。总之,经济复苏的分化局面在短期内不会改变。除此之外,疫情冲击下,社会贫富差距加大,年轻人、低技能工人、低收入群体面临更大的挑战,旅游业等服务业修复尚需要时间。行业复苏分化,将极大地抑制经济反弹的可持续性。

二、发达和发展中经济体分化的具体表现

发达经济体和发展中经济体在疫苗分配、政策支持、数字经济以及绿色技术等方面存在巨大发展差距,从而造成经济复苏呈分化的态势。

第一,在本轮疫情冲击中,发达经济体得益于率先完成较高比例的疫苗接种率,经济复苏较为迅速。与此形成对比的是,新兴经济体经济复苏面临较大挑战,并导致其与发达国家之间的经济分化日益严重。根据木桶理论,人类与新冠病毒的斗争,并非取决于疫情控制最好的国家,而是取决于疫情控制最差的国家。发达经济体与发展中经济体之间的"免疫鸿沟"将为世界经济的稳定发展埋下隐患。新冠肺炎疫情发生以来,全球疫苗产能和供应不断改善,但疫苗分配不平等问题愈发凸显。"缺苗少药"直接威胁广大发展中国家民众的生命健康,而少数西方国家囤积的疫苗不仅远超自身需要,且浪费严重。面对全球疫情的严峻形势,多位流行病与公共卫生领域权威专家强调,只有加强团结合作,切实提高疫苗接种率,建立起免疫屏障,人类才能尽快走出疫情阴霾。

第二,发达和发展中经济体在财政实力和政策储备等方面存在巨大差异。一方面,发达经济体的刺激政策不仅为经济复苏和就业提供支持,而且逐渐由疫情期间的紧急救助转向基础设施投资。疫情以来,各主要发达经济体普遍采取扩张性的财政政策,通过大规模增加财政赤字刺激经济。而经济刺激计划普遍包括支持医疗机构、稳定就业、发放现金补贴等具体措施。目前,不断扩大的财政赤字已使各主要发达经济体面临巨额的政府债务。预计疫情结束前,各主要发达经济体的财政赤字还会进一步扩大,但各国在财政政策上的空间会有所缩小。此外,直接向居民发放现金补贴成为各主要发达经济体的普遍做法。由于本次经济衰退主要源于疫情,因此受影响的领域主要包括消费业、高档耐用品制造业等。相关行业的失业人口急剧上升、从业者收入严重下降。直接现金补贴不仅可以为居民提供基本的生活保障,而且能够带动消费业和相关商品制造业。随着各国"解封"和经济重启进程的加速,消费券或将逐步取代直接现金补贴成为各国共同的经济刺激手段。另一方面,发展中经济体面临融资约束增加、政策支持力度受限等困难。新冠肺炎疫情造成政府公共支出大幅增加。受疫情影响,不仅公共卫生系统陷入混乱,全球还有多达16亿人失去生计,占全球劳动力的一半。发展中国家在应对疫情引发的卫生和失业问题时捉襟见肘,再度举债极为困难;同时,新冠肺炎疫情使政府财政收入受到严重影响。为控制疫情而采取的措施导致生产活动和公共消费停滞,税基大幅下降。包含旅游业在内的世界经济活动近乎停止,一部分大宗商品价格急剧下跌,一些依赖旅游和大宗商品出口的国家面临严峻经济困难。部分国家的经济停滞和高失业率将使1.4亿人口跌入极度贫困,并造成不稳定,使多年的发展成果化为乌有。随着出口收入和移民汇款减少,一些发展中国家被迫使用外汇储备偿还债务。然而新冠肺炎疫情暴发前,很多发展中国家的偿债负担已高达外汇储备的40%以上,疫情影响或将造成外汇储备进一步下降,引发这些国家的货币进一步贬值,导致偿还以美元和欧元计价的债务更加困难。新冠肺炎疫情导致部分发展中国家财政空间受到严重挤压,这些国家不仅无力采取措施刺激经济,并且发生主权债务违约的风险日益增加。综上,发达经济体和发展中经济体面临的"政策鸿沟"加剧了南北国家经济复苏的分化趋势。

第三,随着5G、大数据、人工智能等为标志的第四次技术革命的推进,全球经济正进入以数字经济为标志的新发展时期。新冠肺炎疫情加快了部分经济体的数字化转型,也加剧了发达国家和发展中国家之间的"数字鸿沟"。[①]联合国的数据表明,全球仅有55%的家庭可以使用互联网,其中发达国家可使用互联网的家庭占比达87%,而发展中国家为47%,最不发达国家仅为19%。全球共有37亿人无法访问互联网,其中多数来自较贫穷的国家。这样的差异,拉大了人类接受教育、掌握技能的差距,进而影响了公平,加剧了分化。

第四,全球生产方式正向绿色化、低碳化转变,发展中经济体与发达经济体在绿色技术、绿色发展水平之间存在着巨大的差距。生产方式的绿色化、低碳化将主要影响到依赖能源出口以及正处在工业化进程中的发展中国家。气候变化因素使得后发国家的赶超过程又增加了一个额外的约束条件。在低碳化、绿色化的背景下,碳关税可能使出口导向模式的复制难度进一步上升。2021年3月,欧盟议会通过了"碳边境调节机制"(CBAM)的决议。这可能使得一些仍处于工业化扩张阶段的国家(例如越南、印度)以及依赖于高碳资源的国家(例如石油出口国)的发展空间面临额外约束。

对于全球经济格局而言,这种"绿色鸿沟"可能使得国与国之间的阶层更趋向于固化,后进发展中国家的赶超之路可能将更加艰难。发达和发展中经济体之间的分

---

① United Nations. Digital Economy Report 2021[EB/OL]. (2021-09-29)[2022-12-19]. https://unctad.org/publication/digital-economy-report-2021.

化为世界经济的稳定复苏埋下隐患。

第四节　全球产业链重构或将重塑国际分工格局

受益于不断减少的贸易成本以及总体稳定的国际秩序,许多产品的生产环节遍布全球多个区域,这种高度分工的生产模式使得全球各经济体之间联系密切,推动了经济全球化。

一、全球产业链有重构的趋势

近年来,随着新一轮科技革命和产业变革深入发展,新兴技术及其产业化应用推动国际生产和贸易体系加快重构,全球产业链呈现出数字化、绿色化、融合化的新趋势。受新冠肺炎疫情的影响,基于全球价值链的国际分工范式和一体化生产网络暴露出其固有的脆弱性,全球产业链的部分环节受阻、中断,全球产业链的发展形成了重构的趋势,短链化和区域化的特征显现。具体如下:

近年来,世界各国基于对安全的考量,产业链有朝着区域化和本土化方向发展的趋势。短期内,全球产业链体系难以发生逆转性的变化,但是各个国家已经开始对形成更加安全的产业链进行更多考虑,更多地强调自主可控,一些涉及国计民生以及国家命脉的战略产业的重要性显著提升。从中长期看,产业链的迁移和重构将提速,全球产业链布局的逻辑也将发生改变。部分产业将考虑纵向整合以缩短供应链条,本土化、区域化的产业链将加速形成。尽管如此,将产业链完全迁回一国本土较难实现。对于一些关键的产业链,有能力的国家将把核心生产环节转移到本土,并在自身周边国家建立较为完善的产业链条,同时在全球多个地区生产同样的零部件,实现供应商的多元化。

从过往历史看,全球产业链的转移是因为:原产国劳动力优势不再,跨国公司将其中低端产业向存在劳动力比较优势且有一定工业基础的经济体转移。而产业转出国最终往往会有三种状态:发展为消费国(像美国)、中高端制造国(像德、日、韩等)或者陷入中等收入国家陷阱(像巴西、阿根廷等资源禀赋型国家)。

二、中国在稳定全球产业链中发挥重要作用

在大国竞争的背景之下,以美国为代表的西方国家力图重构全球产业链,并掌握主导权。为了应对产业空心化以及减少对外国制造的依赖,美国采取了多项措施引导制造业回流。疫情的冲击又使全球产业链重构步伐加快。许多国家和跨国公司对

产业链的配置从之前主要考虑效率转向兼顾效率和安全的原则上来。同时,区域分工也将逐渐替代全球分工。一些大型的区域贸易安排,如区域全面经济伙伴关系协定(RECP,GDP 约占全球 32%)、全面与进步跨太平洋伙伴关系协定(CPTPP,GDP 约占全球 13%)、欧日经济伙伴关系协定(EPA,GDP 约占全球 28%)、美墨加贸易协定(USMCA,GDP 约占全球 28%)[①]等的签署会进一步强化区域化分工格局。未来,全球产业链的重构以及区域化、多中心化的全球分工格局将对世界经济产生深远影响。

总体上看,全球产业链的区域化、本土化,以及数字化、网络化和智能化发展将是未来的长期态势。对于我国而言,需在稳定全球产业链、确保产业链安全与畅通上切实发力,发挥超大规模市场优势,加大关键核心技术攻关,提升制造业核心竞争力。同时,还要积极培育和发展国内产业链和区域价值链,构筑自主可控的全产业链体系。

第五节 科技创新和绿色经济成为推动经济复苏的新动能

经济发展历来是各国政府所追求的目标,但席卷全球的新冠肺炎疫情不仅对经济造成短期扰乱,更揭露了长期埋伏于社会制度中的种种隐患。如何尽快实现短期经济复苏,和建设长期可持续的经济制度成为所有政府的首要任务。信息技术在自身发展的同时,也在加速向其他行业和领域渗透融合。人工智能与医疗相结合,形成智慧医疗,加快诊断速度,提高诊断精度;制造企业利用物联网、工业互联网、大数据等技术,加快研发速度,提高生产效率,精准对接供需双方;远程视频技术和人工智能管理技术与教育行业相融合,形成新的线上教育模式;云办公技术和视频会议技术则促使在线办公、居家办公成为新流行趋势。

一、科技创新为全球经济复苏提供新动能

近年来,围绕着新一代信息技术的加速应用及其与其他行业的加速融合,各国对新型基础设施的投资和布局也不断加强,美国、欧盟、日本、中国等均在 5G 基站、大数据中心、新型物流基础设施、工业互联网、无人驾驶等方面进行新的布局,试图抢抓新一轮技术革命和产业变革的先机,抢占科技创新的制高点。例如,自 2021 年 2 月以来,美国白宫、国会、国防部等部门累计发布科技经济战略部署文件或报告二十余

---

① 数据来源:Wind。

份,涵盖了人工智能、量子科技、5G/6G、新能源、云计算、生物医药、太空技术等高科技前沿方向。欧盟发布了十余份科技经济战略文件,包括人工智能、5G/6G、量子科技、网络安全、关键材料、电池生态系统等领域,试图推动在绿色经济和数字化经济的科学进展;英国也发布了若干科技经济战略,在量子科技、网络安全、人工智能、尖端技术改造农业、合成生物学、石墨烯等领域有所布局。日本则试图加快5G基础设施建设并开始布局6G,目标是用10年时间改变在5G研发上不占优势的现状,并在6G方面实现反超,同时进行量子科技八大领域基地建设,推动量子技术实用化。日本政府发布了一份半导体发展相关的"成长战略",该方案明确指出,为了扩大日本国内的尖端半导体和蓄电池生产,将促进集中投资,同时提出"确保经济安全"的理念,将增加用于援助生产技术开发的预算,支持企业新建工厂。方案还计划吸引美国的实力企业,与日本企业进行共同研究、开发和生产,以通过日美合作强化供应链。日本计划将2025年之前的时间段设定为设备投资集中期,制订尖端半导体生产基地的选址计划,其最终目标是到2030年,将日本在电动汽车等领域使用新一代功率半导体的全球份额提高到四成。韩国则主要关注人工智能、大数据、区块链、5G/6G、生物健康、清洁能源、量子技术、"无接触"经济等领域的发展。中国在"十四五规划"中提出,要把科技自立自强作为国家发展战略支撑,科技政策要加快落地,继续抓好关键核心技术攻关。

在各国国家战略的推动下,信息技术与其他产业的加速融合已成为未来科技进步的新趋势,成为推动世界经济复苏的新动能。

二、绿色经济为全球经济复苏带来新机遇

与此同时,气候变化也已"亮起红灯",气候危机对人类社会构成了严重的威胁。以目前的走势来看,联合国预计全球的碳排放量将在2030年上升16%,而这和国际约定的将碳排放减半以维持1.5摄氏度变暖上限大相径庭。绿色复苏作为加快经济复苏和实现可持续经济增长的新兴概念给经济发展带来希望。绿色复苏不是传统意义上的经济指标恢复增长,而是实现了人与自然高度和谐共生的增长模式,并对发展的速度和质量提出双重要求。实现绿色复苏,要求全人类共同努力,要求政策制定者更加审慎全面地考虑经济、社会、环境等多个方面相平衡,以有效的政策推动经济结构优化、能源系统转型、生态价值转化,更好地为人类健康和福祉提供全面保障。

突发的疫情促使制定可持续和具有弹性的经济制度成为不可推卸的责任,国际上倡导经济复苏应兼顾绿色转型的呼声愈发响亮。联合国秘书长安东尼奥·古特雷斯在"一个星球"峰会上指出,疫情后的经济复苏是实现绿色转型的契机,且环境保护

并不与经济增长相对立,反而能创造新的就业机会。世界经济论坛预估,企业采用环保的商业战略将创造约10.1万亿美金的商机以及数百万的工作岗位。如何延续2020年以来在环境方面形成的部分积极影响,并解决一些负面问题,是国际社会在实现经济复苏时需要克服的主要问题。

全球绿色复苏正在带来一轮巨大的产业新机遇,有研究指出新能源汽车将在未来五年出现市场井喷,可再生能源发电市场的蓬勃发展将促进储能技术和需求高速增长。国际能源署于2020年6月提出的绿色复苏计划则提议:为缓解经济萎靡现状,世界各国在2021—2023年期间,每年投入约1万亿美元用于电力、交通、工业、建筑、燃料以及新兴低碳技术等六个关键领域。各国具体做法包括,美国新一轮的复苏计划包含了加快发展电动汽车和可再生能源等内容,美国能源部将持续为清洁能源研发提供资金支持;德国和法国分别发布和启动《国家氢能战略》,正式确定"绿氢"的优先投资地位;英国政府宣布英国绿色工业革命(Green Industrial Revolution)十项计划,涵盖可再生能源、新能源汽车、碳捕集技术、清洁海洋技术等;日本的《绿色增长战略》提出包括氢能、海上风电、电动汽车及储能、碳封存等在内的多领域技术发展目标;韩国将着力培育可再生能源、氢能源、能源IT等三大新能源产业。除此之外,欧盟、英国、德国和日本等国在绿色复苏计划中不约而同地提及将致力于推进数字化转型……因此,政策制定者需要审时度势,厘清本国绿色低碳技术和产业的优势和短板,结合中长期发展目标,确立发展绿色低碳技术的优先领域和重点举措,科学部署资源、培养人才,积极引导技术转化及应用,促进产业整体提升,释放推动经济增长、社会进步的巨大潜能。

以新能源大规模开发利用为特征的新一轮能源革命深入推进,全球能源体系正经历着一场前所未有的系统性、根本性变革。立足各国资源禀赋、技术水平、知识能力差异,加强国际合作、推动能源转型,是增强能源供应保障能力、促进清洁能源产业快速发展的重要途径。坚持清洁低碳方向,加快推动能源转型、应对全球气候变化,已经成为国际社会的普遍共识。全球超过130个国家和地区设定了碳达峰和碳中和目标。对中国而言,自中共十八大以来,中国坚定不移走生态优先、绿色低碳发展道路,着力推动"既要发展,也要环境"的经济社会发展全面绿色转型。中国也向国际社会作出了力争2030年前实现碳达峰、2060年前实现碳中和的郑重承诺,彰显了负责任大国的担当。随着实现双碳目标的各步骤深入推进,清洁能源日益成为世界能源投资增长的重点。2022年全球能源投资预计将达到2.4万亿美元,其中清洁能源投资占比接近60%。同时,中国要在减排降碳的过程中确保能源安全,坚持先立后破、通盘谋划,有计划分步骤实施碳达峰行动,推动传统能源与新能源优化组合,确保能源安全可靠供应。

十年来,中国在可再生能源领域取得了明显进步。与2012年相比,2021年中国能耗强度下降了26.4%,碳排放强度下降了34.4%。中共二十大报告提出,"积极稳妥推进碳达峰、碳中和"。实现碳达峰、碳中和是一场广泛而深刻的经济社会系统性变革。中国领导人多次强调,要把碳达峰、碳中和纳入经济社会发展和生态文明建设整体布局,同时把实现减污降碳协同增效作为促进经济社会发展、全面绿色转型的总抓手。与此同时,2011年以来,中国累计安排约12亿元用于开展应对气候变化的南南合作,通过建设低碳示范区,援助气象卫星、光伏发电系统和照明设备、新能源汽车等物资,帮助有关国家提高应对气候变化能力,为近120个发展中国家培训了约2 000名应对气候变化领域的官员和技术人员。总之,未来,绿色和高质量发展都将继续伴随中国经济发展。这些绿色包容复苏措施不仅有利于中国经济的转型和升级,更可为全球绿色经济发展做出巨大贡献。

综上所述,经历了疫情持续冲击的全球经济,在疫情反复波动、通胀高企和全球产业链重构的背景之下疲弱复苏,但仍然难以掩盖背后存在的分化和不均衡,以及可能由此带来的后疫情时代全球经济的脆弱和风险。对发达国家以及新兴市场国家而言,坚持科技创新、绿色发展或许能为其经济复苏提供新的动力。

第三章
2022年世界经济发展的新趋势

2022年,世界经济进入一个充满严重不确定性和不稳定性,同时充满诸多新挑战和新阻碍的时期。导致经济复苏受阻的风险因素包括悬而未决的乌克兰危机、居高不下的通货膨胀、持续受限的产业链、层层加码的紧缩货币政策和屡创新高的债务水平,尤其是俄乌冲突引发的能源危机、粮食危机和通胀危机席卷全球多个国家。具体而言,自新冠肺炎疫情暴发以来的世界经济复苏遭受巨大挫折,美欧的经济增长出现明显分化,新兴经济体尤其是亚洲经济体成为世界经济增长的亮点。在美联储激进加息带动的全球加息浪潮之下,国际金融市场波动加剧,美元指数和美债收益率大幅上行,强势美元引发全球货币贬值,跨境资本加剧流回美国。全球贸易规模受价格因素驱动整体保持增长,但增速明显下滑,贸易环境也因保护主义盛行而恶化。阻碍全球投资增长的不利因素相继出现,俄乌冲突更是直接加剧了跨国直接投资的避险情绪。

第一节 世界经济新趋势

2021年,世界经济在疫情冲击减弱和防控措施放松之后在较低基数之上已较快恢复,但并未根本摆脱"新平庸"时代长期低速增长的轨迹。在2022年2月俄乌冲突爆发之前,世界经济就面临着通胀高企、政策退出、供应不畅和消费不旺等多重压力。国际货币基金组织于2022年1月和7月两次下调世界经济增长预期,在10月发布的最新一期《世界经济展望》报告中,预计全年经济增速为3.2%。

一、世界经济:复苏势头被扰动

俄罗斯和乌克兰的经济总量占全球GDP的比重不足2%,但作为全球能源、粮食、半导体产业原料的主要来源地,两国持久未停的军事冲突不仅直接影响了大宗商品的供给,而且通过贸易、金融等渠道给周边和全球带来重大经济风险。

(一)全球能源价格高位震荡

根据阿莫克石油公司(BP Amoco,简称BP)的统计数据,2021年俄罗斯石油产量为1094.4万桶/天,占全球原油生产总量的12.2%,排名世界第二位;石油出口量823.4万桶/天,占全球石油出口总额的12.3%,排名世界第一位,前两大出口地区分别是欧盟和中国。[1]俄乌冲突爆发之后,西方出台了1万余项制裁措施,俄罗斯石油出口受到阻碍。布伦特原油价格指数作为全球购买石油的主要基准价格在2022年1月初为78.9美元/桶,但冲突爆发当日(2月22日)冲至91.9美元/桶,28日突破100大关升至101.5美元/桶,随后保持高位运行,至11月28日仍是81.9美元/桶。美国能源信息署(Energy Information Administration, EIA)则估计,2022年全球原油需求增速预期上调14万桶/日至226万桶/日。[2]

俄罗斯是全球重要的天然气供应国,也是欧盟最大的天然气供应国。乌克兰是主要输送通道,通过该国运往欧盟的天然气占俄对欧天然气出口量的1/4左右。2022年初以来,俄对欧天然气供应短缺,导致欧洲天然气价格上涨至历史高位。又因管道天然气不易转移出口,加之"北溪一号"的供给被极大削减,自6月中旬起,天然气价格出现了新一轮的上涨。9月以来,因欧洲天然气库存水平逐渐提高且接收终端设施不足,再气化和转运能力有限,叠加各项节能措施,天然气价格明显疲软。

油气价格的高位震荡对世界经济有着不可避免的多重影响。短期来看,油气价格的持续大涨将推动全球整体通胀的同比增加,居民生活成本明显提高,滞胀风险显著上升。中期来看,油气价格的较高预期或将促使其产能扩张,延缓全球向清洁型能源转型的步伐。欧盟作为俄罗斯油气最大的进口区域,所受影响最为全面和深刻,不得不暂时加大对化石能源的使用。长期来看,全球能源贸易和投资格局将会出现重构格局,俄罗斯对欧盟的油气出口能力将受到削弱,但与中国、印度等亚太能源消费大国的合作将进一步深化。

(二)全球粮食供给受到冲击

新冠肺炎疫情以来,全球粮食价格水平在2021年已达到历史高点,俄乌作为全球重要的粮食生产国和出口国,其军事冲突的爆发直接导致国际运输成本的上升、全球粮食价格的波动加剧和全球粮食供给量的短缺。根据联合国粮农组织于2022年4月发布的数据,[3]预计2022/2023年度世界谷物产量将会由上年度28亿吨的历史高位下降至27.63亿吨,其中小麦、玉米、大米等主粮均将出现不同程度的下滑,同时

---

[1] BP. Statistical Review of World Energy 2022[EB/OL]. (2022-06-10)[2022-10-04]. https://www.bp.com/content/dam/bp/business-sites/en/global/corporate/pdfs/energy-economics/statistical-review/bp-stats-review-2022-eu-insights.pdf.

[2] EIA. Crude Oil Prices Rise above $100 per barrel after Russia's Further Invasion into Ukraine[EB/OL]. (2022-03-04)[2022-10-11]. https://www.eia.gov/todayinenergy/detail.php?id=51498.

[3] FAO. World Cereal Production, Utilization, and Stocks Forecasts Lowered from Last Month[EB/OL]. (2022-04-07)[2022-10-11]. https://www.fao.org/worldfoodsituation/csdb/en/.

世界谷物使用量将小幅下降至 27.78 亿吨。这也意味着时隔三年之后全球谷物产出低于全球谷物需求,为弥补供需缺口,全球谷物库存将下降至 8.41 亿吨(见图 3-1)。尽管俄乌于 7 月达成的《黑海谷物倡议》,部分缓解了粮食运输压力,但鉴于两国冲突仍在延续,粮食供应链受阻的风险远未消除,国际粮价依然在高位运行。此外,由于中东、非洲与最不发达经济体在谷物与化肥的进口上严重依赖俄乌两国,其受到供给短缺与价格上涨风险的冲击更大。全球应对粮食危机网络(Global Network Against Food Crisis,缩写为 GNAFC)发布的《2022 年全球粮食危机报告》显示:2021 年,全球处于粮食不安全状态的人口数量已增至 1.93 亿,涉及 53 个国家。这是该报告发布七年以来的最高数据。其中有 39 个国家在 2016 年至 2021 年间始终处于粮食不安全状态,覆盖人口数由 2016 年的 9 400 万人增至 2021 年的近 1.8 亿人。

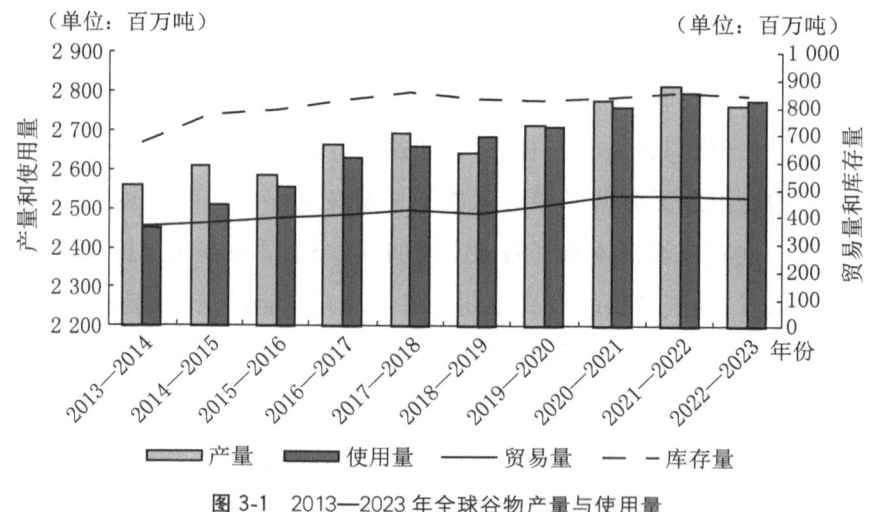

图 3-1　2013—2023 年全球谷物产量与使用量

• 数据来源:联合国粮农组织数据库。

不仅如此,此起彼伏的粮食贸易保护主义进一步加剧全球粮食安全问题。俄乌冲突爆发之后,两国相继宣布禁止小麦、葵花籽油、化肥等产品出口,印度、哈萨克斯坦等重要小麦种植国和出口国也发布了出口禁令,全球第一大大米出口国印度限制大米出口,第三大大米出口国越南暂停各种形式大米的出口,全球第二大棕榈油生产国马来西亚的棕榈油出口也已放缓。虽然出口禁令可以使上述国家确保国内供应,平抑粮食价格,但会进一步加剧全球粮食供需失衡,推高全球粮食价格,增加进口国成本,也加重居民生活负担。

(三)全球制造业采购指数跌破中值

摩根大通全球制造业采购经理人指数(J. P. Morgan Global Manufacturing PMI)于

2022年10月份下降0.5至49.8,这是自2020年6月以来制造业PMI首次降至50.0的中线以下(见图3-2)。数据表明,全球制造业的衰退在2022年继续显现,产出萎缩速度加快至2022年4月以来的最高水平。除2020年上半年因新冠肺炎疫情大流行引发的全球封锁几个月之外,本次PMI下降是自2012年以来的最大降幅。在摩根大通所做制造业PMI调查涵盖的三个细分行业中,中间产品和投资品产出下降,其中中间产品产出的收缩幅度更大。投资品生产的下降幅度相对较小,而消费品产品则略有上升。在有数据的30个经济体中,只有10个经济体的产出有所增长,主要包括美国、巴西、印度、俄罗斯和澳大利亚,而中国、日本、欧元区、英国以及其他国家和地区的产出都有所下降。尤其是9月以来,新订单和新出口业务均以更快速度减少,这也是自2020年6月以来,这两项需求指标所出现的最严重下滑。由于销售低于预期,产成品库存继续上升。新订单减少叠加库存增加导致生产前景恶化,进而造成未来产出预期大幅下降。

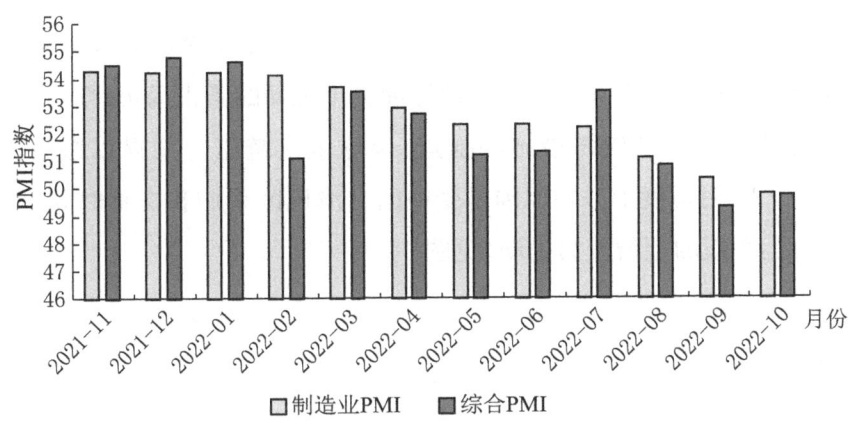

图3-2 2021年11月至2022年10月摩根大通全球制造业PMI和综合PMI

• 数据来源:摩根大通,2022。

(四) 全球供应链加速重构

自新冠肺炎疫情大流行以来,主要经济体围绕效率和安全展开了供应链的重构进程,这一进程在2022年更加全面和深入。美国作为全球最早提出并系统实施供应链安全战略的发达国家,2022年以来为维护其在国际生产体系和全球产业链中的主导地位,采取更加机制化、多样化的手段:从出台激励政策引导制造业回流到加征关税和出口管制,从实施更为严厉的外商投资审查到限制专业人才的国际交流,从出台《美国芯片与半导体法案》到与日本、韩国以及中国台湾地区组建芯片联盟(Chip4联盟)。美国一方面利用这些措施大力推进美国本土芯片、半导体、人工智能等高技术产业链的发展,确保美国技术制造和国防供应链安全,确保高科技产业制造转移至国内;另一方面通过"护栏"条款和出口管制等对我国进行全方位的技术围堵,以期维持对我国的长期竞争优势。

为提升供应链效率,各国通过各种贸易和投资规则推进自由化进程。如签署了《区域全面经济伙伴关系协定》的各成员国在2022年俄乌冲突爆发之后,更加关注区域内供应链的稳定畅通,持续加强在供应链领域的合作,逐步推进RCEP区域成为全球供应和采购中心。又如签署了《全面与进步跨太平洋伙伴关系协定》的各成员国在协定对亚太地区供应链发展做出约定的基础上,2022年更加考虑整合生产来降低贸易区供应链的成本,协助中小企业参与自由贸易区供应链,利用原产地规则带动区域内创新价值链和供应链的发展。再如2022年6月,金砖国家领导人第十四次会晤核准了《金砖国家加强供应链合作倡议》,提出了支持包容和基于规则的多边贸易体系,加强维护供应链的开放、高效、稳定、透明、可靠和韧性。

从美国纽约联储发布的全球供应链压力指数来看(Global Supply Chain Pressure Index,缩写为GSCPI),[①]2021年12月至2022年3月间,该指数显示全球供应链压力有所缓解,到4月,随着全球供应链因地缘冲突出现新的紧张局势,指数急剧上升。后五个月随着各国稳定供应链措施的推进,全球供应链压力又得以缓解,2022年9月跌至0.89。10月适度上升的原因是受中国台湾地区采购和交货时间、亚洲出境空运和英国货运积压的上行压力推动(见图3-3)。

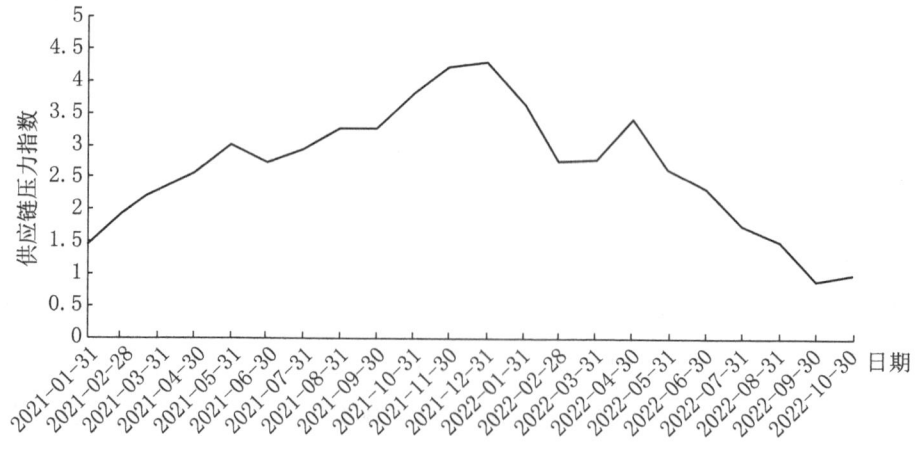

图3-3 2021—2022年全球供应链压力指数

• 数据来源:美国纽约联储,2022。

---

① Federal Reserve Bank of New York. Global Supply Chain Pressure Index[EB/OL]. (2022-10-31)[2022-11-15]. https://www.newyorkfed.org/research/gscpi.html.

二、发达经济体：美欧经济持续分化

俄乌冲突以来，美欧共同对俄罗斯施加多轮制裁，且制裁层层加码，但其反噬效应令欧元区国家处境窘迫：能源供应紧张，电气价格大幅飙升，经济高度承压，产业频频外迁，居民不堪重负。

（一）美国：高通胀中的"硬着陆"风险

2022年，美国经济增速明显弱于2021年。2022年美国前三季度实际GDP按年率计算分别为－1.6％、－0.6％和2.6％，较之2021年大多6％以上的季度增速明显弱化，但第三季度有明显回升（见图3-4）。从GDP构成来看，出口和政府投资的抬升支撑了第三季度的反弹。第三季度出口从前值13.8％增长至14.4％，但进口下降至－6.9％。联邦政府投资从第二季度的－3.4％增长至第三季度的3.7％，州和地方政府投资从第二季度的－0.6％增长至第三季度的1.7％。私人部门投资有所回升，从前值－14.1％提高至8.5％；个人消费支出下滑，从前值2.0％下降至1.4％。①

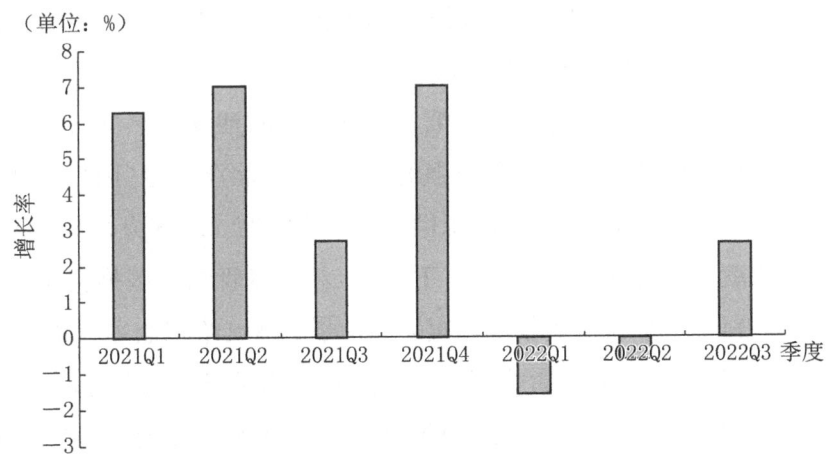

图3-4 2021—2022年美国GDP增长年率

• 数据来源：美国经济分析局(BEA)，2022。

经济韧性主要体现在就业与消费。2022年以来，美国失业率持续回落，至9月仅为3.5％。美联储预测，全年失业率将降至4％以下。②个人可支配收入保持增长态势，9月同比增速为3.2％，③在居民收入正增长的支撑之下，居民消费尤其是服务消

---

① BEA. Gross Domestic Product, Third Quarter 2022[EB/OL]. (2022-10-27)[2022-11-15]. https://www.bea.gov/news/2022/gross-domestic-product-third-quarter-2022-advance-estimate.
② US News. See Your State's September 2022 Unemployment Rate[EB/OL]. (2022-10-03)[2022-11-15]. https://www.us-news.com/news/best-states/articles/unemployment-rate-by-state.
③ BEA. Personal Income and Outlays, September 2022[EB/OL]. (2022-10-28)[2022-11-15]. https://www.bea.gov/news/2022/personal-income-and-outlays-september-2022.

费仍将具有一定韧性。整体上,美国劳动力市场表现强劲,失业率维持在历史低位,消费依靠收入支撑,因此美国经济仍具韧性。

通胀处于高位,加息或难放缓。2022年初以来,美国通胀压力不降反升,6月居民消费价格指数(CPI)同比增幅达到41年最高值9.1%,9月个人消费支出(PCE)同比增速达6.2%,核心PCE升至5.2%。美联储预测2022年PCE通胀率为2.6%,全年处于历史高位。①10月美国密歇根大学消费者1年通胀预期上升至5.1%,5年通胀预期上升至2.9%。②通胀预期的抬升将进一步增加美联储调控通胀的难度。高通胀仍是美国经济的核心矛盾,在核心通胀没有明显回落的情况下,年度内美联储或难以放缓加息步伐。

往后看,美联储激进加息导致经济"硬着陆"的担忧不断发酵,而且对于美国经济衰退的预期已向实体经济传导,上半年美股盈利走强支撑了市场情绪,然而"硬着陆"的风险已在实体经济显现,制造业采购经理人指数开始下滑,新订单也在减少。11月,美国花旗意外指数时隔一年重新降入负区间,显示更多美国经济数据指标正逊于而非好于市场预期,美国经济复苏步伐或许并不如预期中的强劲。

(二)欧元区:能源困境中的持续低迷

俄乌冲突直接导致欧洲能源危机。俄乌冲突导致石油和天然气价格飞涨,而欧元区多国对俄罗斯石油和天然气具有很强的依赖性。"北溪一号"因故关闭,天然气管道输送将完全停止,更加剧了欧洲能源供应的不确定性。欧洲央行曾估计,10%的天然气供给危机就可能会使欧元区GDP下降0.7%。尽管欧元区推行了"天然气需求缩减计划"和替代能源,但上半年能源短缺和价格上涨已给工业生产和居民生活带来沉重打击,尤其是低收入家庭影响更大。能源商品和服务在大部分欧元区国家的消费者物价指数占比在5%—15%,过大的涨幅导致了持续的高通胀。9月欧央行议息会议宣布加息75个基点(BP),为1999年以来幅度最大的单次加息,但通胀势头仍未消退。欧盟委员会预测,欧元区2022年通胀率将达到8.5%。

主要经济指标持续下行。欧元区19国2022年前三季度GDP同比增速分别为0.6%、0.8%和0.2%(见图3-5),虽然处于正增长区间,但较之2021年第二季度和第三季度的2%以上增速明显减弱。进入2022年10月,欧元区经济景气指数较之9月的93.6进一步下降至92.5,为2020年11月以来的最低值。同月欧元

---

① St. Louis FED. Personal Consumption Expenditures[EB/OL]. (2022-10-02)[2022-11-16]. https://fred.stlouisfed.org/series/PCE.
② University of Michigan. Surveys of Consumers[EB/OL]. (2022-10-28)[2022-11-16]. https://data.sca.isr.umich.edu/fetchdoc.php?docid=71540.

区制造业 PMI 指数下行至 46.6,创 2020 年 5 月以来新低,而且连续 4 个月处于 50.0 的荣枯线以下。消费者信心指数回升至 −27.6%,但仍处于历史较低水平。①在能源困境尚未解决、高通胀居高不下、生活成本持续上涨等多种因素交织之下,居民消费信心短期内难以明显回升。能源危机和经济衰退的双重压力导致欧元频频贬值,虽有利于欧洲出口,但受高价能源拖累,企业产能有限,出口并无明显起色,德国甚至自 1991 年之后首次出现贸易逆差。

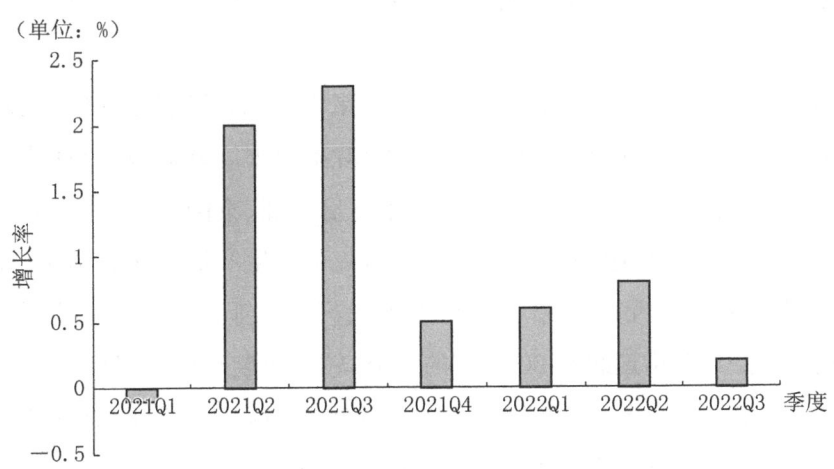

图 3-5　2021—2022 年欧元区 GDP 季度增长率

• 数据来源:欧盟统计局,2022。

产业外迁压力逐步加大。欧洲能源危机严重影响到制造业生产,产业外迁压力日益明显,或将出现长期化的趋势。如 2022 年 4 月,欧洲最大钢厂安塞乐米塔尔因电价飙升实施有选择的小时制停产,并关停了法国和德国的中型钢厂;又如全球最大铝业公司挪威海德鲁公司停止了它在斯洛伐克的一家冶炼厂铝的生产;再如德国化工巨头巴斯夫宣布全面推进中国湛江一体化基地建设,并计划 2022—2026 年在美投资 250 亿美元。后续如果通货膨胀和能源价格不能得到有效控制,欧洲工业版图将面临新一轮洗牌;同时越来越多的欧元区企业,尤其是能源密集型的化学工业或将考虑将生产转移到其他国家,欧元区或将整体面临"去工业化"的挑战。

三、新兴经济体:持续为全球经济注入活力

2022 年以来,得益于发达经济体外需的回暖和国内推出的经济复苏政策,新兴经济体继续为全球经济注入活力,成为全球经济低迷之际的闪光点。

---

① 数据来源:Eurostat 数据库。

中国经济在波动中持续修复。面对严峻复杂的国际环境和持续反复的国内疫情，中国坚持高度统筹疫情防控和经济社会发展，宏观调控政策持续发力，纾困救助政策持续推出。而中共二十大的胜利召开更为经济"稳中求进"指明了方向，坚定了信心。从需求端来看，在地方专项债和金融信贷政策的支撑之下，以新基建为代表的固定资产投资稳定增长，出口保持较快增长，但消费需求尚未完全修复。从供给端来看，工业生产边际向好的态势持续巩固，高新技术企业正在为经济增长输入新动能；因防控措施更加精准，服务业生产也在同步修复。全年来看，GDP有望实现3.2%—3.5%的增长，CPI可控制在2%以内。

东盟和印度经济维持较强韧性。从需求侧来看，2022年前三季度，东盟和印度的出口表现强劲，外需对其经济形成支撑；但随着第四季度外需放缓，部分出口导向型的经济体增长或将承压。从供给侧来看，印度尼西亚、泰国、菲律宾和越南等国的制造业采购经理人指数普遍高于50以上的区间，表明生产活动颇具活力，尤其是越南作为新兴的供应链多元化中心不断努力扩大产能。亚洲开发银行的数据显示，2022年东盟国家GDP增速将从2021年的3.3%较大幅度地提高到2022年的5.1%，印度经济将从2021年的8.7%放缓至7.0%，放缓原因源于卢比贬值、通胀率上升、高油价和高利率，但这一增速仍然领先于全球绝大多数国家。①但因美联储实施超预期紧缩政策和强势美元的影响，东盟多数国家和印度的货币贬值、资本外流现象凸显。汤森路透的数据显示，2022年前三季度亚洲新兴市场股市流出697亿美元，甚至高于2008年全球金融危机时期的476亿美元。后续随着美联储放缓加息步伐，货币贬值问题或将缓解。

巴西经济增长有所起色。2022年巴西经济发展受到国内外四大因素影响：内部是大选选情和新冠肺炎疫情，外部是全球主要经济体的货币政策和全球大宗商品的价格上涨。根据巴西财政部12月发布的《财政展望报告》，2022年经济增长预期维持在2.7%不变，通胀预期由此前的6.3%下调至5.85%。②受美联储紧缩政策影响，巴西央行已连续7次加息，目前巴西基准利率为9.25%，该数值已经达到2017年7月以来的最高水平，至年底基准利率或将达到11.50%。从公共债务和压制通胀的角度来看，巴西政府当前激进的扩张性财政政策不可持续，如果不对财政政策进行调整，巴西央行很难达到抑制通胀的目标。

---

① Asian Development Bank. Asian Development Bank Outlook 2022 Update: Entrepreneurship in the Digital Age[EB/OL]. (2022-09-30)[2022-11-18]. https://www.adb.org/sites/default/files/publication/825166/ado2022-update.pdf.
② National Treasury of Brazil. Fiscal Outlook Report 2022[EB/OL]. (2022-12-16)[2022-12-24]. https://www.tesourotransparente.gov.br/publicacoes/fiscal-outlook-report/2022/21.

第二节 国际金融新趋势

2022年,全球主要经济体步入共同加息浪潮。联合国贸易发展会议报告指出,美联储加息每增加一个百分点,三年内其他富裕国家的经济产出将下降0.5%,而发展中国家的经济产出将下降0.8%。仅2022年美国加息就可能通过推高美元价值,让发展中国家减少3600亿美元的未来收入。

一、强势美元导致全球资本市场风险加大

从历史来看,每一次强势美元都将导致全球资本市场的动荡,2022年也不例外。衡量美元兑一篮子货币汇率的美元指数自2022年初以来已上涨15%,尤其是10月份达到了异常高的峰值(见图3-6)。强势美元吸引国际资本回流美国,甚至在不少银行系统造成美元短缺的流动性危机,导致全球"美元荒"加剧。美国财政部公布的国际资本流动报告(Treasury International Capital,缩写为TIC)数据显示,2021年下半年至2022年上半年,美国月度国际资本累计流入1.36万亿美元,达1980年以来滚动12个月统计数据的高点。强势美元导致全球主要货币均遭遇较大幅度贬值,截至2022年11月,欧元兑美元贬值近10%,离岸人民币、英镑兑美元贬值超过10%,日元兑美元贬值近20%。发展中国家受到的冲击尤其剧烈,根据联合国贸发会议的统计数据,2022年约有90个发展中国家的本币兑美元贬值,其中1/3以上国家货币贬值超过10%。

图3-6 2022年名义美元指数变化趋势

• 数据来源:Wind数据库,2022。

从股市来看,全球股市波动加剧。受大规模经济刺激政策收回、全球主要央行同

步大幅加息的影响,全球股市整体低迷。2022年初至9月28日,全球主要股市全线下跌,俄罗斯RTS指数下跌32.66%,纳斯达克指数、德国DAX指数、深证成指、恒生指数等指数的跌幅超过20%。随着美元指数回落,全球股市开始反弹,截至11月29日,德国DAX指数、道琼斯指数、法国CAC40指数反弹超过15%(见图3-7)。唯一保持涨势的例外是土耳其股市,得益于土耳其央行的非常规降息政策、偏低的股市估值等因素,截至11月22日,基准伊斯坦布尔证交所100指数(Borsa Istanbul 100 Index)股指累计上涨80%,取得1999年以来最佳表现,也成为2022年全球表现最好的股指。

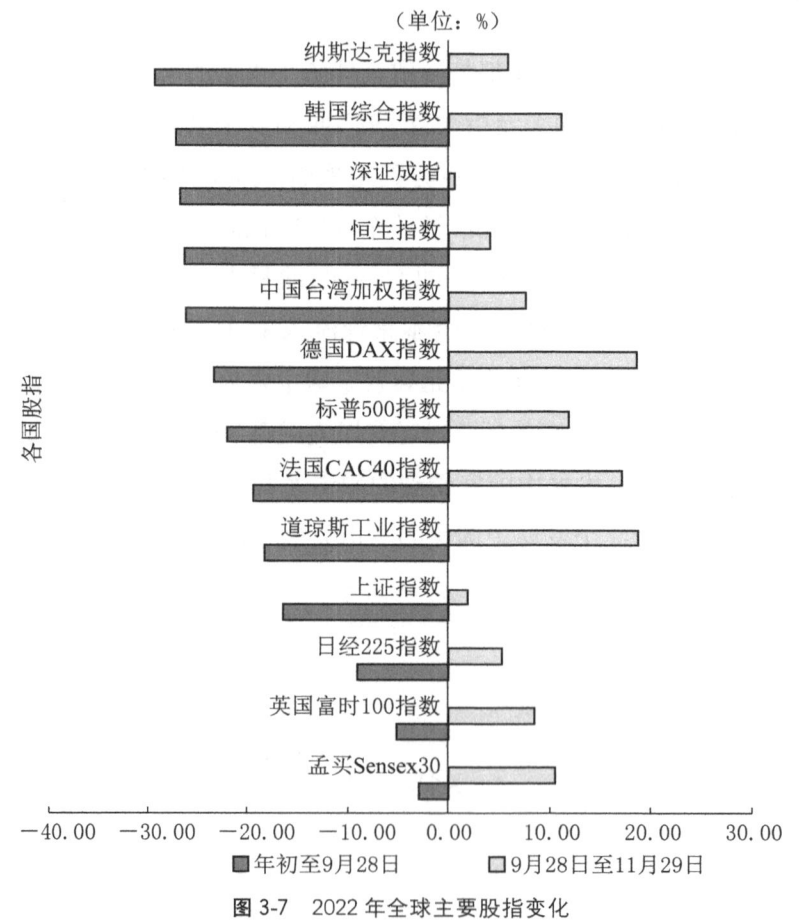

图3-7 2022年全球主要股指变化

• 数据来源:Choice数据,2022。

从债市来看,在发达经济体的顽固通胀和货币政策加速收紧的影响下,各国国债收益率持续走高。至2022年11月,美国10年期国债收益率在前三季度上行至3.54%,英国10年期国债收益率涨至3.11%,德国10年期国债收益率刷新高至1.64%。[1]其他

---

[1] 数据来源:Wind数据库。

新兴经济体则因资本外流压力较大,本币多数贬值,且部分国家跟随美联储激进加息,国债收益率普遍上行。如亚洲主要经济体——韩国、新加坡、泰国、印度、巴基斯坦的10年期国债收益率上行幅度在100至200 BP之间。得益于我国坚持"以我为主"的政策基调,继续实行宽松货币政策,10年期国债收益率呈平稳态势,仅下行1.5 BP。

二、俄乌冲突导致大宗商品价格波动加剧

俄乌冲突爆发后的2022年2月27日,高盛公司将布伦特原油1月期货价格预期从此前的每桶95美元上调至115美元,并称"局势进一步升级或中断时间延长将使油价存在重大上行风险"。事实上,俄乌冲突一度造成5月到期的布伦特原油价格冲破120美元,创下2014年以来的新高(见图3-8)。后续随着非欧佩克国家供应强劲增长,供需紧张格局逐步得以缓解。美国能源信息署(EIA)月度报告显示,2022年8月至10月连续3个月全球实际供需状况出现了盈余,尤其是10月盈余高达205万桶/天。同时,原油价格开始逐步回落,2023年1月交货的布伦特原油期货价格下跌0.19%,收于每桶83.03美元。考虑到欧佩克超预期减产政策、欧盟各国尚未就俄罗斯海运原油的价格上限达成协议、俄罗斯或将停止对欧洲供应乌拉尔原油等因素,往后看,全球原油市场仍充满不确定性。

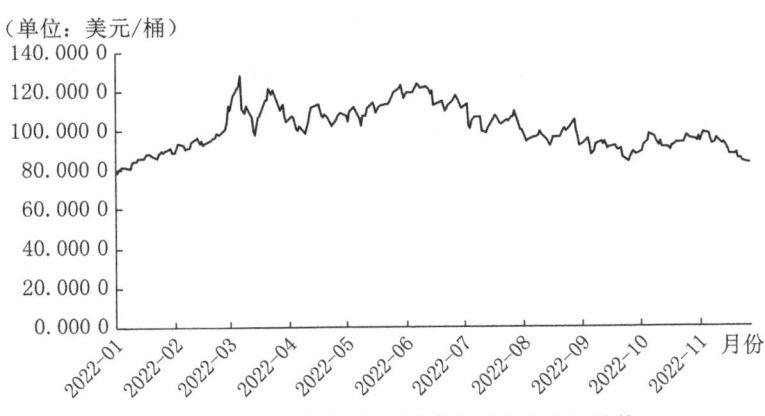

图3-8 2022年布伦特原油期货结算价格变化趋势

• 数据来源:Wind数据库。

贵金属价格波动加大。黄金作为美元"避风港",其交易价格从1月3日的每盎司1 804.27美元飙升至3月8日的每盎司2 043.83美元,然后逐步回落至10月30日的每盎司1 632.51美元。进入11月以来,黄金在避险情绪的推动之下又开始上涨,12月1日达到每盎司1 802.34美元。[①]铂金和白银价格也都经历了2月或者

---

① USAGold. Daily Gold Price History[EB/OL]. (2022-12-01)[2022-12-02]. https://www.usagold.com/daily-gold-price-history/?ddYears=2022.

3月冲高再回落的进程。根据宏观趋势(Macrotrends)的预测,2022年黄金均价为每盎司1 802.24美元,较2021年上涨0.2%;铂金均价为每盎司953.43美元,较之2021年下降了12.4%;白银均价为每盎司21.62美元,较2021年下跌14%。全球贵金属月度矿商指数(Monthly MetalMiner Index)在2月冲至最高点后逐步回落,11月继续下跌4.06%。

有色金属价格走势震荡。2022年1—6月,有色金属景气指数呈下降态势,铜、铝、铅和锌的价格均波动下降,铅价降幅较大。下半年以来,则呈现多空交织的局面,伦敦金属交易所的伦铜、伦锡、伦锌的库存均出现下跌趋势,但伦镍库存增加了1.92%(见表3-1)。铜作为全球经济的晴雨表,2022年以来期铜价格下跌17.7%,较3月初创下的历史峰值10 845美元低了26.2%。这主要是因为3月以来美联储等各大央行的激进加息,加剧了市场对全球经济衰退和商品需求萎缩的担忧。但全年来看,铜的均价远高于过去十年大部分时间的价位。根据国际铜研究小组(International Copper Study Group, ICSG)的报告,2022年1月至9月,全球铜矿产能增长近5%,达到2 038万吨,需求量也同步增长了2.6%,达到1 930万吨。[①]往后看,更严格的环境法规等因素会使得新矿山项目获得批准、冶炼厂扩大产能变得更为困难,供需矛盾或更加激烈,从而使全球铜价上涨。另外需要注意的是,俄罗斯是钯、金、镍、铝的主要生产国,2021年产量分别占全球的37%、10%、9%和5%。其中钯和镍出口量占全球份额的26%和24%,钯主要出口欧美国家,如美国钯的进口30%以上依赖于俄罗斯。俄乌冲突严重影响了钯、镍等金属的稳定供给和正常交易。

表3-1　2022年12月1日伦敦金属交易所基本金属仓储总库存一览　　　　（单位:吨）

金属类别	库存	增减	变动(%)
铜	88 275	−1 425	−1.59
铝	499 150	−2 075	−0.41
锌	41 225	−75	−0.18
镍	53 124	1 002	1.92
铝合金	23 750	0	0.00
锡	3 080	−120	3.75
铅	2 020	0	0.00

• 数据来源:伦敦金属交易所官网。

三、宏观政策负面效应导致债务压力普遍加重

美国联邦政府债务规模截至2022年12月已达到31.36万亿美元,不仅大大超

[①] International Copper Study Group. World Copper Factbook 2022[EB/OL]. (2022-10-27)[2022-11-30]. https://icsg.org/copper-factbook/.

过美国2021年全年约23万亿美元的国内生产总值,还进一步逼近31.4万亿美元的法定债务上限。①事实上,经过"二战"后70余年的发展,美国的经济扩张毫无例外地伴随着赤字和债务规模的扩大,周期性赤字已经发展成结构性赤字,成为美国政府面临的巨大难题。若想控制,甚至削减赤字缩减债务规模,则势必要在增税或缩减联邦政府支出两者之间选其一,但是无论选择哪一项,对总统来说都是痛苦的。②除了政府债务规模的扩张,美国公司债务市场的不良债务规模也正在不断扩大,投资者担心违约潮或将随之而来。不良债务指的是收益率高于美国国债至少10个百分点的债券,或贷款的转手价格低于面值的80%。不良债务的数量不断增加,表明投资者对持有风险公司债务要求更高的回报。近年来大量依赖低成本借贷的公司正面临着以过高收益率再融资的前景,甚至难以找到投资者,以美元计价的债券和贷款交易量在连续五周增长后,2022年12月初已达到2 713亿美元,处于2020年9月以来的最高水平,也达到了债务危机的水平。表3-2显示了美国国会预算办公室测算的美国公众持有债务情况,上升趋势相当明显。美国彼得森基金会(Peter G. Peterson Foundation)指出,2022年的巨额债务如果分摊到美国民众身上,则相当于每个家庭负债23.6万美元,每人负债9.3万美元。如果每个美国家庭每月贡献还款1 000美元,则需要19年才能还清所有债务。③

表3-2 2020—2030年美国公众持有债务预测 （单位：10亿美元）

年度	年初公众持有债务	公众持有债务变化情况			年底公众持有债务	
		赤字	其他融资渠道	总计	总额	GDP占比(%)
2020	16 801	1 073	−39	1 034	17 835	80.7
2021	17 835	1 002	−21	981	18 816	81.7
2022	18 816	1 118	63	1 180	19 996	83.6
2023	19 996	1 114	34	1 148	21 144	85.2
2024	21 144	1 141	53	1 195	22 338	86.8
2025	22 338	1 306	49	1 355	23 694	88.9
2026	23 694	1 325	34	1 359	25 053	90.7
2027	25 053	1 311	34	1 345	26 398	92.1
2028	26 398	1 543	30	1 573	27 970	94.1
2029	27 970	1 472	37	1 508	29 497	95.6
2030	29 497	1 760	54	1 813	31 292	97.8

• 数据来源：美国国会预算管理办公室,2020。

---

① U.S. Treasury Fiscal Data. Schedules of Federal Debt[EB/OL]. (2022-12-10)[2022-12-15]. https://fiscaldata.treasury.gov/datasets/schedules-federal-debt/.
② 钱思韵、朱启兵.美国税收、支出、债务的财政三角困局[J].国际金融.2019(3):30-49.
③ Peterson Foundation. Peterson Foundation Statement on $31 Trillion National Debt Milestone[EB/OL]. (2022-10-04)[2022-12-15]. https://www.pgpf.org/press-release/2022/10/peterson-foundation-statement-on-31-trillion-national-debt-milestone.

欧洲边缘国家债务危机或将加重。希腊、葡萄牙、西班牙和意大利等欧元区边缘国家的总体债务水平一直处于相对较高的态势。根据国际清算银行（Bank of International Settlements, BIS）的测算，前述四个国家在2022年第一季度的非金融部门杠杆率分别达到315%、303%、284%和276%，在所有BIS报告的经济体中均处于较高水平；而政府部门杠杆率分别达到189%、153%、127%和118%，在所有BIS报告的经济体中处于极高水平。[1] 为应对2020年新冠肺炎疫情，各国采取的扩张性财政政策直接推升了财政赤字率，也推动政府部门债务水平的继续上行。在全球进入加息浪潮和流动性持续收紧的情况下，欧元区边缘国到期债务再融资难度加大，债务偿付面临更大压力，债务违约风险或将上行。

英国养老金遭遇流动性危机。英国养老金体系由三大支柱组成，基本养老金、职业养老金和个人养老金，占比大致为59%、35%和6%。其中职业养老金（2020年底总资产规模2.9万亿英镑）分为两种类型——收益确定型计划（DB计划）与缴费确定型计划（DC计划），其中DB计划的总资产占绝大多数，2021年底约1.8万亿英镑。因英国10年期国债收益率急剧上升至4%，多家负债驱动投资策略（Liability Driven Investment, LDI）基金为筹措更多保证金被迫抛售资产，市场流动性面临干涸。至2022年9月底，这些LDI基金面临资产净值为负并进入清盘程序的窘境。英央行紧急临时购买长期国债以稳定金融市场，恢复市场功能。虽然英央行平抑了此次危机，但此次危机表明政府庞大债务所造成的养老金体系的脆弱性。

中国地方债务风险还在累积。从全国来看，地方政府债和城投债密集到期，又恰逢财政收入快速下行期，还本付息压力骤然加大。截至2022年9月3日，2022—2025年地方政府债和城投债合计到期金额分别高达6.35万亿元、6.28万亿元、5.98万亿元和5.86万亿元。[2] 从具体省份来看，2022年上半年，除北京、天津、青海的城投有息债务较2021年同期分别呈−0.19%、−0.34%和−11.6%的负增长之外，另有28个省、自治区和直辖市的城投有息债务规模呈正增长，其中内蒙古的增速高达108.92%，表明未来城投平台还本付息压力将进一步扩大。同时面对地方财政收入收缩、地方债务规模扩大、城投平台融资趋紧、隐性债务尚有余存这四重挑战，地方政府债务风险或将对中国的财政安全产生较大冲击。

新兴市场国家的债务余额仍在膨胀。根据国际金融协会（The Institute of Inter-

---

[1] BIS. BIS Quarterly Review, June 2022 [EB/OL]. (2022-06-13) [2022-10-20]. https://www.bis.org/publ/qtrpdf/r_qt2206.pdf.
[2] 数据来源：Wind数据库。

national Finance，IIF)的统计，截至2022年6月，31个新兴市场国家包括政府、家庭和民间在内的债务余额高达98.8万亿美元，新兴市场国家债务余额自2021年6月首次突破90万亿美元之后，一直处于高位。[①]美欧等国实行紧缩货币政策也加重了这些国家的偿还负担。世界银行和国际货币基金组织的统计还显示，以外币计价的债务在印度、泰国的债务总体中占七成，在菲律宾的债务中则高达97%。随着金融环境收紧和美元升值，25%的新兴市场正处于或接近债务困境，60%以上的低收入国家则面临债务困境。

第三节 世界贸易新趋势

与2021年世界贸易大幅反弹的趋势不同，2022年世界贸易仍然增长，但增速明显下滑。这主要是三方面的原因造成的：一是主要国家贸易形势出现分化，发达国家形势尤其令人担忧；二是疫情、供应链等突发性瓶颈事件此起彼伏，为贸易注入较多不确定因素；三是全球性通胀高企，使得世界贸易额虽有上升但贸易量却出现下滑，贸易环境恶化。此外，虽然以WTO为代表的多边主义有所恢复，但贸易保护主义日益盛行，不利于世界贸易的长期增长。

一、世界贸易：总额上涨但增速下滑

根据联合国贸发会议数据，2022年第一季度全球贸易额达到创纪录的约7.7万亿美元，同比增加约1万亿美元，环比增加约2.5亿美元。商品贸易和服务贸易在2022年第一季度都有所增长（见图3-9）。商品贸易额达到约6.1万亿美元，同比增长约25%，环比增长约3.6%。服务贸易总额约为1.6万亿美元，同比增长约22%，环比增长约1.7%。与疫情前相比，2022年第一季度贸易额比2019年第四季度高出约30%。但是相比之下，贸易量增长幅度要低得多，较2019年第一季度降低约6%。差异主要是由于商品价格特别是能源价格上涨以及全球普遍的通货膨胀。[②]世界贸易组织10月预测，2022年全球货物贸易总额有望增长3.5%。[③]

[①] IIF. Global Debt Monitor: Growing Risks for Emerging Markets [EB/OL]. (2022-09-14)[2022-11-18]. https://www.iif.com/Key-Topics/Debt/Monitors.

[②] UNCTAD. GLOBAL TRADE UPDATE[R/OL]. (2022-07-05)[2022-12-01]. https://unctad.org/system/files/official-document/ditcinf2022d2_en.pdf.

[③] WTO. Trade growth to slow sharply in 2023 as global economy faces strong headwinds[EB/OL]. (2022-10-05)[2022-12-01]. https://www.wto.org/english/news_e/pres22_e/pr909_e.htm.

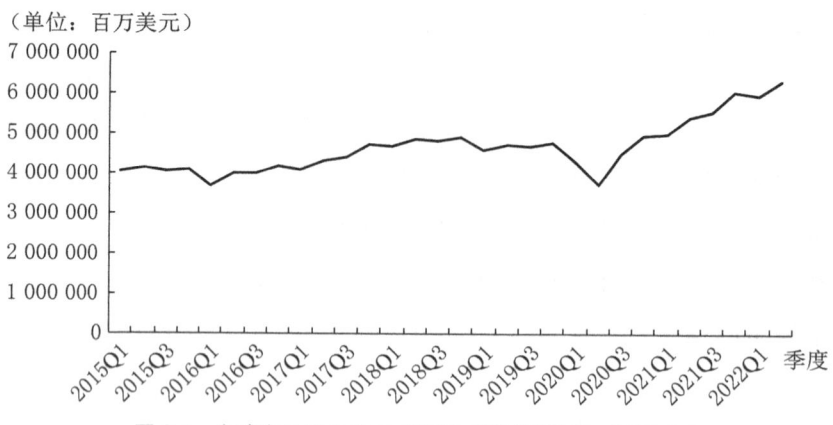

图 3-9　全球商品贸易出口总额季度数据(2015—2022 年)

• 数据来源：世界贸易组织(WTO)数据库。

（一）世界主要国家的贸易形势分化

美国在 2022 年第一季度出现商品和服务贸易逆差扩大，显示其旺盛的需求，第二和第三季度都出现逆差收窄，原因是美元升值带来的进口额下降。根据美国人口普查局和美国经济分析局 11 月初公布的数据，截至 9 月份，美国的货物和服务逆差比 2021 年同期增加了 1 256 亿美元，增幅为 20.2%，其中出口额增加 3 781 亿美元，进口额增加 5 036 亿美元。[①]作为世界贸易中主要需求方的美国，其贸易逆差总额虽有增长，但按季度来看存在增速下滑的趋势。欧盟的形势不及美国，需求的疲弱和工业的低迷使得进口增长较慢，加上欧元的贬值趋势进一步压制了进口需求。中国的情况较为乐观，2022 年前三季度的货物贸易进出口总值达 31.11 万亿元，同比增长 9.9%。具体来看，前三季度出口 17.67 万亿元，增长 13.8%；进口 13.44 万亿元，增长 5.2%；贸易顺差 4.23 万亿元，扩大 53.7%。

（二）突发性瓶颈事件此起彼伏

自 2021 年下半年以来，物流、战争、疫情、供应链的冲击此起彼伏，对世界贸易形成巨大压力。首先是物流瓶颈受疫情和战争影响明显。全球 80% 以上的消费品通过海运和港口物流进行运输和交付。2021 年下半年以来，物流瓶颈凸显，美欧港口出现拥堵甚至瘫痪，大幅延长货运周期并使海运费大涨。2022 年第二季度美国港口拥堵现象有所缓解。但在俄乌冲突影响下，黑海和地中海沿线的海运受到较大影响。黑海地区多种海运货量出现下降，其中，4 月黑海地区海运农产品总出货量同比下降 35%。第二季度，反映国际主要航线即期运费价格的"波罗的海干散货指数"日度均

---

① 资料来源：BEA. U. S. international trade in goods and services[EB/OL].（2022-11-03）[2022-12-01]. https://www.bea.gov/news/2022/us-international-trade-goods-and-services-september-2022.

值明显高于第一季度。2022年第三季度运费开始下降,物流中断才有所缓解。①

其次是供应瓶颈覆盖多领域,工业产能和对外贸易受到限制。2022年第二季度,欧洲供应瓶颈问题恶化。德国伊弗经济研究所的调查显示,在受访企业中,67.3%的批发企业、36%的零售企业和53.7%的工业企业都面临严重的原材料紧缺。受影响最大的包括化学品、电子元器件和塑料制品行业,对汽车工业、化工业、机械工程业及电气设备业造成较大冲击。俄乌冲突发生后,德国、荷兰和比利时港口附近的北海海域首次出现拥堵,使得全球近2%的货物被卡在该处无法装卸。英国则通过供应链本土化解决供应链瓶颈。英国商业洞察力和状况调查(BIC)显示,因脱欧导致供应链存在压力的企业中,超过50%的企业由外国供应商转为使用英国国内供应商,主要集中在批发和零售贸易以及制造业。

(三)全球性通胀恶化贸易环境

由能源价格引起的全球性通胀自2021年下半年显现。2022年的俄乌冲突给国际能源和初级商品价格带来了进一步的上涨压力。由于全球对粮食和能源产品的需求缺乏弹性,粮食和能源价格上涨导致贸易价值上升。原油等能源价格上涨推动全球运输成本上升,相关成本转嫁至下游消费者,对进口需求产生负面影响,贸易量则出现下降。如图3-10所示,2022年全球货物贸易量较2021年明显下滑。

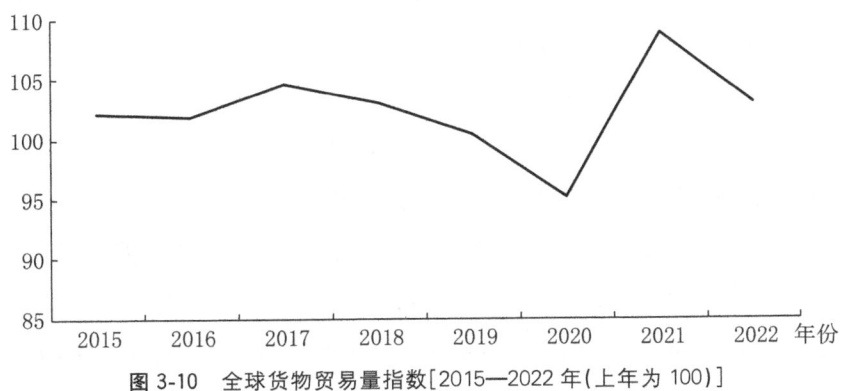

图3-10 全球货物贸易量指数[2015—2022年(上年为100)]

• 数据来源:世界贸易组织(WTO)数据库。

具体来看,首先是能源和原材料价格的上涨。俄罗斯是世界上最大的天然气出口国和第二大石油出口国,同时是铝和镍的主要供应商。战争和制裁导致的生产和供应中断,已经严重限制了这些产品的供给,造成国际供应短缺和价格急剧飙升。除

---

① 中国银行研究院. 全球经济金融展望报告[R]. 2022-07-05.

挪威、丹麦等少数能源丰富的国家,欧洲整体对俄能源依赖严重,俄乌冲突叠加欧盟能源"去俄化"意识强烈、制裁措施激进,使得区域内能源价格全面上涨。能源价格上涨导致工业生产成本上升,进而工业制成品价格上涨。其次是粮食价格上涨。俄罗斯联邦和乌克兰都是关键谷物的全球供应商。据联合国统计,两国提供了约30%的小麦、20%的玉米和50%以上的葵花籽油。此外,俄罗斯和白俄罗斯约占全球化肥出口的20%。由于俄乌冲突导致的生产中断及交通中断等问题,全球粮食贸易量不断下降。联合国粮农组织预测,2022—2023年度世界谷物贸易量为4.63亿吨,同比下降2.6%,其中粗粮与小麦贸易将出现较大收缩。与此同时,全球谷物价格不断突破新高,2022年5月联合国粮农组织谷物价格指数达到169.7点,创历史新高,环比增长3.7点,同比增长36.7点。谷物价格上涨带动饲料成本增加,使肉类产品价格也出现较大增长,包括粮食、肉类等在内的全球食品价格指数短时间内难以出现大幅回调,全球食品贸易成本居高不下。[1]

二、贸易保护主义愈演愈烈

自2016年逆全球化发端以来,多边主义遭遇空前挑战,直到2022年6月世界贸易组织第12届部长级会议(MC12)的成功召开才取得进展。会议最终在新冠肺炎疫情应对、防疫相关知识产权豁免、粮食安全、人道主义粮食采购、渔业补贴、电子传输暂免关税和世贸组织改革等全球广泛关注的议题上取得成果。[2]会议达成的《渔业补贴协定》是世贸组织过去9年达成的首份多边协定,显示多边主义重新焕发生命力。不过,贸易保护主义仍然盛行,甚至愈演愈烈。

(一)美欧相继出台芯片法案,在高科技领域实行保护主义

自特朗普政府以来,美国采取了"美国优先"政策,从对主要贸易伙伴加征关税,到在高科技领域对主要竞争对手进行打压,实行了一系列贸易保护主义做法。拜登政府沿袭了这一错误做法,进一步聚焦高科技领域实行保护主义。

在2021年通过《为美国创造有益的半导体生产法案》(CHIPS)、《促进美国制造半导体法案》(FABS)等法案后,美国于2022年1月又通过了长达2 900多页的《2022美国竞争法》(COMPETES Act of 2022),为《芯片和科学法案》(简称《芯片法案》)的最终出台做准备。2022年8月9日,美国总统拜登签署总额高达2 800亿美元的《芯片法案》,旨在通过巨额补贴和遏制竞争的条款,推动芯片制造"回流"美

---

[1] 中国银行研究院. 全球经济金融展望报告[R]. 2022-07-05.
[2] 严瑜. 世贸组织部长级会议取得丰硕成果[N]. 人民日报海外版, 2022-06-21(10).

国。①根据该法案,美国将向半导体行业提供约527亿美元的直接资金支持,并提供240亿美元的投资税收减免,以鼓励企业在美国研发和制造芯片。同时,美国将根据该法案在未来几年提供约2000亿美元的科研经费支持,重点支持人工智能、机器人技术、量子计算等前沿科技。法案还设置了所谓"护栏"条款,规定获得芯片产业补贴的企业不得在中国或其他"可能不友好的国家"投资或扩建先进制程的半导体工厂。可见,美国不仅仅通过出口管制扰乱正常的国际贸易秩序,而且通过巨额补贴为本国芯片产业创造歧视性优势,其贸易保护主义性质非常明确。

欧盟也同样致力于出台自己的芯片法案。继美国众议院2022年2月4日通过《2022年美国竞争法案》后,欧盟委员会于2月8日公布筹划已久的欧盟《芯片法案》,希望通过增加投资、加强研发,扩大欧盟芯片产能在全球市场占比,并防止对国际市场过度依赖。欧盟《芯片法案》包括一揽子措施,旨在帮助欧盟实施绿色和数字化转型,同时确保在芯片制造领域的领先地位。根据该法案,欧盟拟动用超过430亿欧元的公共和私有资金,用于支持芯片生产、试点项目和初创企业,计划到2030年将芯片产量占全球的份额从目前的10%提高至20%。

11月底,经过多次商讨,欧盟27个成员国同意为增强欧盟的半导体生产能力拨款逾400亿欧元。欧盟出台《芯片法案》一方面是对于美国芯片法案效应的对冲,另一方面也对全球芯片产业竞争秩序造成影响,芯片行业的补贴大战已经开始,这不仅可能造成芯片行业的产能过剩,也可能打击高科技产业的正常运作生态。

(二)美国出台《通胀削减法案》,引多国不满

继《芯片法案》之后,美国2022年8月出台《通胀削减法案》,将补贴的做法进一步扩散至新能源汽车等一系列行业领域,对全球生产消费秩序造成影响。该法案总投资4370亿美元,包括四个方面的重点投资项目:一是气候投资,将3690亿美元用于能源安全和气候投资,40亿美元用于解决西部等地干旱问题,阻止或减缓环境变暖;二是降低美国家庭能源和医疗成本,拨款640亿美元用于平价医疗法案补贴;三是降低政府赤字,对大企业征收15%的最低税,对股票回购征收1%的税,同时提高税务部门的征税能力;四是新能源汽车补贴,但仅限北美本地组装车才有资格享受减免税收。

该法案第四条关于新能源汽车补贴的内容引起包括欧盟、日本、韩国等多个汽车生产国家和地区的质疑和批评。首先是欧盟。俄乌冲突和对俄制裁导致欧盟能源价格高企,企业生产成本攀升。在这一背景下,美国提出补贴本土生产新能源汽车的规

---

① 贾平凡. 美国"芯片法案"扰乱全球供应链[N]. 人民日报,2022-08-09(10).

定,将使欧盟汽车产业处于更加不利的地位,并显著刺激欧盟企业赴美投资,如德国宝马汽车公司 2022 年 10 月 19 日宣布,将投资 17 亿美元在美国生产电动车。10 月 26 日,法国总统马克龙和德国总理朔尔茨在巴黎举行会谈时,都对美国的《通胀削减法案》感到担忧,朔尔茨更是发出严厉警告,美方做法可能引发"一场巨大的关税战",马克龙也表示,这部法案"实行贸易保护主义政策",接下来可能会考虑对美国进行贸易报复。欧盟委员会主管贸易的副主席东布罗夫斯基斯在 10 月底的欧盟贸易部长会议上提出,如果美国继续推进这一法案,那么欧盟不会坐视不管,未来将考虑通过制定类似激励计划为欧洲企业提供补贴。欧盟委员会分管内部市场的委员蒂埃里·布雷东表示,美国的行为违背了世界贸易组织的原则,如果美国不考虑其欧洲伙伴国的想法,欧盟将采取"报复措施",并把争端提交到世贸组织寻求解决。11 月 7 日的欧盟财长会议上,各国财政部部长表示,美国无视欧盟对其《通胀削减法案》的担忧,使得欧盟可能采取相应的报复措施,尤其是法国、德国财政部部长在会上猛烈抨击了美国政府大力补贴本土电动汽车产业的政策。

此外,日本和韩国也表示强烈的不满。如日本政府 11 月 5 日发出警告,称美国《通胀削减法案》中的电动汽车税收优惠政策最终可能阻碍日本企业进一步在美投资,并影响美国就业环境。[1]

(三)能源和农产品领域出现普遍的保护主义

随着俄乌冲突持续、世界经济增长放缓,全球范围内贸易保护主义抬头还体现在能源、食品、化肥领域。为应对国内供应紧缺和价格上涨,一些农产品大国陆续出台出口限制措施。例如,印度尼西亚一度禁止出口棕榈油、印度实行食糖出口限制、马来西亚实施鸡肉出口禁令等。根据 IMF 测算,这样一个分裂的世界每年将损失至少 1.5% 的 GDP 产出。对于 25% 的新兴市场经济体和 60% 的低收入国家来说,上述不利因素正在削弱它们应对粮食和能源安全问题的能力。[2]

如粮食贸易保护主义将进一步激化全球粮食安全问题。随着粮食供应趋紧,粮食价格居高不下,许多国家相继采取了粮食出口限制等措施,粮食贸易保护主义抬头。俄乌冲突之后,两国相继宣布禁止小麦等产品出口,印度、哈萨克斯坦等全球重要的小麦种植和出口国也颁布了小麦出口禁令,以满足自身需求、平抑本国市场价格。在全球粮食市场不确定性不断攀升的情况下,各国粮食贸易保护主义措施的频

---

[1] 王卫,吴琼. 欧盟考虑对美《通胀削减法案》采取报复措施[N]. 法制日报. 2022-11-14(6).
[2] IMF. IMF Managing Director Kristalina Georgieva Remarks at the G20 Leaders Summit[EB/OL]. (2022-11-15)[2022-12-01]. https://www.imf.org/en/News/Articals/2022/11/15/sp111522-imf-managing-director-kristalina-georgieva-remarks-at-the-g20-leaders-summit.

频出台将进一步支撑粮食价格走高,这将给依赖粮食进口的国家和地区带来更大的成本压力甚至生存威胁。①

第四节 全球投资新趋势

联合国贸发会议10月的报告显示,2022年全球外国直接投资规模可能大幅下滑,自第二季度起发达国家的外国直接投资流量出现显著下降。②之所以做出这一判断,主要原因在于阻碍全球投资增长的利空因素相继出现。

一、战争不确定性加剧跨国直接投资的避险情绪

从全球外国直接投资(FDI)流量的走势来看,几乎每一次投资流量的大幅下降都与当年的重大冲击事件有关,这也从数据上证实了跨国直接投资存在显著的避险情绪。

(一)历史上的跨国直接投资与避险

20世纪70年代的石油危机、80年代初美国的经济危机、90年代初的苏东剧变、2001年突发的"9·11"事件及随后爆发的阿富汗战争、2008—2009年发生的国际金融危机,都造成当年全球外国直接投资出现大幅下滑。近年来,避险情绪对全球投资趋势影响更为明显。2017年,以特朗普就任美国总统和英国开启脱欧进程为标志的逆全球化升级,当年的全球FDI流量下降20%,2018年这一下滑趋势略有好转,但总体规模仍下降了11%。2019年情况略有好转,全球FDI流量小幅增长2%,但2020年疫情的暴发再次导致全球FDI流量规模出现35%的大幅下滑。

(二)俄乌冲突及主要国家的政策冲击

随着疫情的好转,2021年全球FDI流量出现大幅反弹,增长率达到64%,规模则达到15 823亿美元,相当于2019年的投资规模(见图3-11)。但是,随着2022年2月俄乌冲突的爆发,及欧美迅速采取的大规模制裁措施,国际投资环境发生剧烈变化,全球投资风险快速累积,全球投资恢复进程被阻断。随着俄乌冲突的持续,全球投资流量规模显著下滑。

除了战争的影响外,各国国内政策的频繁出台也令全球投资环境出现诸多不确

---

① 中国银行研究院. 全球经济金融展望报告[R]. 2022-07-05.
② UNCTAD. Investment to tackle climate change falls amid global crises [R/OL]. (2022-10-27) [2022-12-01]. https://unctad.org/news/investment-tackle-climate-change-falls-amid-global-crises.

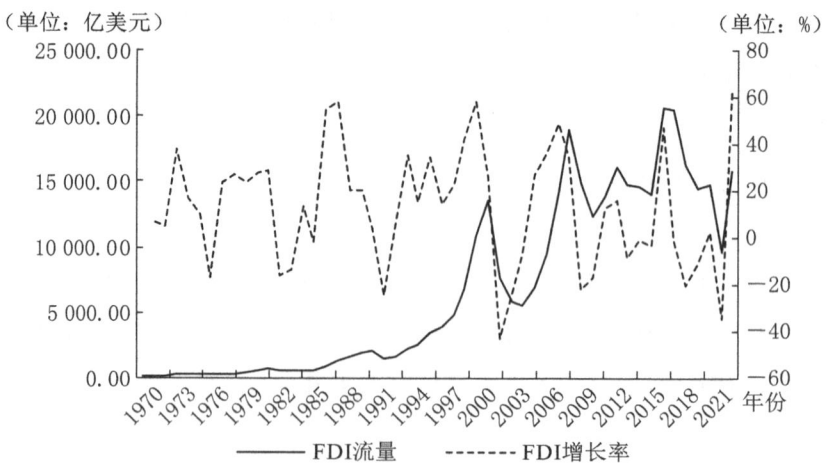

图 3-11　1970—2021 年全球 FDI 流量及其同比增长率

• 数据来源：Wind 数据库。

定性。如美国出台的《芯片法案》和《通胀削减法案》，欧盟出台的《芯片法案》《外国投资补贴条例》等，都使得国际投资环境出现变化。尤其是美国的法案，使得原本投资于东亚地区的芯片企业转向投资美国，使得原本投资于欧盟的汽车企业转向投资美国，这种人为的干预不仅会干扰正常的经济秩序，也会令世界经济蒙上补贴大战甚至贸易战的阴影，虽然在短期内增加了个别投资，但从长期来看对跨国直接投资的增长不利。

二、主要央行加息下，并购投资减少

自 2021 年下半年开始的通货膨胀，在俄乌冲突下进一步加剧，美国、欧盟、英国等发达国家或地区普遍出现罕见的高通胀，其通胀率在 2022 年都一度超过 10% 的历史高位。为了抑制通胀，主要发达国家开始相继推进加息政策。

（一）英美加息引致全球加息潮

英国央行最早开始加息但幅度较小，在 2021 年底加息 15 个基点后，于 2022 年 2 月、3 月、5 月、6 月分别加息 25 个基点，后于 8 月、9 月分别加息 50 个基点，11 月加息 75 个基点，八次加息 290 个基点，基准利率升至 3%。美联储开启加息晚于英国央行，但加息幅度迅速提升，在 2022 年 3 月首次加息 25 个基点后，于 5 月加息 50 个基点，6 月、7 月、9 月和 11 月加息 75 个基点，6 次共加息 375 个基点，基准利率达 3.75%—4% 区间。欧洲央行开启加息较晚，自 7 月首次加息 50 个基点后，分别于 9 月、10 月宣布加息 75 个基点，三次加息 200 个基点，主要再融资利率、边际借贷利率和存款机制利率分别上调至 2.00%、2.25% 和 1.50%。相比较而言，美联储加息力度最大,英镑和欧元最初力度不大,因此后两者一度货币贬值严重。但随着英国央行和欧洲央行加息幅度上升,其货币币值趋于稳定。鉴于通胀率仍然高企,市场普遍预期发达经济体将继续推进紧缩的货币政策,加息可能将延续至2023年。

在主要发达经济体加息的示范下,全球多个国家跟进了此轮"加息潮"。据彭博社统计显示,2022年初至9月底,约有90个经济体的央行提高了利率,其中一半央行有过单次上调至少75个基点的记录,无论在力度上还是在规模上都十分罕见。全球范围内的加息潮意味着全球资金使用成本的提高,在价格理论的作用下必然导致全球投资规模的缩减。

(二) 全球并购重组热情下降

正如历史上每次美元加息都会导致资金回流美国一样,美国在此轮加息潮中通过快速加息吸引了大量资本回流。统计数据显示,2022年1—8月,美国跨境资本净流入共1.15万亿美元,已超过2021年全年资本净流入水平(1.11万亿美元)。这些资金不仅具有快进快出的特点,而且规模往往巨大,对许多新兴经济体造成冲击,如阿根廷、巴西、南非等国货币因美元快速流出而面临贬值。同时,货币贬值导致这些国家的美元债务大幅上升,面临债务危机,如斯里兰卡2022年就已经因主权债务违约而宣布破产。

然而,即使美国吸引了大量资本流入,这些资本也没有都用于投资。事实上,统计数据显示,美国上半年并购交易额为9 500亿美元,同比下降28%。至于并购投资下降的原因,分析人士认为主要有三个方面:一是资金成本上升后,股权投资与财务投资人收购的投资意愿明显降低,转而采取谨慎、保守的做法;二是买卖双方的预期不一致,卖家对价值的预期因通胀而过高,但买家则预计长期价格因素回归而将价格调整到更低的倍数,再加上债务和定价问题,导致一些并购交易被取消或推迟;三是监管导致的合规成本高企,各国加强了对投资或者并购方面的监管力度,使得很多并购交易时间线被拉长,且交易难度增加,合规成本和不确定性上升。

全球并购交易一般集中在美国,因此美国并购的下滑也意味着全球并购很难实现增长。根据富而德(Freshfields)律师事务所测算,2022年第二季度,全球并购交易的成交金额约1.1万亿美元,不足2021年全年并购总额的1/4(2021年总额约为5.5万亿美元),而上半年全球并购交易总额较2021年同期下降约20%,2022年全年的全球并购交易预计为4万亿美元,较上年下降约1/4。[①]

---

① 胡天姣. 加息抑制全球并购重组热情,今年全球并购交易或下降1/4[N]. 21世纪经济报道,2022-08-23(7).

第四章
中国经济:稳定复苏中回归合理增长区间

2021年是中国共产党成立一百周年以及"十四五"规划开局之年,中国经济出现较快反弹,2021全年GDP增长率达到8.4%,这主要是受到进出口和工业增长推动。从两年平均来看,2020—2021年中国经济年均增速为5.3%,相比2019年疫情前水平(6.0%)依然有所降低。2022年中国经济则整体表现较弱,年度经济亮点主要在于出口的持续高速增长。根据国家统计局数据,[①]前三季度国内生产总值累计增长率为3.0%,其中第二季度GDP仅同比增长0.4%,本报告预计2022年中国全年经济增长率约为3.32%(见图4-1),不及3月份政府工作报告中提出的5.5%左右年度发展目标。[②]随着中共二十大顺利召开以及2022年11月以来对新冠肺炎疫情防控政策逐步优化调整,本报告预计中国经济将经历反弹,回归合理增长区间,未来内需对经济的拉动作用将得到更多体现。

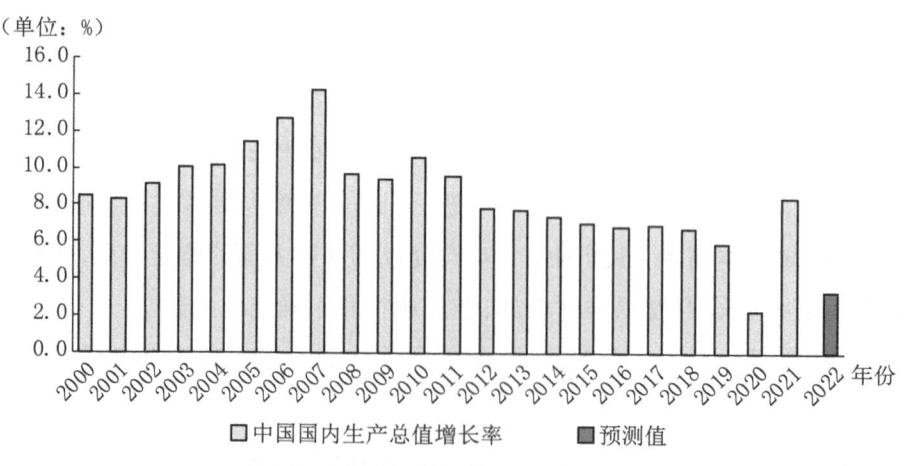

图4-1 中国GDP增长率(2000—2022年)

- 数据来源:根据国家统计局数据预测,预测日期2022年12月1日。

---

① 国家统计局季度统计数据[EB/OL].国家统计局网站,[2022-12-01]. https://data.status.gov.cn/easyquery.htm?cn=B01.
② 政府工作报告[EB/OL].中国政府网,(2022-03-12)[2022-12-01]. http://www.gov.cn/premier/2022/03/12/content_5678750.htm.

第一节　需求侧：内需稳定复苏，外需高速增长

本节主要从中国经济的需求侧展开分析，主要包括投资、消费与进出口三块。从总体来看，受到2020年新冠肺炎疫情导致的低经济基数的影响，2021—2022年中国都以经济恢复为主线，但是修复的力度与韧性存在差异：其中投资在2021年波动较大、2022年依靠基建投资有更好反弹表现。消费则在2021年有较快反弹、2022年间受不确定性与预期转弱等因素影响，增长乏力。进出口则是2021年和2022年都有高光表现，出口金额创历史新高，是经济增长的重要拉动力。此外，值得注意的是，受政策调控与经济下行影响，中国的房地产相关投资在2022年有较大幅度下滑，而出口增长也在2022年底出现转负趋势，未来需要密切关注。

一、2021—2022年中国投资总体平稳，投资结构不断改善

从2020年初至2021年底，中国投资经历了从"冻结停摆"到"快速反弹"的大幅波动（见图4-2），根据国家统计局数据，2020年中国固定资产投资全年增长率为2.9%、2021年则为4.9%。从两年平均来看，2020—2021年间中国固定资产投资年均增速为3.9%，远低于疫情前2019年全年水平（5.4%），这表明新冠肺炎疫情的冲击仍然较大，企业的投资信心与动力均略显不足。

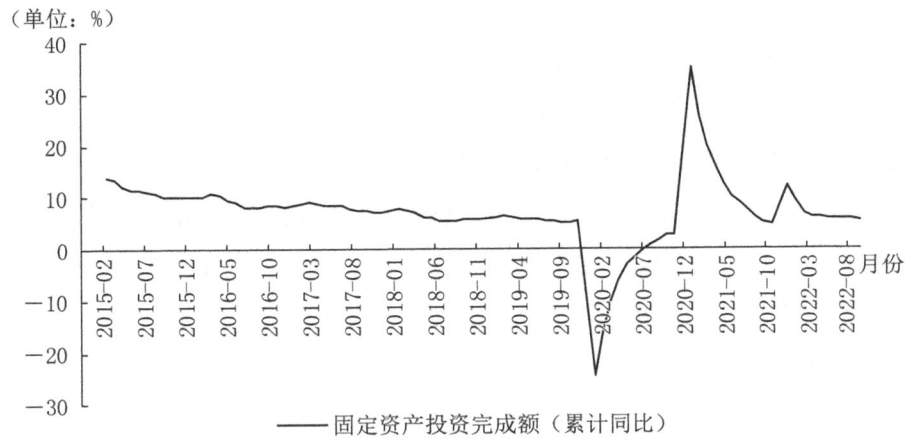

图4-2　中国固定资产投资月度累计增长率（2015—2022年）

• 数据来源：Wind数据库、国家统计局。

从细分项目来看，2021年中国固定资产投资亮点主要在于制造业（见图4-3）。

受海外需求提升、医药领域投资增长较快以及2020年低基数的影响,①2021年中国制造业固定资产投资增长率为13.5%,近两年平均增速为5.4%,已经高于疫情前2019年增速(2.5%)。其中,高技术制造业投资增长大幅领先,投资结构呈现不断改善的趋势。根据国家统计局数据,2021年中国高技术制造业投资同比增长了22.2%,高于同期全国固定资产投资增速17.3个百分点。②与此同时,受到调控政策收紧等影响,2021年中国房地产与基础设施建设投资略显疲软,近两年的平均增速尚未回到疫情前水平。③

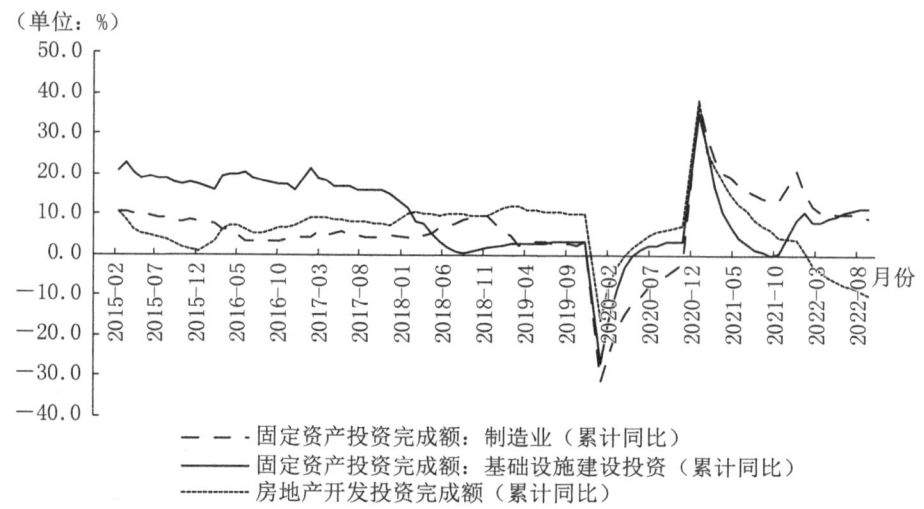

图4-3　中国制造业、基础设施及房地产开发投资月度增长趋势(2015—2022年)

• 数据来源:Wind数据库、国家统计局。

2022年中国投资总体较为平稳,但是细分项目呈现"冷热不均"现象,制造业与基础设施建设发展稳中向好,而房地产投资负增长则严重拖累经济表现。据国家统计局数据,2022年1—11月,中国固定资产投资额累计同比增长5.3%,与上年同期5.2%的增速大致持平。从细分项目来看,基础设施建设投资与制造业固定资产投资增长较快,1—11月间累计同比增长分别为11.7%和9.3%,远高于投资总体增速,对经济拉动较大,专项债预计将在未来持续拉动基建投资增长。

2022年中国房地产开发投资有较大幅度下降,1—11月间累计同比增长率为

---

① 受新冠肺炎疫情影响,2020年中国制造业固定资产投资完成额增长率仅为-2.2%,基数较低。
② 统计局相关司负责人解读2021年全年主要经济数据[EB/OL]. 中国政府网,(2022-01-18)[2022-12-01]. http://www.gov.cn/shuju/2022-01/18/content_5669005.html.
③ 2021年全年中国基础设施投资累计增长率为0.2%,近两年平均基建投资增长率为1.8%,远低于2019年疫情前增速(3.3%)。2021年中国房地产开发投资累计增长率为4.4%,近两年平均投资增长率为5.7%,远低于2019年国内房地产开发投资累计增速(9.9%)。

—9.8%,为我国21世纪以来的首次房地产开发投资年度负增长。①具体来看,2022年房地产市场供需两端都出现明显收缩趋势(见图4-4):开发商受到政策调控影响、融资压力加剧、债务违约频发,投资意愿走低;②购房者也面临收入不确定性加剧以及"烂尾楼"潜在风险冲击,购买意愿与市场信心均不强。2022年9月以来,中国政府密集出台了多项稳定房地产市场的政策,③例如通过贷款、债券、股权等多重融资渠道支持优质房地产企业稳健发展,校正过度避险,推动受困房企风险处置以及金融支持"保交楼"服务,通过调首付、降利率、宽限购等举措支持个人合理购房需求。受益于房地产融资政策优化与市场信心修复等有利因素,预计未来中国房地产投资将趋向好转,但是转为正增长仍需时间。

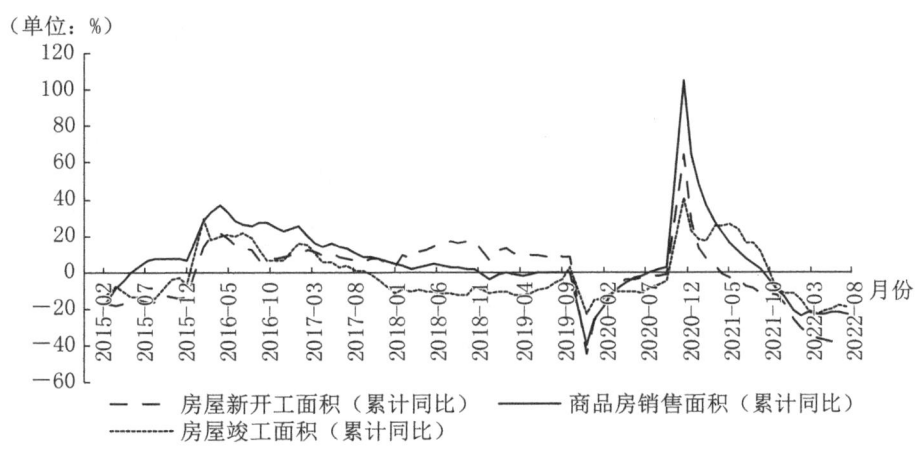

图4-4 中国房地产相关指标增长趋势(2015—2022年)

• 数据来源:Wind数据库、国家统计局。

二、2021—2022年消费增长放缓,尚未恢复到预期水平

2021年我国消费恢复较为缓慢(见图4-5),主要是受到疫情冲击、行业政策调控、居民收入增长放缓、居民负债率处于高位、储蓄动机增强等因素影响。根据国家统计局数据,2021年中国社会消费品零售总额名义增速为12.5%,相比2020年的负

---

① 据国家统计局年度数据,上一次房地产开发投资同比负增长出现年份为1997年(−1.2%),1998—2021年房地产开发投资平均增长率则高达17.7%。
② 据Wind数据库统计,2022年1—11月我国房屋新开工面积、房屋竣工面积、商品房销售面积相比上年同期分别下降了38.9%、19.0%、23.3%。
③ 国务院关于金融工作情况的报告——2022年10月28日在十三届全国人民代表大会常务委员会第三十七次会议上[EB/OL].中国人大网,(2022-10-29)[2022-12-01]. http://www.npc.gov.cn/npc/c30834/202210/2fe304f587194a-1ea64553a15e5da26e.shtml;中国人民银行 中国银行保险监督管理委员会关于做好当前金融支持房地产市场平稳健康发展工作的通知[EB/OL].中国政府网,(2022-11-23)[2022-12-01]. http://www.gov.cn/xinwen/2022/11/23/content_5728454.htm;证监会新闻发言人就资本市场支持房地产市场平稳健康发展答记者问[EB/OL].中国证监会网站,(2022-11-28)[2022-12-01]. http://www.csrc.gov.cn/csrc/c100028/c6763083/content.shtml.

增长,表现出较好的反弹趋势,但是考虑到2020—2021年平均增长率仅为4.0%(远低于2019年疫情前的增速8.0%),消费的整体复苏仍然偏弱。从贡献率来看,2021年全年最终消费对中国GDP增长贡献率为65.4%,处于合理区间,消费增长对经济的拉动作用仍然占主要地位。2021年12月的中央经济工作会议已经明确提出实施好扩大内需战略,增强内生动力,政府将有进一步的促消费、稳就业、增收入举措落地,推动消费持续复苏。

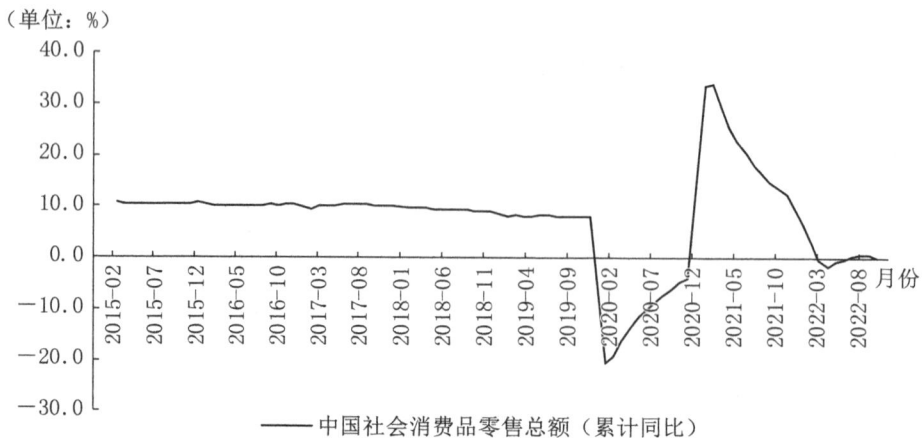

图4-5 中国社会消费品零售总额月度增长趋势(2015—2022年)

• 数据来源:Wind数据库、国家统计局。图中月度累计的社会消费品零售总额增长率为名义值,未经价格调整。

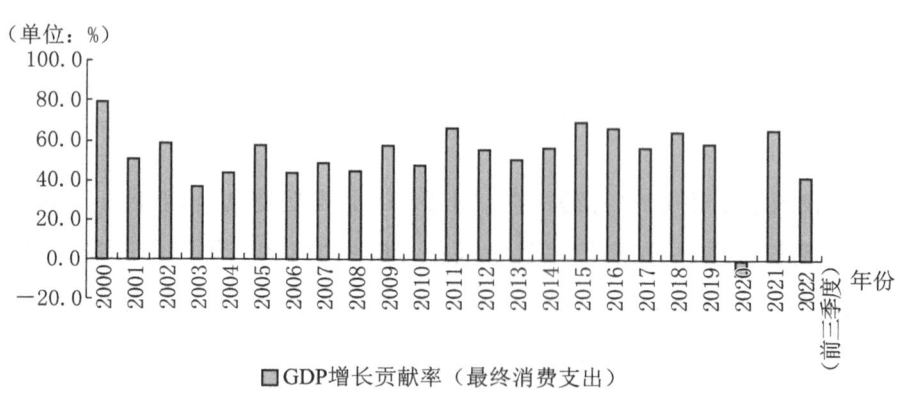

图4-6 最终消费对中国GDP增长的贡献率(2000—2022年)

• 数据来源:Wind数据库、国家统计局。由于全年数据尚未发布,2022年采用了前三季度累计贡献值。

2022年中国消费较为疲软,以社会消费品零售月度累计总额指标来看,11月已经转为负增长。根据国家统计局数据,1—11月中国社会消费品零售总额(名义值)累计同比增长-0.1%,低于2020—2021年同期平均增长率(4.0%)与2019年疫情前同期增长率(8.0%)。2022年前三季度最终消费对中国经济增长贡献率为41.3%(见图4-6),消费对经济拉动作用处于较低水平。①这主要是受到新冠肺炎疫情多地发生,居民收入增长不确定性增加、储蓄意愿较强等多重因素影响。根据Wind数据库以及央行数据,2022年1—11月居民户在金融机构新增人民币存款总额累计14.9万亿元,相比2021、2020、2019年同期(分别为8.0万亿元、9.6万亿元、8.2万亿元)均有大幅增长(见图4-7),可以合理认为是预防性储蓄,表明居民消费信心不足,亟须提振。随着2022年底国内对于新冠肺炎防疫措施逐步放开,短期内国内消费水平可能进一步下滑,2023年的中国居民消费还有待观察。

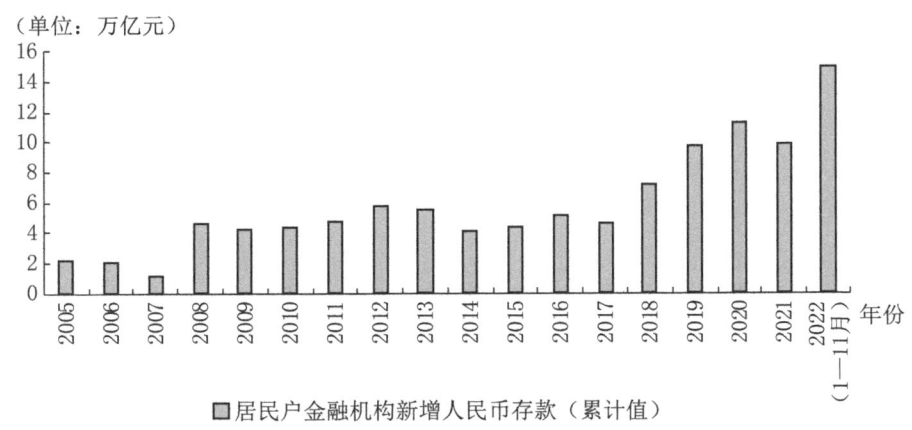

图4-7 居民户在金融机构新增人民币存款趋势比较(2005—2022年)

• 数据来源:Wind数据库、中国人民银行。由于全年数据尚未发布,2022年采用了1—11月累计值。

三、2021—2022年进出口较快增长,成为经济亮点

自2020年以来,中国在进出口领域表现非常突出,这得益于中国高效的疫情防控措施,保障了社会生活秩序正常展开,尤其是生产与供给领域,因此在海外需求反弹、全球供应链受限、工业品价格上涨等多重因素叠加之下,2021年中国进出口出现了货物量和总金额两旺的局面。继2020年中国进出口规模以及占全球份额均创历史新高之后,②2021年中国外贸再创新高度,进出口持续快速增长。据海关总署数据,2021年中国进出口总额达到约6.04万亿美元,同比增长29.8%,2020—2021年间进出口平均年增长率为14.9%。其中,2021年进、出口两端均有大幅增长,2021年中国出口总额累计值约达3.36万亿美元,同比增长29.6%,2020—2021年

---

① 根据Wind数据库统计,2000—2021年间中国历年最终消费支出对GDP的增长贡献率算数平均值为52.83%。
② 根据海关总署和国家统计局数据,2020年中国货物贸易进出口总额为4.66万亿美元(32.16万亿元人民币),其中出口额为2.59万亿美元。据WTO统计数据,2020年全球货物贸易出口总额为17.6万亿美元,中国占当年全球货物出口总额比重为14.7%。

平均出口增长率为15.9%；2021年中国进口总额累计值约为2.69万亿美元，同比增长30.0%（见表4-1），2020—2021年平均增长率为13.7%。国家统计局数据还显示，2021年中国全年货物（见图4-8）和服务进出口对经济增长的贡献率高达20.9%，处于合理区间。

表4-1 中国货物贸易进出口相关趋势（2010—2022年）

时间	中国进出口		中国出口		中国进口	
	总额（亿美元）	同比增长（%）	总额（亿美元）	同比增长（%）	总额（亿美元）	同比增长（%）
2010年	29 740	34.7	15 778	31.3	13 962	38.8
2011年	36 419	22.5	18 984	20.3	17 435	24.9
2012年	38 671	6.2	20 487	7.9	18 184	4.3
2013年	41 590	7.5	22 090	7.8	19 500	7.2
2014年	43 015	3.4	23 423	6.0	19 592	0.4
2015年	39 530	−8.0	22 735	−2.9	16 796	−14.1
2016年	36 856	−6.8	20 976	−7.7	15 879	−5.5
2017年	41 071	11.4	22 633	7.9	18 438	16.1
2018年	46 224	12.5	24 867	9.9	21 357	15.8
2019年	45 779	−1.0	24 995	0.5	20 784	−2.7
2020年	46 559	1.7	25 900	3.6	20 660	−0.6
2021年	60 439	29.8	33 571	29.6	26 867	30.0
2022年1—11月	57 775	5.9	32 882	9.0	24 893	2.0

- 数据来源：数据来源于Wind数据库、国家统计局、海关总署。由于全年数据尚未发布，2022年的进出口总额与同比采用了1—11月累计值。表中口径均为货物贸易，总额单位为亿美元。

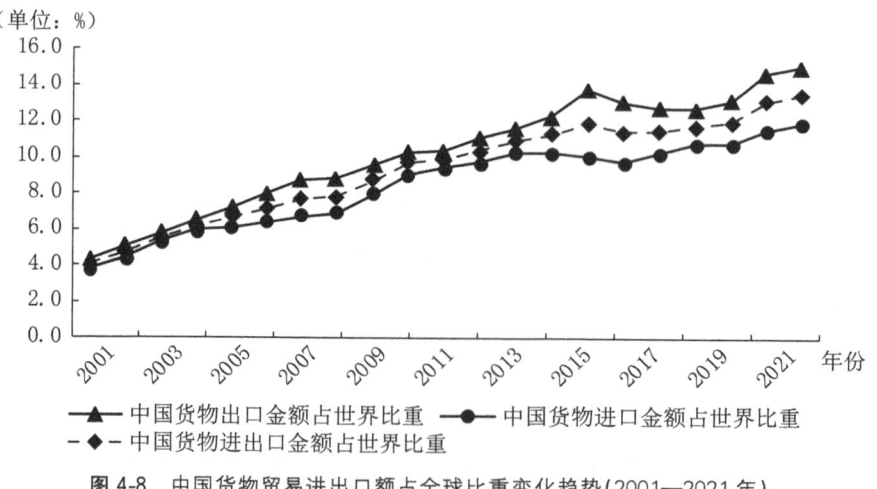

图4-8 中国货物贸易进出口额占全球比重变化趋势（2001—2021年）

- 数据来源：中国与世界的货物进口、出口金额数据均来源于Wind数据库与WTO。图中进出口金额采用进口金额加上出口金额计算，中国占比也为作者自行计算。

2022年中国在外贸领域的总体表现超预期，进出口继续成为拉动中国经济增长的重要力量。2022年前三季度货物和服务进出口对中国经济增长的贡献率高达

32.0%,相较上年同期(20%)有较大提升。其中,相比进口,①出口表现出更强的韧性(见图4-9),1—11月中国出口总额累计值达约3.29万亿美元,同比增长约9.0%。受全球主要央行快速加息导致的世界经济增长疲软影响,2022年四季度中国月度货物出口额(以美元计价)已经出现同比负增长,②对美国和欧盟出口下降幅度最大,③这一趋势可能延续至下一年。外需不振、汇率波动加剧、供应链重构、贸易环境恶化都会导致未来中国外贸面临更大下行压力,但是从贸易结构来看可能仍有部分亮点,如与东盟国家间贸易保持较快增长。④

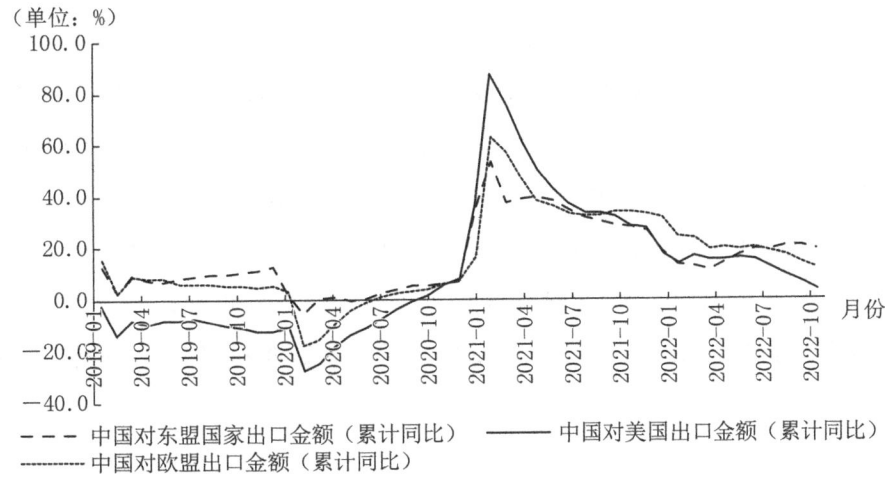

图4-9 中国与美国、欧盟、东盟国家货物出口额变化趋势(2019—2022年)

• 数据来源:Wind数据库、海关总署。图中出口额均为美元计价。

第二节 供给侧:工业表现优于服务业,就业总体平稳

本节主要从供给侧对中国经济展开讨论,主要涉及工业、服务业、就业三方面。其中,受益于国内疫情防控相对较好、海外需求相对较大等因素,中国工业在2021—2022年间增长都表现出较强的韧性,且高技术产业增速更快,产业持续升级,但是受到国际大宗商品价格波动影响,2021年工业上下游行业间存在收益不均衡问题,

---

① 根据Wind数据库和海关总署数据,2022年1—11月间中国累计进口金额为2.49万亿美元,同比增长2.0%。
② 根据Wind数据库和海关总署数据,2022年10月与11月中国当月出口总额(美元计价)同比增长率分别为−0.3%、−8.7%,这也是2020年6月新冠肺炎疫情防控常态化首次出现负增长。值得注意的是,因为近期汇率变动,2022年10—11月间中国以人民币计价的出口总额仍然保持同比正增长。
③ 根据Wind数据库与海关总署数据,2022年8月以来,中国对美国月度出口额已经转为负增长(8、9、10、11月分别同比增长−3.8%、−11.6%、−12.6%、−25.4%);2022年10月以来,中国对欧盟月度出口额也转为负增长(10、11月分别同比增长−9.0%、−10.6%)。
④ 根据Wind数据库与海关总署数据,2022年1—11月间,中国对东盟出口累计同比增长18.9%。

2022年有所缓解。服务业的复苏则整体较为疲软,疫情对服务业的线下部门冲击更大。2021—2022年就业数据总体平稳,但16—24岁青年失业率一直处于较高水平,需要政府稳就业政策持续发力。

一、2021—2022年工业韧性较强,高技术产业发展势头良好

受国内疫情防控相对较好、出口需求相对旺盛、生产资料价格指数(PPI)上涨、疫苗接种推进较快等因素影响,2021年中国工业恢复较快,对经济贡献率高于疫情前水平,[①]产能利用率处于高位,[②]利润总额等效益指标也显示向好势头。根据国家统计局数据,2021年中国规模以上工业增加值同比增长率为9.6%(见图4-10),2020—2021年的平均增长率为5.8%,略高于2019年增速(5.7%)。其中,2021年规模以上高技术产业工业增加值增长率为18.2%,远高于行业均值,中国工业持续向高质量增长模式转型。从效益指标来看,根据Wind数据库和国家统计局数据,2021年中国规模以上制造业企业名义利润总额同比增长31.6%,2020—2021年两年平均为19.0%,远高于2019年负增长(-5.2%)与2018年增速(8.7%)。具体来看,2021年医药制造以及石油、煤炭、金属加工等上游行业利润率增长较快,[③]部分行

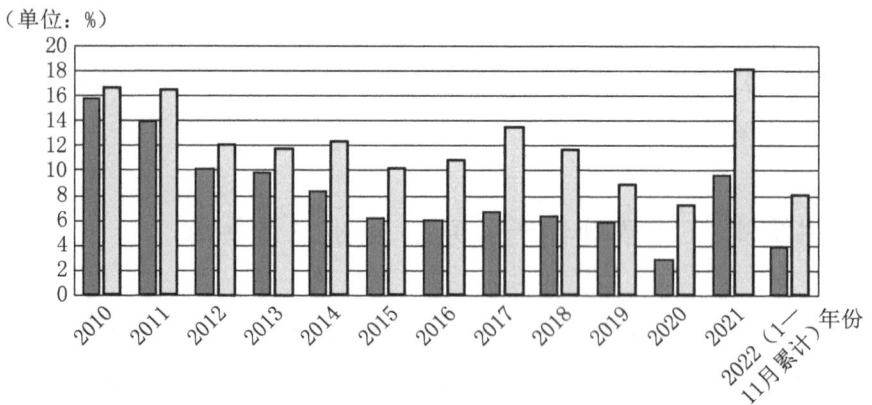

图4-10 中国规模以上工业增加值与高技术产业工业增加值增长率(2010—2022年)

• 数据来源:Wind数据库、国家统计局。因2022年尚未有全年数据,采用1—11月累计值替代。

[①] 2020和2021年工业对中国GDP增长的贡献率分别为34.9%、37.9%,远超2018和2019年工业贡献率(30.3%和26.8%),新冠肺炎疫情后工业对中国经济增长的拉动作用更为突出。
[②] 据Wind数据库和国家统计局数据,2021年中国工业和制造业的产能利用率分别为77.5%、77.8%,处于较高区间,已经超过了2019年疫情前的工业、制造业产能利用率(分别为76.6%、77.1%)。
[③] 据Wind数据库和国家统计局数据,2021年中国制造业中规模以上企业利润总额同比增长超过50%的行业包括石油、煤炭及其他燃料加工业(224.2%)、化学纤维制造业(149.2%)、有色金属冶炼及压延加工业(115.9%)、化学原料及化学制品制造业(87.8%)、医药制造业(77.9%)、黑色金属冶炼及压延加工业(75.5%)。

业如食品制造业、农副产品加工业等仍然陷于负增长,存在一定行业不均衡。随着2021年底国际大宗商品价格过快增长趋势得到缓解、中国政府对能耗与碳排放的调控将趋稳健,未来制造业上下游产业间更趋向平衡发展。

2022年中国第二产业表现出较强韧性,成为稳定全年经济增长的压舱石,①主要受外需提振拉动。根据国家统计局数据,1—11月中国规模以上工业累计增加值同比增长率为3.8%,不及2020—2021年同期平均增速(6.5%),主要是第二季度受到疫情影响,②而第三、第四季度中工业加速恢复趋势非常明显。其中,高技术产业仍然是突出亮点,2022年1—11月全国规模以上高技术产业工业增加值增长率为8.0%,约为同期行业均值的两倍。尽管2023年的中国工业将面临外需减弱、产业链转移等不利因素,但是随着国内疫情防控放开带来的内需提振、企业投资生产信心回升,预计2023年中国工业发展将持续稳中向好。

二、2021—2022年服务业复苏力度较弱,线上行业表现更好

由于2021年疫情零星出现,防控压力仍然较大,线下服务业经营困难,拖累了服务业复苏力度。根据国家统计局数据,2021年中国第三产业增加值增长率为8.5%,③2020—2021年间平均增速为5.2%,低于2019年7.2%增速(见表4-2);2021年第三产业对国内经济增长贡献率为54.7%,仍未恢复到疫情前水平。④从具体行业来看,住宿和餐饮业增加值仍为负增长,⑤软件信息业、交运仓储行业、金融业、批发和零售业增加值则保持了两位数以上增长。⑥此外,战略性新兴服务业持续快速增长,服务业高质量发展趋势不变。根据国家统计局数据,⑦2021年全年规模以上服务业中,战略性新兴服务业企业营业收入比上年增长16.0%。

2022年第三产业增长力度总体偏弱,低于同期经济增速,一方面是第二季度疫情限制消费场景,另一方面是第四季度居民为防止感染短期内将主动减少外出。根据国家统计局数据,2022年前三季度我国第三产业累计增长2.3%,相比前两年同期

---

① 根据国家统计局数据,前三季度国内工业增加值累计同比增长3.9%,高于同期GDP增速(3.0%)。
② 根据Wind数据库和国家统计局数据,2022年4月、5月我国规模以上企业工业增加值单月同比增长率仅为−2.9%、0.7%。
③ 根据Wind数据库与国家统计局数据,2021年中国GDP增长率为8.4%,与第三产业增加值增速大致相同。
④ 2018和2019年第三产业对中国GDP增长贡献率分别为61.5%和63.5%,均超过六成。
⑤ 根据国家统计局数据,2021年中国住宿和餐饮业增加值增长了14.5%,但是在2020—2021年两年平均以后,年均增长率仅为−4.7%。
⑥ 根据国家统计局数据,2020—2021年软件信息业、交运仓储行业、金融业、批发和零售业增加值的平均增长率分别为38.6%、13.0%、11.0%、10.3%。
⑦ 中华人民共和国2021年国民经济和社会发展统计公报[EB/OL].中国政府网,(2022-02-28)[2022-12-01]. http://www.gov.cn/shuju/2022-02/28/content_5676015.html。

表 4-2　中国第三产业细分行业增加值增长率(2015—2022 年)　　　　　（单位:%）

增加值增长率	2015年	2016年	2017年	2018年	2019年	2020年	2021年	2022年前三季度
国内生产总值	7.0	6.8	6.9	6.7	6.0	2.2	8.4	3.0
第三产业	8.8	8.1	8.3	8.0	7.2	1.9	8.5	2.3
批发和零售业	6.7	7.7	7.8	6.7	5.6	−0.9	11.0	1.2
交通运输、仓储和邮政业	4.4	6.9	9.6	8.3	6.5	0.8	15.1	0.3
住宿和餐饮业	6.6	7.7	8.2	6.7	5.5	−16.8	15.6	−0.7
金融业	16.7	4.8	4.8	4.8	6.6	5.9	4.0	5.5
房地产业	3.8	8.8	7.0	3.5	2.6	1.3	3.5	−4.4
信息传输、软件和信息技术服务业	13.7	16.9	20.5	27.8	21.7	18.3	17.4	8.8
租赁和商务服务业	11.1	13.0	12.0	10.9	8.7	−2.5	11.2	2.5

- 数据来源:国家统计局网站季度数据①。年度数据均采用第四季度累计值,因此可能与统计局的年度统计最终值有所差异,表中增长率均采用增加值指数换算。因 2022 年尚未有全年数据,采用前三季度累计值替代。

平均增长率有所放缓,②其中第二季度第三产业当季同比增长率为−0.4%;2022 年前三季度第三产业对国内经济增长累计贡献率为 41.9%,低于上年同期 54.2%的行业贡献率。从具体行业来看,2022 年前三季度中,住宿与餐饮业、房地产业累计增加值均为负增长(分别为−0.7%、−4.4%),信息传输、软件和信息技术服务业依然表现相对突出(前三季度累计增长 8.8%),但是相比上年已经有所回落。随着疫情逐渐消退,如果市场能够平稳快速度过初期波动,预计未来服务业将出现较快复苏(尤其是餐饮、旅游、商超等线下行业),政府需要继续做好小微企业的纾困帮扶工作、改善市场主体预期,促使服务业更好拉动经济增长。

三、2021—2022 年就业总体平稳

2021 年中国就业指标总体平稳,顺利实现年初政府工作报告中提出的"城镇新增就业 1 100 万人以上,城镇调查失业率 5.5%左右"年度发展预期目标。③根据国家统计局与人社部数据,2021 年中国城镇新增就业 1 269 万人,④年末城镇登记失业率为 3.96%,年末全国城镇调查失业率为 5.1%,低于 5.5%预期目标。一个值得注意的现象是,近两年来 16—24 岁人口调查失业率出现较快提升,主要是受到新冠肺炎疫情冲击,房地产、教育培训等行业调控趋严等影响,需要进一步稳增长与稳就业相关政策支持。

---

① 国家统计局季度统计数据[EB/OL].国家统计局网站,[2022-12-01]. https://data.stats.gov.cn/easyquery.htm?cn=B01.
② 2020 年和 2021 年中国第三产业前三季度增长率分别为 0.3%和 9.5%,两年平均增长率为 4.8%。
③ 政府工作报告——2021 年 3 月 5 日在第十三届全国人民代表大会第四次会议上[EB/OL].中国政府网站,(2021-03-12)[2021-03-13]. http://www.gov.cn/gongbao/content/2021/content_5593438.html.
④ 2021 年人力资源和社会保障事业发展统计公报[EB/OL].中国人社部网站,(2022-06-07)[2022-12-01]. http://www.mohrss.gov.cn/xxgk2020/fdzdgknr/ghtj/tj/ndtj/202206/t20220607_452104.html.

受疫情多发、经济下行、市场预期转弱等因素影响,2022年第二季度我国就业出现一定波动,但在下半年有所好转,全年总体较为平稳(见图4-11)。根据国家统计局与人社部数据,2022年1—11月城镇新增就业1 145万人,11月城镇调查失业率为5.7%(1—11月均值为5.6%),2022年政府发展目标"城镇新增就业1 100万人以上,城镇调查失业率全年控制在5.5%以内"预计有望达成。①16—24岁人口调查失业率仍处于高位,但第四季度数据相比7月峰值有所回落。②随着未来经济增长回归合理区间、服务业较快复苏、行业信心提振、稳就业政策发力等利好因素,2023年国内就业情况预计将更趋平稳。不过,这也面临高校应届毕业生规模新高挑战。③

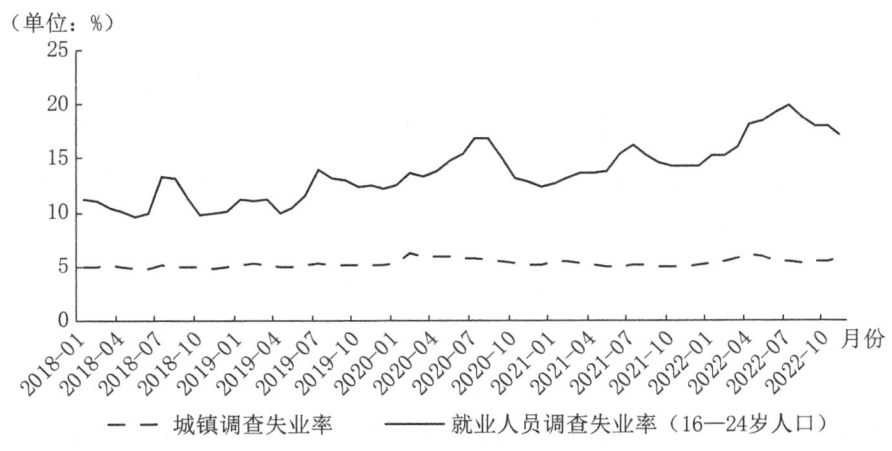

图4-11 中国城镇调查失业率月度变化趋势(2018—2022年)

• 数据来源:Wind数据库、国家统计局。图中调查失业率均为当月值。

第三节 中国经济的新风险

2021—2022年世界政治经济局势发生了诸多变化,中国一方面需要应对全球范围的经济增长放缓、贸易投资萎靡、供应链梗阻、通货膨胀严重、主要央行快速加息等新问题,另一方面还需面对国内房地产行业下行、人口老龄化加剧、消费投资信心不足等新挑战。总结来看,当前中国经济面临的新风险主要包括以下方面。

---

① 政府工作报告——2022年3月5日在第十三届全国人民代表大会第五次会议上[EB/OL].中国政府网,(2022-03-12)[2022-12-01]. http://www.gov.cn/gongbao/content/2022/content_5679681.htm.
② 2022年1—10月16—24岁人口就业人员调查失业率,7月出现峰值(19.9%)以后逐步降低至10月的17.9%,平均值为17.7%,是2018年有统计以来新高。
③ 据教育部与人力资源社会保障部口径,2023届全国普通高校毕业生规模预计为1 158万人,同比增加82万人。有关部门多措并举做好2023届全国普通高校毕业生就业创业工作[EB/OL].教育部网站,(2022-11-16)[2022-12-01]. http://www.moe.gov.cn/jyb_xwfb/xw_zt/moe_357/jjyzt_2022/2022_zt18/mtbd/202211/t20221116_992592.html.

一、2022年底后,中国短期内将面临经济波动

中国卫健委于2022年12月26日发布《关于对新型冠状病毒感染实施"乙类乙管"的总体方案》,①居民为避免感染高峰自发减少外出活动,包括生产工作与线下消费等,这将直接对经济供需两端产生影响,经济面临较大下行压力。中国政府采取多重应对举措,力求避免经济过度负向波动,缩短调整期限,使中国经济未来能更快进入反弹阶段。

二、房地产行业下行压力仍然较大,市场主体信心尚未修复

为落实"房住不炒"、抑制房价过快上涨和预防金融风险等目标,2021年以来,中国对房地产业进行了新一轮调控,如银行业房地产贷款集中度管理②、房地产税试点预期③等。在疫情冲击、资金周期集中等多重因素影响下,从2021年下半年以来,中国已经出现商品房销售面积负增长、部分大型房企债务违约、城市土地出让遇冷、期房停工或逾期交付等现象,2022年房地产供求两端依然较为萎靡,如1—11月中国房屋新开工面积、商品房销售面积都大幅度同比负增长(分别为-38.9%、-23.3%)。从房地产需求面来看,居民购房意愿较低、主动去杠杆趋势明显,④房贷增长缓慢,这可能进一步削弱未来房地产业恢复速度。据国家金融与发展实验室《NIFD季报》数据,从2021年第一季度起,中国居民杠杆率(扣除个人经营性贷款后)已经连续7个季度下降,2022年第三季度为46.9%。2022年,中国政府已经及时作出政策调整,如下调首套房利率、提供政策性银行专项借款、推进"保交楼、稳民生"工作等,提振购房者信心、稳定房地产行业发展。

三、人口老龄化挑战加剧

2021年5月,国家统计局发布了第七次人口普查相关信息,结果显示老龄人口

---

① 关于印发对新型冠状病毒感染实施"乙类乙管"总体方案的通知[EB/OL].国家卫健委网站,(2022-12-26)[2022-12-27]. http://www.nhc.gov.cn/xcs/zhengcwj/202212/e97e4c449d7a475794624b8ea12123c6.shtml.
② 据央行与银保监会发布的《关于建立银行业金融机构房地产贷款集中度管理制度的通知》,从2021年1月1日起,监管机构对不同规模与类型的银行业金融机构分档设置了"房地产贷款占比"和"个人住房贷款占比"两个上限,超过上限的机构需要在过渡期内达标。
③ 例如"十四五"规划中明确提到"推进房地产税立法"(中华人民共和国国民经济和社会发展第十四个五年规划和2035年远景目标纲要[EB/OL].中国政府网,(2021-03-18)[2022-12-01]. http://www.gov.cn/xinwen/2021/03/13/content_5592681.htm),部分地区开展房地产税改革试点工作得到授权(全国人民代表大会常务委员会关于授权国务院在部分地区开展房地产税改革试点工作的决定[EB/OL].中国政府网,(2021-10-23)[2022-12-01]. http://www.gov.cn/xinwen/2021/10/23/content_5644480.htm).
④ 国家金融与发展实验室. NIFD季报:宏观杠杆率[EB/OL].国家金融与发展实验室网站,(2022-11-10)[2022-12-01]. http://www.nifd.cn/Uploads/SeriesReport/5dd8f383-4e6e-4b40-ab11-b0283ee477cb.pdf.

比重增长呈现提速,新生人口数量与总和生育率则明显降低,这对我国未来的人口结构、医疗保障、扩大内需都造成压力。根据国家统计局《第七次全国人口普查公报》①数据,2020 年全国 60 岁、65 岁及以上人口占比分别为 18.7%、13.5%(见图 4-12),相比 2010 年第六次人口普查比重分别提升了 5.4、4.6 个百分点。虽然从国际比较来看中国当前老龄化程度尚不算特别高,②但是其增长趋势较快。此外,根据国家统计局数据,③2020 年中国育龄妇女总和生育率为 1.3,从国际标准来看已经处于极低水平。④新冠肺炎疫情也加剧了居民对收入与健康的双重担忧情绪,可能造成生育意愿进一步降低。国内外研究机构都预计中国即将迎来人口负增长的拐点,如联合国在《世界人口展望 2022》中推测,⑤中国人口最早可能从 2023 年进入负增长拐点,印度也将在 2023 年超过中国成为世界人口第一大国。当前,中国已经及时出台开放三胎、教育"双减"等应对措施。未来较长时期内,减少生育成本、应对人口老龄化压力将是政策重点。

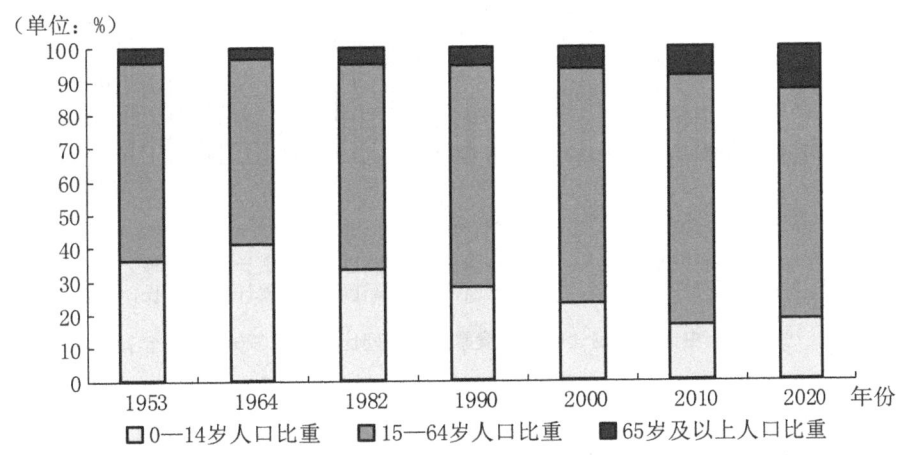

图 4-12 中国历次人口普查人口年龄分布情况(1953—2020 年)

• 数据来源:国家统计局编《中国统计年鉴 2021》。

四、地方政府财政平衡承压,少收多支矛盾加剧

2022 年中国政府面临财政收支差距扩大局面,尤其是地方政府财政收支平衡压

---

① 第七次全国人口普查公报(第五号)[EB/OL]. 国家统计局网站,(2021-05-11)[2022-12-01]. http://www.stats.gov.cn/tjsj/tjgb/rkpcgb/qgrkpcgb/202106/t20210628_1818824.html.
② 乔晓春.从"七普"数据看中国人口发展、变化和现状[J].人口与发展,2021,27(04):74-88.
③ 第七次全国人口普查主要数据结果新闻发布会答记者问[EB/OL]. 国家统计局网站,(2021-05-11)[2022-12-01]. http://www.stats.gov.cn/xxgk/jd/sjjd2020/202105/t20210511_1817280.html.
④ 陈卫.中国的低生育率与三孩政策——基于第七次全国人口普查数据的分析[J].人口与经济,2021(05)No.248:25-35.
⑤ UNDESA. World Population Prospects 2022: Summary of Results[EB/OL]. (2022-07-18)[2022-12-01]. https://www.un.org/development/desa/pd/sites/www.un.org.development.desa.pd.files/wpp2022_summary_of_results.pdf.

力加剧。①这一方面是政府为应对疫情与拉动经济而主动开展"减收增支",包括实施更大规模的减税降费政策以稳定就业、消费(如加快留底退税进度、延缓缴纳部分税费、减征乘用车购置税等),②加速发行专项债拉动基建投资等;③另一方面2022年房地产市场萎靡导致的土地出让金收入大幅下滑,也是重要的影响因素。根据Wind数据库与财政部数据,2022年1—11月地方本级政府性基金收入中的国有土地使用权出让收入累计为5.1万亿元,同比下降24.4%,远低于2021年1—11月同期的6.8万亿元、2020年的6.5万亿元(见图4-13)。总体来看,2022年第四季度以来财政收入已经有加速恢复趋势,随着疫情消退、经济复苏预期增强,预计财政收支差将逐步趋于好转,当前地方政府债务风险尚处整体可控区间。

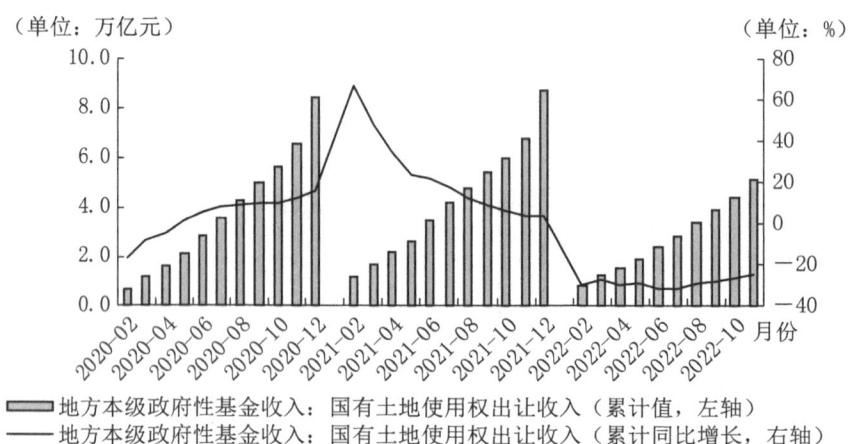

图 4-13　中国土地出让收入月度累计值与同比增速(2020—2022 年)

• 数据来源:Wind 数据库、财政部。

五、外部投资、贸易环境持续恶化

2020年以来,受益于国内疫情趋于好转、供应链与生产端保持平稳,外贸部门一直是中国经济的亮点,极大地支撑了发展与就业,但是2022年以来,中国面临的部分

---

① 据财政部数据,2022 年 1—11 月全国一般公共预算收入 18.6 万亿元,同比下降 3%,同期全国一般公共预算支出 22.7 万亿元,同比增长 6.2%;2022 年 1—11 月累计全国政府性基金预算收入 60 161 亿元,同比下降 21.5%,同期累计全国政府性基金预算支出 95 961 亿元,同比增长 5.5%。参见:2022 年 11 月财政收支情况[EB/OL]. 中国政府网,(2022-12-20)[2022-12-22]. http://www.gov.cn/shuju/2022-12/20/content_5732805.htm。
② 据国家税务总局数据,截至 2022 年 11 月 10 日,全国税务系统合计办理新增减税降费及退税缓税缓费超 3.7 万亿元,其中留抵退税合计已达 23 097 亿元,累计免征新能源汽车购置税 686.2 亿元。参见:截至 11 月 10 日,全国税务系统合计办理新增减税降费及退税缓税缓费超 3.7 万亿元[EB/OL]. 国家税务总局网站,(2022-11-17)[2022-12-01]. http://www.chinatax.gov.cn/chinatax/n810214/n810641/n2985871/n2985918/c101807/c5182912/content.html。
③ 据财政部数据,2022 年 1—11 月全国发行地方政府专项债券 50 804 亿元,截至 11 月末全国地方政府专项债务余额 206 523 亿元,均创历史新高。

外部投资、贸易条件趋于恶化，可能会拖累未来投资、贸易以及长期经济的增长。首先是2023年全球经济预计将持续放缓，大部分国际机构都在2022年下半年下调了对2023年世界经济预期，如国际货币基金组织在10月预计2023年全球经济增速为2.7%（相比4月预测值下调了0.9个百分点）[1]、经合组织在11月的预测值为2.2%（相比其6月预测值下调了0.8个百分点）[2]等。海外需求下降将导致中国出口增长预期转弱。其次是美国对中国的投资贸易限制持续升级，典型案例如美国在2022年通过的《芯片法案》以及限制半导体相关物项对华出口。[3]最后，由于美联储快速加息、中美息差扩大等因素，人民币面临贬值压力（但总体风险可控）。

第四节 中国经济的新动力

2021—2022年间，疫情对中国经济社会发展的影响总体趋向减弱，长期来看，中国经济将有反弹回升，此外，安全体系建设、绿色转型、研发创新、对外合作等领域将成为发展新亮点与潜在力量。总结来看，未来中国经济新动力主要包括：

一、防控措施持续优化，疫情对经济社会发展的影响减少

在奥密克戎变异株致病力明显减弱、国内疫苗接种率较高等[4]背景下，2022年11月以来国务院先后发布了多个指导性文件，卫健委也宣布2023年1月8日起新型冠状病毒调整为"乙类乙管"，通过更加科学、精准、高效的防控措施，在尽全力保障人民健康安全的前提下，促使全国生产生活逐步有序恢复。从长期来看这将直接拉动中国经济发展，促进投资消费尽快恢复，减少与疫情相关的不确定性，提升中国国际竞争力。根据高盛研究报告，[5]以东亚经济体经验表现来类推，预计在刚放开后

---

[1] IMF. World Economic Outlook: Countering the Cost-of-Living Crisis [EB/OL]. (2022-10-11) [2022-12-01]. https://www.imf.org/en/Publications/WEO/Issues/2022/10/11/world-economic-outlook-october-2022.

[2] OECD. OECD Economic Outlook: Volume 2022 Issue 2 [EB/OL]. (2022-11-20) [2022-12-01]. https://www.oecd-ilibrary.org/economics/oecd-economic-outlook/volume-2022/issue-2_f6da2159-en.

[3] 商务部新闻发言人就美国会通过《芯片和科学法案》答记者问[EB/OL].商务部网站,(2022-07-29) [2022-12-01]. http://www.mofcom.gov.cn/article/xwfb/xwfyrth/202207/20220703337228.shtml；商务部:中方坚决反对美方不断滥用出口管制措施限制半导体相关物项对华出口[EB/OL]. 中国政府网,(2022-09-01) [2022-12-01]. http://www.gov.cn/xinwen/2022-09/01/content_5707916.htm.

[4] 根据国家卫健委数据,截至2023年1月4日,全国累计报告接种新冠病毒疫苗34亿8035.4万剂次,接种总人数达13亿988.6万,已完成全程接种12亿7585.5万人,覆盖人数占全国总人口的92.9%。60岁以上老年人接种覆盖超过90%。参见:中联部面向外国驻华高级外交官举办中国防疫政策专题吹风会(实录)[EB/OL]. 国家卫健委网站,(2023-01-07) [2023-01-10]. http://www.nhc.gov.cn/wjw/mtbd/202301/9f43b7857907408a96528e3a19d29ef5.shtml.

[5] Goldman Sachs Economics Research. Global Economics Analyst Macro Outlook 2023: This Cycle Is Different[EB/OL]. (2022-11-16) [2022-12-01]. https://www.goldmansachs.com/insights/pages/gs-research/macro-outlook-2023-this-cycle-is-different/report.pdf. 值得注意的是,高盛认为中国的"动态清零"政策将持续至2023年4月,因此2023年第二季度才是其预期的放开后第一个季度(增长率为2%)，后续以此类推,与实际情况有所差异。

的第一个季度当中,中国 GDP 增长率会降至 2% 左右,而后会有较快反弹,放开后的第二、第三季度则可以达到 10%、6% 的同比增速,充分释放中国经济增长潜能。

二、政策助力打通发展难点、提升经济长期增长潜力

中国在 2021 年 3 月发布了"十四五"规划与 2035 年远景目标纲要,①提出了到 2035 年"经济总量和城乡居民人均收入将再迈上新的大台阶","城乡区域发展差距和居民生活水平差距显著缩小"等长期经济发展导向,这对经济发展的速度、质量以及分配公平都提出了较高的要求,尤其是"人均国内生产总值达到中等发达国家水平"这一项,需要中国经济充分发挥其增长潜能。②为实现这些远景规划,2022 年中国发布了《要素市场化配置综合改革试点总体方案》《关于加快建设全国统一大市场的意见》《扩大内需战略规划纲要(2022—2035 年)》等重要规划,未来还将有《促进共同富裕行动纲要》等重磅文件,通过各部门政策合力解决现实发展问题,充分发挥国内市场规模大等禀赋优势,打通中国经济内外循环当中的障碍与堵点,促使长期潜在增长率进一步提升,最终实现长期发展目标。

三、健全国家安全体系,保障社会经济平稳运行

近年来,全球经济体系面临多次黑天鹅事件冲击,包括 2020 年以来的新冠肺炎疫情大流行、2022 年爆发的俄乌冲突等,使得原本的经济全球化发展共识趋于倒退。各国一度面临工业产业链陷入阻塞、断裂,原料价格多次暴涨,粮食与能源供应难以保障等挑战与困境,以及许多社会经济政治问题。在此大背景下,中共二十大报告着重强调了"健全国家安全体系""确保粮食、能源资源、重要产业链供应链安全"等内容,要加强经济、重大基础设施、金融、网络、数据等多项领域安全保障体系建设。这些将为国内相关产业的发展带来历史性的新机遇,也将成为未来经济增长的重要动力。首先是与安全直接相关的产业将迎来快速发展,包括新的细分行业与产品诞生,如 2022 年数据安全领域已经出现了数据风险管理、数据安全基础设施管理平台等多项新市场机会与用户需求,③这种"从无到有"将直接为经济增长与就业扩大做出贡

---

① 中华人民共和国国民经济和社会发展第十四个五年规划和 2035 年远景目标纲要[EB/OL]. 中国政府网,(2022-03-13)[2022-12-01]. http://www.gov.cn/xinwen/2021-03/13/content_5592681.htm.
② 据黄群慧和刘学良测算,中等发达国家水平的标准约为人均 GDP 达到 2.4 万—3 万美元(2019 年不变价),如果实际完全按照预测的中国经济潜在 GDP 增长率进展(2025 年为 5.2%、2030 年为 4.7%、2035 年为 4.3%)且保持汇率不变,2035 年中国人均 GDP 约能达到 2.3 万美元,预计通过努力最终能够实现目标,但有较大挑战。详细可见:黄群慧,刘学良.新发展阶段中国经济发展关键节点的判断和认识[J].经济学动态,2021(02):3-15.
③ 中国信息通信研究院. 大数据白皮书(2022 年)[EB/OL]. (2022-01-04)[2022-12-01]. http://www.caict.ac.cn/kxyj/qwfb/bps/202301/t20230104_413644.htm.

献;其次是促使原本重要产业链中的企业加大科技创新,完成补链与强链,实现转型升级与更高质量发展,通过国内市场发展机遇实现国际竞争力提升;最后是通过建立健全全方位的安全体系,充分保障社会经济未来平稳运行,避免下一次黑天鹅事件冲击带来过度影响,潜在收益与正外部性巨大。中国已经出台了《数据安全法》《个人信息保护法》《金融稳定法(草案)》等相关法规,逐步推动安全领域有序完善。

四、绿色转型与高质量发展持续推进

绿色低碳是中国未来长期发展方向,2021年10月中央与国务院发布的关于完整、准确、全面贯彻新发展理念,做好碳达峰碳中和工作的意见更是明确了详细时间进度与节点目标。①双碳政策的落地有力推动了绿色低碳产业的发展以及高能耗行业的绿色转型,新能源行业未来增长潜力巨大。2022年中国经济新亮点之一就是新能源汽车的产销(见图4-14)与出口表现:根据中国工信部数据,中国新能源汽车的产销量自2015年起已经连续7年位居全球第一;②根据中国汽车工业协会统计数据,③2022年1—11月新能源汽车产销分别完成625.3万辆和606.7万辆,同比均增长1倍,市场占有率达到25%;根据毕马威中国报告数据,④受

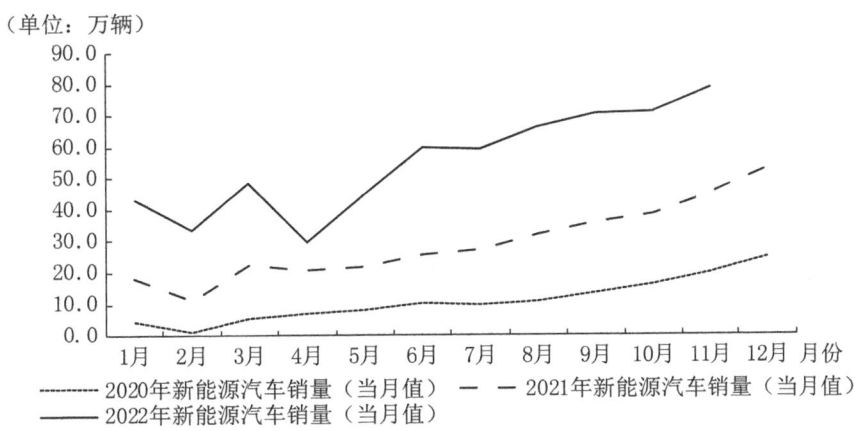

图4-14 中国新能源汽车销量(2020—2022年)

• 数据来源:Wind数据库、中国汽车工业协会。

---

① 中共中央 国务院关于完整准确全面贯彻新发展理念做好碳达峰碳中和工作的意见[EB/OL].中国政府网,(2021-10-24)[2022-12-01].http://www.gov.cn/zhengce/2021-10/24/content_5644613.htm.
② 产销量连续7年世界第一 我国新能源汽车发展驶入"快车道"[EB/OL].中国政府网,(2022-06-14)[2022-12-01].http://www.gov.cn/xinwen/2022/06/14/content_5695618.htm.
③ 2022年11月汽车工业产销情况[EB/OL].中国汽车工业协会,(2022-12-09)[2022-12-15].http://www.caam.org.cn/chn/4/cate_39/con_5236518.html.
④ 毕马威中国.2023年宏观经济十大趋势展望[EB/OL].(2022-12-08)[2022-12-15].https://home.kpmg/cn/zh/home/insights/2022/12/ten-macro-economic-trends-in-2023.html.

新能源汽车增长拉动,2021年中国已经超过德国成为全球第二大汽车出口国。

五、对外开放持续扩大,国内国际双循环互相促进

中国一直坚持对外开放与互利共赢,积极参与经济全球化进程并推动国际经贸合作。外贸部门是中国经济增长的长期动力,2020年新冠肺炎疫情以来更是作用突出,如"中欧班列"运量规模与中国出口规模均创历史新高。中共二十大报告中则强调了要推进"高水平对外开放",着力提升贸易、投资合作的质量与水平,这也是未来中国对外开放的发展方向与新动能。近年来,"一带一路"倡议、区域全面经济伙伴关系协定等合作都发挥了重要作用:根据商务部与海关总署数据,2022年1—11月,中国企业在"一带一路"沿线国家非金融类直接投资规模达1 284亿元,同比增长10.5%;[①]1—11月,中国与RECP其他成员进出口总额达11.8万亿元,同比增长7.9%,占中国外贸进出口总额的30.7%。[②]2022年12月中阿峰会成功举办,[③]未来3—5年双方将在能源合作、金融投资、创新科技、航天太空等多领域开展合作。

---

① 2022年1—11月我国对"一带一路"沿线国家投资合作情况[EB/OL].商务部网站,(2023-01-09)[2023-01-15]. http://hzs.mofcom.gov.cn/article/date/202301/20230103378055.shtml.
② 商务部召开例行新闻发布会(2022年12月29日)[EB/OL].商务部网站,(2022-12-29)[2023-01-15]. http://www.mofcom.gov.cn/xwfbh/20221229.shtml.
③ 习近平出席首届中国—海湾阿拉伯国家合作委员会峰会并发表主旨讲话[EB/OL].商务部网站,(2022-12-09)[2022-12-15]. http://www.mofcom.gov.cn/article/xwfb/xwldrhd/202212/20221203377891.shtml.

第五章
美国经济:"拜登新政"及其"得失参半"

美国是全球第一大经济体,其宏观经济形势和宏观政策操作会对中国乃至世界经济发展产生重大影响。当前美国经济基本面的表现堪称"得失参半",具体包括:经济强劲复苏、失业率维持低位、资本市场繁荣、通胀持续高企、政府债务膨胀、贸易失衡加剧、房地产市场持续升温、金融体系总体平稳但金融风险不断积聚、基础设施投资取得进展但供给侧改革依然任重道远等。2022 年,受宏观经济政策的支撑作用减弱、需求对经济增长的带动作用难以有效提升、供给恢复不充分不均衡这三大因素影响,预计美国经济增速较 2021 年将有大幅放缓趋势,恐难达到 4% 的水平,全年或呈现"前高后低"走势。中美经贸关系总体上保持一个相对稳定的水平。

第一节 2021 年美国经济运行的主要特征

新冠肺炎疫情暴发后,美国实际 GDP 增速在 2020 年 3 月至 2021 年 3 月一直负增长,而 2020 年 6 月一度达最低值 -9.08%。2021 年以来,美国经济步入复苏通道,总体看基本面较 2020 年明显改善,但尚未恢复至正常状态。美国经济一方面在增长、就业、资本市场等方面呈现强劲复苏的繁荣景象,另一方面又难以摆脱高通胀、高债务、高逆差、高风险的难题。在美国现有的经济结构和政策框架下,这种"得失参半"也许是目前能够达到的最好状态。

美国新冠疫苗的接种覆盖面广,大约七成以上人群完全接种了疫苗,约五成符合条件的人士接种了加强针。①值得一提的是老年人群的疫苗接种率明显提高,故而大大降低了新冠肺炎患者的住院率和死亡率。在这一基础上,美国经济活动恢复速度较快。

如前所述,2021 年以来美国宏观经济运行的主要特征包括:经济强劲复苏、失业

---

① 疫苗接种数据可参考:Miriam M. Bring a Detroiter to get COVID-19 vaccine, you'll get paid so for each dose[N/OL]. Detroit Free Press,(2021-04-28)[2021-04-28]. https://www.freep.com/story/news/local/michigan/detroit/2021/04/28/detroit-good-neighbor-vaccine-program/4875909001/。

率维持低位、资本市场繁荣、通胀持续高企、政府债务膨胀、贸易失衡加剧、房地产市场持续升温、金融体系总体平稳但金融风险不断积聚、基础设施投资取得进展但供给侧改革依然任重道远等。

一、经济强劲复苏

2021年,受益于大规模刺激政策,美国经济在发达国家中表现亮眼。实际GDP增长5.7%,[①]创1984年以来新高,经济增幅分别超过欧盟0.5个百分点、加拿大1.1个百分点、澳大利亚1.5个百分点、日本4个百分点。作为美国经济增长的主引擎,居民消费稳定复苏,拉动GDP增长5.3个百分点。名义GDP达到23万亿美元,稳居世界第一。人均GDP创历史新高。

二、失业率维持低位

2021年美国失业率逐渐恢复到疫情前的水平,而产出则接近疫情前的趋势。在新冠肺炎疫情冲击后的24个月内,失业率等劳动力利用不足的指标已恢复到2019年底的水平,产出接近疫情前的趋势。虽然劳动参与率的恢复较慢,但是这可能与疫情所导致的提前退休相关。2021年1月—2022年2月,美国失业率由6.4%逐步降至3.8%,仅高于疫情前的"近49年最低失业率"0.3个百分点;劳动参与率由61.4%持续升至62.3%,较疫情期间的最低点60.2%有显著改善。创造新增就业的动能进一步恢复,2022年2月,非农部门新增就业岗位67.8万个,[②]为近6个月来最大增幅。

三、资本市场繁荣

受经济企稳回升、政策持续宽松等积极因素影响,美股表现亮眼。2021年1—12月,标普500指数、纳斯达克指数、道琼斯指数累计分别上涨22%、19%、16%;三大股指年内均创历史新高,标普500指数更是一度创下66个新高纪录。2022年以来,受制于美联储货币政策转向,美股持续震荡下行,但目前仍处于历史高位。

四、通胀水平高企

供应链中断导致通胀高企,并使工资水平大幅上升。2021年初,通胀是由耐用

---

① U. S. Department of Commerce. Bureau of Economic Analysis. Gross Domestic Product[DB/OL]. (2022-01-30)[2022-12-07]. https://www.bea.gov/data/GDP/gross-domestic-product.
② U. S. Department of Labor, Bureau of Labor Statistics. Employment Situation[DB/OL]. (2022-03-30)[2022-12-10]. https://www.dol.gov/newsroom/economicdata.

品价格大幅上涨所推动的,但随着耐用品价格正常化,商品通胀在很大程度上被住房、医疗和其他服务业的加速通胀所取代,这反映出消费者需求逐渐从耐用品转向服务。2021年3月以来,美国物价水平呈现加速攀升、居高不下的态势。受住房、食品、能源价格普涨的影响,2022年1月,美国CPI、核心CPI同比分别上涨7.5%、6%,涨幅均为近40年最高水平。疫情造成全球性供给不足、运输受阻,加上能源价格上涨,2022年1月,美国生产价格指数(PPI)、核心PPI同比分别上涨9.7%、6.9%,涨幅均为历史较高水平。在俄乌战争的推动下,食品和能源价格更加迅速地上涨,进一步推高了总体通胀水平。较长期的通胀预期指标已开始上升,尽管总体上仍接近美联储的中期目标。

五、政府债务膨胀

在新冠肺炎疫情期间,美国政府总体赤字上升到接近国内生产总值的9%。2021年3月通过的1.9万亿美元的救市计划减缓了2021—2022年财政紧缩的步伐,但并没有完全阻止紧缩。由于新冠肺炎疫情,政府债务显著增加。2021年,政府债务占GDP的比重为127.8%。自疫情暴发以来,美国国债规模猛增7万亿美元,至2022年1月末,首次突破30万亿美元大关,为2021年名义GDP水平的1.3倍。以总人口数为3亿来计算,这意味着平均每个人都要承担超过9万美元的联邦债,这个水平是惊人的。美国彼得森研究所一项最新调查显示,民众对政府财政状况和预算前景的信心跌至7年来最低,对"失控的债务"深感担忧。

六、贸易失衡加剧

2021年,美国消费需求强劲升温,叠加国际大宗商品价格普涨,商品和服务进口大幅增长20.5%。与此同时,美国主动限制高新技术产品出口,加上国际供应链运转不畅,出口增长相对有限,增幅为18.5%。2019—2021年,美国贸易逆差分别为5 763亿美元、6 767亿美元、8 591亿美元,占GDP比重分别为2.7%、3.2%、3.7%,贸易失衡状况加剧。①

七、房地产市场升温

2021年,美国房地产市场一直处于快速升温状态。在全国范围内,房屋平均

---

① U. S. Department of Commerce, Bureau of Economic Analysis. U. S. Trade in Goods and Services, 1960-Present [DB/OL]. (2022-10-30)[2022-12-05]. https://www.bea.gov/data/intl-trade-investment/international- trade-goods-and-services.

价格比2019年底高出38%,价格在租金和家庭收入中所占的比例都相对较高。不过,相对较低的贷款价值比和保守的承销标准(金融危机后的遗留问题)抑制了杠杆率的快速上升。此外,过去几年的再融资活动已将平均抵押贷款偿还额占可支配收入的比例降至历史最低水平。因此,房地产市场引发的金融风险在一定程度上仍能控制。

八、金融体系总体平稳,但金融风险不断积聚

尽管在过去几年里,美国金融体系总体平稳,也具有足够的灵活性,但随着金融环境持续收紧、经济活动逐渐放缓,金融风险在慢慢积聚。随着美联储货币政策的转变,以及俄乌冲突所导致的不确定性,美国金融状况出现持续的收紧,美国国内企业虽然仍旧维持与疫情前相当的高杠杆率,但是由于其现金缓冲规模可观,风险虽在积累但尚未爆发。由于不同部门的企业的债务久期及利息有所不同,如果金融环境继续紧缩下去,则部分企业的压力会凸显。虽然常备回购工具能够维持一级交易商和外汇管理机构的流动性,但仍存在风险,而一些优质货币基金、免税货币市场基金以及以美元计价的离岸市场基金容易遭受挤兑。

九、基础设施投资取得进展,但供给侧改革依然任重道远

2021年11月,美国《基础设施投资和就业法案》正式签署,这是在供给侧改革方面迈出的重要一步,有助于解决供给侧对增长的制约。该法案将在未来10年增加公共资本支出,幅度为2022年GDP的2.3%。这些支出将用于改善道路、港口、机场等基础设施,提升清洁水和宽带质量,改善电网,建设电动汽车充电桩网点。通过解决瓶颈问题和扩大产能,这些投资能有效带动增长。根据美国土木工程师协会在2021年的估计,美国的基础设施投资缺口达当年GDP的10%以上。因此,为了确保现有公共资本存量能够得到良好维护并能抵御气候变化的影响,未来几年需要更多的基础设施支出,以填补基础设施缺口,并将美国基础设施的整体水平提高到其他工业化经济体的水平。

虽然在基础设施方面取得了进展,但美国政府改革议程的其余部分未能获得通过,这意味着错失了振兴美国经济供给侧的机会。那些能够放松供给侧约束、提高生产率、提升劳动力参与率的政策,在当前形势下具有特别重要的意义。这些政策包括:通过补贴或税收减免来帮助有年幼子女的父母重返工作岗位;增大个人所得税的抵免力度,并扩大其覆盖面,为低收入家庭提供参加工作的激励;提供带薪休假;提升女性的劳动参与率;降低因收入增加而失去社会援助所带来的劳动力供

应抑制效应;及时改革现有的移民制度以增加工人净流入、确保技能人才的供给。美国有足够的财政空间来做出这些改变,但为避免短期内压力陡增,税收政策仍旧是优先考虑的。

第二节 影响2022年美国经济走势的主要因素

2022年,奥密克戎毒株继续肆虐,疫情仍旧深刻影响美国宏观经济走势。随着应对新冠肺炎疫情的财政货币"双宽松"转为"一松一紧",经济活动逐步走弱。供需两侧的恢复难以同步。受较高通货膨胀和美联储不断加息的影响,总需求受到一定程度的抑制;受供应链约束及国际油价走高的影响,投资和消费的信心仍待提振。预计全年美国经济增长趋缓。如果再度出现俄乌战争之类的负面冲击,经济将面临停滞甚至衰退的风险。

一、宏观经济政策工具的支撑作用或不及预期

货币政策方面,截至2022年12月中旬,美联储已经加息7次,其中11月2日宣布加息75个基点,这是美联储连续四次加息75个基点,12月14日又宣布加息50个基点。至此,基准利率已经升至4.25%至4.5%的区间,这是2008年以来的最高水平。货币紧缩是抑制高通货膨胀所需的政策,但利率提高可能引发经济减速风险。因此,市场高度关注未来加息的速度以及何时停止加息。

美国国内多数观点认为至2023年上半年,加息将宣告结束。美国高盛集团认为,加息将持续至2023年3月,在基准利率提高至4.75%—5.0%的阶段停止加息。而利率期货市场显示,加息将持续至2023年6月,基准利率将提高至5.00%—5.25%这一区间。市场分析认为,美联储最快将在2023年底转为降息。

加息政策减缓或停止的前提,应是通胀缓慢下降、货币政策有效。但从个人消费个人消费支出(PCE)物价指数来看,其2022年9月的升幅仍高于基准利率,达到6.2%。若物价水平上升速度持续高于利率水平,则货币政策对通胀的抑制效果恐难达到预期。另一方面,美国国债规模继续扩大,加息政策会造成偿债负担更重,从总体看也不利于经济恢复。美联储需保持谨慎,并尽力动态维持增长和通胀的微妙平衡。

财政政策方面,为了防止疫情带来的经济衰退,拜登政府施行了积极的财政政策,包括大规模施行基建计划以及直接给低收入人群发放财政补贴。这一政策将进一步推升政府的债务水平及通胀水平。2021财年(2020.10.1—2021.9.30),美国政

府支付的国债利息高达 5 620 亿美元,①占全年所得税收入 20%以上。值得一提的是,积极财政政策必须以控制财政风险作为底线,如控制不当,不仅难以抵御经济减速,还有可能放大财政风险。而本轮应对新冠肺炎疫情的财政政策刺激力度史无前例,超过了应对 2008 年金融危机的刺激力度。激进的财政政策所造成的风险已经开始显现。

未来,美国国债利息还将继续增加,对财政政策的实施会形成较大掣肘。虽然 1.2 万亿美元基建法案已获通过,但根据程序,最早一笔投入在 2022 年下半年启动,该法案对经济的拉动作用仍需数年才能显现。对于美国经济而言,扩张型财政政策虽不一定发挥明显带动作用,但聊胜于无。

二、需求对经济增长的带动作用难以有效发挥

一方面,居民消费能力和消费意愿下降,消费复苏的前景并不乐观。由于财政补贴停止发放、物价普涨导致生活成本上升、股市下行造成财富缩水,居民收入持续减少。2022 年 1 月,美国密歇根大学消费者信心指数创近 11 年新低,多达 26%的受访者认为通货膨胀对家庭资产造成实质性损害,这是自 1980 年以来的最高比例。另一方面,企业扩大投资的能力不足,投资增长前景堪忧。疫情暴发后,"用工荒"持续、物流不畅等问题推高企业经营成本,导致利润率下挫。另一方面,疫情期间,美国企业大量发行债券,囤积廉价资金,企业负债已高于疫情前水平。据美国证券业与金融市场协会统计,截至 2021 年 11 月末,公司债券发行量达 1.87 万亿美元,为 1996 年以来的次高水平。随着利率不断走高,债务积压对投资的抑制作用将逐步显现,预计 2022 年美国企业扩大投资意愿仍将偏弱。

三、供给恢复不充分不均衡延缓经济复苏进程

美国经济的主要前瞻性指标虽然显著高于荣枯线,但已呈现小幅下滑,表明供给端的恢复并不充分。2022 年 1 月,美国供应管理研究所(ISM)制造业采购经理人指数②为 57.6,连续 3 个月下跌,为 2020 年 12 月以来最低值。其中,新订单指数、产出指数分别从 61、59.4 下跌至 57.9、57.8,说明供应链紧张的问题仍然存在。同月,美国 ISM 服务业 PMI 为 59.9,为 2021 年 3 月以来最低水平。其中,商业活动指数自

---

① St. Louisfed, Fred Research of Economic Data. Gov't Receipts, Expenditures & Investment[DB/OL].(2022-01-10)[2022-12-12]. http://fred.stlouisfed.org/series/A091RC/Q027SBEA.

② Institute for Supply Management. Survey On Global Assets and Managment Strategy[EB/OL].(2022-10-30)[2022-12-10]. https://www.ismworld.org/globalassets/chapters-ism-buffalo/documents/survey-reports/october-2022-pmi-report.pdf.

68.3下跌至59.9。

供给恢复依然面临结构性因素制约：一是劳动力供给明显不足。美国劳动统计局报告①显示，"用工荒"现象将在2022年持续，医疗、餐饮及其他服务业劳动力短缺将尤为严重。值得注意的是，疫情以来形成的大辞职浪潮若成长期趋势，将成为美国经济复苏的重大障碍。二是制造业芯片短缺问题难以缓解。虽然美国半导体厂商近来纷纷扩大产能，但新厂房最快于2022年下半年建成投产，预计2023年初芯片短缺问题才能大幅缓解。叠加疫情的不确定性，未来供给端的恢复仍将是不充分、不均衡的。

四、通货膨胀持续高企

最新的通胀数据显示，美国面临着持续的、广泛的通胀压力。更令人担忧的是，住房、医疗和其他服务业的通胀水平均出现了显著的提升，可能需要较长时间才能降低。上一次货币政策不得不应对通胀的实质性加速还要追溯至20世纪80年代，但当时的美国经济结构和货币政策框架与现在显著不同。因此，过去的经验可能无法为应对当前形势提供有意义的指导。新冠肺炎疫情引发的劳动力市场结构调整和经济运行的不确定性使通货膨胀的形势变得更加复杂。

价格压力的持续扩大伴随着名义工资的加速增长。这一点最明显地体现在通胀中值的增长与工资中值的上涨相重合。②工资快速增长是拉升通货膨胀的重要因素。自2021年第四季度以来，名义工资的增速十分显著。对劳动力需求的快速增长远远超过了劳动力供给的增长，这导致了工资的加速上升，其速度超过了20世纪80年代以来任何一次工资增速。美国工资的增长速度也超过了许多其他发达经济体的工资增长。值得注意的是，与美国过去的经济复苏不同，此次工资增长最快的是低收入工人。在新冠肺炎疫情之前，高学历工人的工资增长持续较快。然而，自2020年以来，这种差异在数据中不再明显：在收入分配中处于最低二十分位的工人的名义工资水平比新冠肺炎疫情前高出12%，而中位数工人的工资仅高出10%。工资两极分化的减少还体现在收入不到工资中位数一半的家庭的比例显著下降。不过，工资两极分化减少的趋势会持续多久尚不十分明确。

名义工资上升的一个重要因素是劳动力供给的缓慢调整。这一调整在一定程度

---

① U. S. Department of Labor, Bureau of Labor Statistics. Employment Situation [DB/OL]. (2022-03-30) [2022-12-10]. https://www.dol.gov/newsroom/economicdata.
② 尽管这些变动是同时发生的，但分区域和分行业的数据表明，工资和价格之间的双向反馈仍然相对较弱，工资—通胀螺旋很可能需要更长的时间才能体现出来。同样值得注意的是，其他发达经济体的通胀中值上升遵循了与美国相似的路径。

上反映了人口结构的一个重要转变——老龄工人的比例近年来一直上升。工资的增长和工作的广泛提供虽然有助于增加劳动力供给,但劳动参与率的持续回升将是一个漫长的过程。因此,预计名义工资增速仍将在一段时间内维持高位。

名义工资上升的另一个推动因素是劳动力在行业、职业、地域之间的再配置。疫情引发了跨行业、职业和地域的大规模劳动力重组,工作与工作之间的转换数量持续增加,辞职、职位空缺和招聘的比率均处在历史高位。考虑到这一重组过程目前仍在继续,名义工资的快速增长仍将维持一段时间。

面对空前的工资和价格压力,迅速退出宽松的货币政策是当务之急。鉴于工资和价格通胀的普遍性,要使通胀迅速回到2%的政策目标,需要将实际政策利率提高到中性以上,但货币政策的传导受到诸多因素的影响。例如一些研究表明,美国企业市场集中度的长期提高可能会抑制货币紧缩的传导。因此,紧缩的货币政策何时会发挥作用仍有待进一步观察。IMF的基线预测表明,美联储有望在2023年底或2024年初将通胀拉回2%。然而,如果工资和价格通胀的惯性大于目前的预期,就需要采取更紧缩的政策立场将通胀拉回目标水平。这将导致更明显的失业率上升和短期衰退。

除了采取更超前的利率路径外,美联储将迅速缩减资产负债表。然而,现有研究证据表明,资产负债表缩减对货币状况的影响可能相对较小。因此,联邦基金利率的变化将继续成为政策的主要工具。

为了加强政策沟通,稳定中期通胀预期,使通胀回到目标水平,美联储将在每次政策会议上发布经济预测和利率路径。该预测由美联储工作人员做出,并得到联邦公开市场委员会(Federal Open Market Committee, FOMC)的认可。这将比目前依赖季度《经济预测摘要》传达FOMC成员的政策预期更为有效。美联储还将在其《关于长期目标和货币政策战略的声明》中阐明政策框架如何在通胀已远高于2%的环境中发挥作用。这些沟通工具的设置将有助于明确传达政策制定者对政策利率未来可能路径的预期,加强前瞻性指导的影响。

降低通胀的举措可能加剧宏观经济和金融风险,再加上财政刺激措施的退出,这些政策组合将进一步收紧金融环境,抑制需求。明确的政策意图沟通将有助于降低政策转向引发的破坏性。然而,货币政策向宏观经济和金融市场的传导十分复杂,政策制定者还面临新冠肺炎疫情、地缘政治局势紧张、俄乌战争等引发的重大不确定性,因此,即使进行了有效的沟通,也不能保证通货膨胀将平稳过渡到较低水平。另外,货币政策的转变极有可能引发经济活动收缩和失业率大幅上升。这可能会通过美国需求的下降和全球金融环境的收紧对美元负债较高或短期资金需求巨大的国家、企业和个人产生重大的负面影响。

除了经济下行风险之外,市场可能无法平稳吸收加息和美联储资产负债表缩减的影响。美国主要国债和货币市场的"管道"存在缺陷,某些资产管理工具存在运营风险。如果市场运行中的这种系统性漏洞成为现实,美联储将面临一个棘手的两难境地——在利率上升以遏制通胀的同时,是否注入流动性以恢复市场运行。为一级交易商以及外国和国际货币当局引入常备性便利虽然有助于缓解短期利率的潜在波动,但还有更多因素需要考虑。美联储未来将考虑的措施包括:为国债市场引入中央清算,修改补充杠杆率的设计(以考虑交易商中介能力的提高),将所有货币市场基金改为浮动净资产计价,考虑更具约束力的流动性资产要求,让资产管理工具接受年度流动性压力测试,在出现异常资金外流的情况下锁定投资者股份的一定比例,提供实物赎回以满足机构投资者的撤资要求,允许对资金外流设置临时管制等。

第三节 2022年中美经贸合作的新动向

自1979年中美两国建交以来,美国逐渐发展成为中国最大的贸易伙伴,是中国最大的出口市场之一,而中国自1993年起持续对美国贸易顺差,中美经济与贸易合作广泛而密切。近年来,国际经济形势变化、中美两国国内经济转型,中美经贸合作面临着更多方面的挑战和机遇。

2021年拜登就任总统之后,中美之间的经贸往来总体上保持一个相对稳定的水平,这得益于双方经济结构性互补,也得益于中美共同执行的《中美第一阶段经贸协议》。拜登政府在基本延续上一届政府对华高关税政策的情况下,也在积极谋求新工具和新调整。中美之间的经贸关系,在供应链、经济联盟及地区经济制度等领域面临挑战。总体上,拜登执政以来的中美经贸虽有波折,但以稳定为主,并未出现上一届政府执政后期的状况。目前来看,中美之间的经贸发展仍处于重要的关口,未来何去何从仍难确定。

一、2020年以来的中美经贸合作

根据我国海关统计,[①]2021年的中美货物贸易总额为7 556亿美元,较之上一年

---

① 中华人民共和国海关总署海关统计数据在线查询平台[DB/OL]. (2022-02-30)[2022-12-12]. https://stats.cugtoms.gov.cn.

度增长28.7%,对美出口总额5761亿美元,同比增长27.5%,自美进口总额1795亿美元,同比增长32.7%,对美贸易顺差3966亿美元。根据美国经济分析局①的统计,2021年美中贸易总额为6615亿美元,比上年增加1017亿美元。美国对华出口1551亿美元,比之上年增长21.3%,自中国进口5064亿美元,较上年增长14.5%。2022年前三季度中美贸易额同比增长6.9%。②与此同时,根据美国财政部的统计,中国持有美国国债的规模也持续稳定。截至2021年末,中国持有美国国债总规模约10687亿美元,③占外国持有美国国债比重约为25.7%,比之上年的总额10723亿美元及占比25.6%没有显著变化。2022年8月中国持有美国国债的金额为9718亿美元,虽然金额略有下降,但占比仍为24.9%,变化不大。在对外投资方面,2021年中国企业对美投资仍有较大热情。④虽然投资总额从129.8亿美元下降至76.5亿美元,但并购数量增加18项。美国对华投资也维持在一个相对稳定的水平,并未出现大规模撤资的情况。

中美经贸合作保持相对稳定的原因主要是在缓解疫情冲击、执行《中美第一阶段经贸协议》、经济结构存在互补等方面,具体而言:

首先,为缓解疫情所带来的通胀冲击,拜登政府着力于维持与中国贸易。为刺激经济、防止疫情所带来的衰退,拜登政府签订了《美国救援法案》及《基础设施投资和就业法案》等,总规模超过3万亿美元,推高了通胀水平。与此同时,疫情的蔓延还令供应链出现断裂,使得通胀加剧。2021年美国通胀水平由年初的1.7%一路攀升至年底的7%。2022年爆发的俄乌冲突再度抬升全球能源价格,美国通胀也快速冲高至年中的9.1%,这是自1982年以来的最高水平。快速抬升的通胀不利于国内经济稳定,因此拜登政府亟待通过对外贸易平抑其通胀水平。而对中国来说,疫情所造成的不利影响也十分明显,2021年全年四个季度的经济增速呈明显的逐季度下滑态势,与美国维持贸易往来有利于中国的就业与出口。

其次,中美执行《中美第一阶段经贸协议》保障了双边经贸关系稳定。中美双方于2020年1月15日签订该协议,而2021年是协议的第二个执行年度。按照协议规定,中方需要进一步对外开放,并加大进口相关商品,而美国则需为中方对外开放创

---

① U.S. Department of Commerce, Bureau of Economic Analysis. U. S. Trade in Goods and Services, 1960-present [DB/OL]. (2023-08-08)[2023-08-20]. https://www.bea.gov/data/intl-trade-investment/international-trade-goods-and-services.
② 中华人民共和国海关总署海关统计数据在线查询平台[DB/OL]. (2022-10-24)[2022-12-10]. https://stats.customs.gov.cn.
③ U.S. Department of the Treasury. Report on Foreign Portfolio Holdings of U. S. Securities at End-June 2022[EB/OL]. (2023-04-28)[2023-08-20]. https://home.treasury.gov/news/press-releases/jy1451.
④ 安永公司. 2021年中国海外投资概览[EB/OL]. (2022-02-10)[2022-12-15]. https://assets.ey.com/content/dam/ey-sites/ey-com/en-cn/topics/coin/ey-overview-ofochina-outbound-investment-2021-bilingual.pdf.

造良好条件,包括对特定商品减免关税等措施。虽然因为疫情蔓延导致部分协议所确定的数量指标未能完全达到,但是中国对于协定所要求的其他开放指标,例如加大知识产权保护等承诺都积极兑现。①

最后,中美经济具有结构互补的优势。中美两国的经济结构具有互补性,因此在贸易当中均能获益,这是驱动中美保持良好经济往来的内在力量。根据美中贸易委员会发布的《2021中国商业环境调查报告》,美国企业依旧对在华投资保持信心。2021年约有95%的企业在中国盈利,并有超过40%的企业计划继续扩大对华投资。而上海美国商会的一份报告《2021年中国商业环境调查》也显示出有超过82%的企业预计2021年的主营业务收入将同比实现增长约30%。因此对中国来说,美国依旧是重要的出口目的国。

二、中美经贸合作寻求新的调整

在特朗普政府执政时期,美国对中美经贸关系所采取的激进态度源于其"美国优先"的理念。但自新冠肺炎疫情以来,拜登政府对于国际局势有了新的考量,加之其作为民主党人持有"多边主义"的理念,则在公开宣传上释放有别于前任总统的信息。因此,拜登政府提出"以劳工阶层为中心"的经贸政策。提出这一政策出于以下考虑:首先,这一理念具有强大的国内号召力。近年来美国经济增长乏力,社会矛盾激化,民众迫切希望以国内议题为优先。拜登政府这一政策明确照顾国内劳工阶层而非偏向跨国企业,有助于增加其选民支持率,减少政策施行的压力。另外,这一理念能将众多经济政策容纳其中,例如可将改善基础建设、加快供应链重组、维护国际经济秩序等经济政策纳入其中。

除了上述理念的调整,拜登政府不再追求特朗普政府时期的贸易平衡,而是认识到对华贸易逆差有着深层的市场与分工因素。在贸易平衡之外,拜登政府将更多注意力放到另外两个议题上:一是气候变化。中美双方在2021年11月的格拉斯哥全球气候变化峰会之后共同发布了《中美关于21世纪20年代强化气候行动的格拉斯哥联合宣言》,决定在循环经济、清洁能源等方面开展合作。二是数字经济。拜登政府认为中国在"一带一路"倡议中所打造的数字丝绸之路为中国带来竞争优势,因此力争制定包括数据使用规则、电子海关通过规则等方面有别于中国的标准,大力推广美国版本,以体现美国数字经济在全球的优势。

---

① Chad P. Bown(PIIE). US-China phase one tracker: China's purchases of US goods [EB/OL]. (2022-07-19) [2023-08-20]. https://www.piie.com/research/piie-charts/us-china-phase-one-tracker-chinas-purchases-us-goods.

三、中美经贸合作面临新挑战

中美之间的经贸合作在总体政策调整之下,也面临着新的挑战。这些挑战很大程度上是上述新领域所带来的,并将在中长期内持续存在。这些挑战包括供应链竞争、经济盟友关系竞争等。

首先是供应链带来的竞争。拜登政府自执政以来高度关注解决供应链问题,随即发布了第14017号行政令,要求审查美国的供应链情况。2022年以来,美国各个部门公布了供应链的评估结果,并认定美国的关键产品供应链广泛依赖外国。美国商务部、国土安全部发布的有关通信行业供应链评估当中,提及该行业的显示器、电子组件等供应链越来越集中于中国。为了锻造有韧性的自给自足的供应链,拜登政府签署《芯片法案》,借以推动美国芯片供应链的自我供应。中方也在经历了贸易摩擦和疫情之后深深感受到供应链安全对于提升本国综合实力及竞争力的战略作用,继续发挥全产业链的独到优势,继续提升供应链安全,推动供应链在国内的稳定发展,避免走入"去工业化"陷阱。可以说,关键产品供应链的独立性和完整性已成为中美经济竞争的焦点所在。由于中美双方都有减少供应链对外依赖的战略,因而未来双方涉及关键产品的供应链将逐渐转向对内完善。但在这个过程中涉及关键产品上下游的竞争若处理不当,或有可能衍生出新的经贸摩擦。

其次是经济盟友方面的竞争。美国一直重视盟友在中美经贸当中的特殊作用,并试图借此固化美国在全球经济中的领导作用、放大对华的经济优势。其一直致力于统筹盟国之间的经贸、投资、技术等要素,强化区域协同,形成优于外部力量的有力武器,并进一步扩大其本身和组织在国际的话语权及定价权。在美国政府的宣传下,原有的一些联盟也被添加了对中国取得优势的要素。例如七国集团这一机制在拜登政府就任后重新被重用,倡导"全球基础设施和投资伙伴关系",宣称在2027年前筹资6 000亿美元。该倡议试图与中国倡导的"一带一路"倡议相竞争,削弱中国在全球基础设施建设领域的影响力。面对美方的制衡,中国与欧洲部分国家加强协同,呼吁推动互联互通、数字经济领域的合作,在亚洲推动区域贸易投资便利化自由化,大力支持深化区域全面经济伙伴关系协定。

四、中美元首会晤

2022年11月14日下午,中国国家主席习近平同美国总统拜登举行会晤,这次会晤为近一段时间的中美双边经贸合作注入了最强动力,有助于缓解或逆转中美经贸合作的下滑态势,稳定并推动未来一段时间两国经贸合作的务实发展。

首先，举行这场元首会晤本身就向外传递着积极的信号，改变了之前因贸易摩擦等事件不断受挫的两国经贸合作预期，增强了市场信心，改变了悲观的情绪。其次，中美通过深度沟通，能够增进相互间的了解和信任。中美双方曾在经贸领域存在摩擦，但与此同时，中美之间也有诸多可以增进合作的领域，例如气候变化、全球经济等方面。再次，元首会晤的引领作用，为推动务实合作创造了机遇。之前中美陷入贸易摩擦，有迫切的交流需求，但两国高层接触得并不多。在元首会晤之后，双方经贸团队的高层在短时间内就进行了具有建设性的交流。最后，两国高层会晤也能在一定程度上避免全球经济加速陷入对抗，缓解全球经贸紧张氛围。

第六章
欧盟经济：复苏进程遭遇能源危机挑战

经历了2020年的新冠肺炎疫情冲击后，欧盟2021年同其他主要经济体一样实现经济复苏，国内生产总值增长5.3%，虽然在上年经济衰退6.2%的基础上经济规模并未达到疫情前水平，但复苏的势头较为乐观。然而，2022年初爆发的俄乌冲突和欧盟对俄采取的一系列制裁措施打断了这一复苏势头，不仅导致欧盟遭遇严重的能源危机，而且引发包括高通胀、货币贬值在内的多重挑战。能源危机在欧盟引发物价飙升、电价飙涨等问题，使得欧洲企业生产成本急剧抬升，居民深陷生活成本危机，经济面临衰退风险。能源安全超越气候目标成为欧盟各国关注的焦点，以"能源独立计划"为代表的欧洲能源战略调整不仅关系到全球能源供需格局的转变，也将影响全球气候目标的实现。

第一节 2021—2022年欧盟经济的主要特征

在政策支持和疫情缓解下，欧盟整体和主要成员国层面在2021年都取得了较好的经济复苏。但随着俄乌冲突的爆发及其导致的能源价格上涨，欧盟普遍出现通货膨胀率的持续上涨甚至可以说是失控，欧盟不仅遭遇堪比20世纪70年代的能源危机，而且引致了通胀危机，这使欧盟2022年的经济复苏进程被打断，经济增速出现下行。

一、主要经济指标表现

欧盟的实际经济增长率走势显示，2022年，其疫情后经济复苏进程被打断，转而开始下行。通货膨胀率出现连续上升甚至失控，短时间内难以降至目标区间。失业率虽然持续下降，但在政策支持和限制下，失业率数据存在失真嫌疑。

（一）实际GDP增速先升后降

从欧盟统计局公布的数据来看，欧盟的实际经济增长率经过2020年的大衰退后，2021年实现较快增长，在第一季度仍衰退0.7%的情况下，第二季度取得13.8%

的增长率,第三季度和第四季度分别取得4.2%和5%的增长率,经济增长势头良好,增长率甚至超过疫情前的水平,如2018年第一季度的增长率为2.8%。2021年之所以取得较好增长有三个原因:一是2020年因疫情隔离政策导致的需求和供给收缩都得到释放,经济活动明显恢复;二是2020年衰退严重,经济基数本身就较低,在此基础上的同比增长率会显得更高;三是补库存需求明显,因疫情防控导致的库存匮乏使得需求方存在过量的补库存需求,因此在疫情缓解初期可以观察到经济的大幅反弹,而后趋于平稳。欧元区的经济走势同欧盟基本一致(见图6-1)。

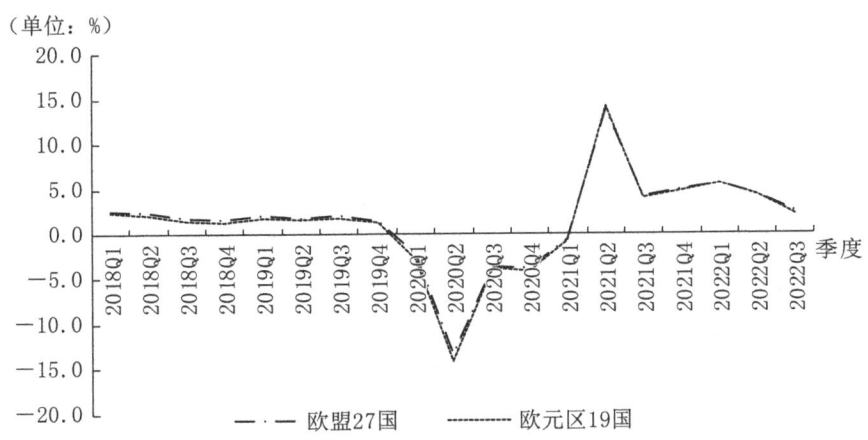

图6-1 2018—2022年欧盟实际经济同比季度增长率

• 数据来源:欧盟统计局官网,访问日期为2022年12月3日。

2022年的经济走势可以观察到很明显的下行趋势:第一季度仍然延续了上年末的增长,经济增长率高达5.6%,但第二季度就下降至4.3%,第三季度更进一步下降至2.4%。欧盟委员会11月上旬预测,欧元区和欧盟大多数成员国的经济在第四季度可能陷入衰退。导致欧盟经济下行的直接原因就是俄乌冲突的爆发及其带来的能源价格上涨。据世界银行10月底发布的《商品市场展望》统计,自2022年2月24日俄乌冲突爆发以来,国际能源价格已经上涨了60%。并且,随着俄乌冲突的长期化及冬季的到来,欧盟遭遇严重的能源危机并推动物价大幅上涨,工业生产和消费都遇到严重挑战,经济前景低迷。

(二)通货膨胀率快速上升甚至失控

长期以来,欧洲中央银行将欧元区的通胀率目标定为2%以内,自欧元区主权债务危机爆发以后的十年间,欧元区的通货膨胀率几乎都在2%以下运行,甚至出现过通货紧缩,因此欧洲中央银行长期坚持负利率政策。欧元区及欧盟的低通胀状态一直持续至2021年上半年。

欧盟统计局的数据显示，2021年1月，欧元区的通胀率仍仅为0.9%，欧盟则为1.2%；到了2021年7月，欧元区的通胀率一路上升并超过2%，达到2.2%，欧盟的通胀率则来到2.5%。实际上，2021年下半年以来，全球疫情的蔓延，发达经济体遭遇供应链障碍，海运费大幅上涨，交货周期延长，以汽车芯片为标志的关键部件短缺和价格上涨，导致美欧发达经济体整体的通货膨胀。欧元区和欧盟的通胀率快速上升持续到2021年底，欧元区通胀率达到5%，欧盟则为5.3%（见图6-2）。

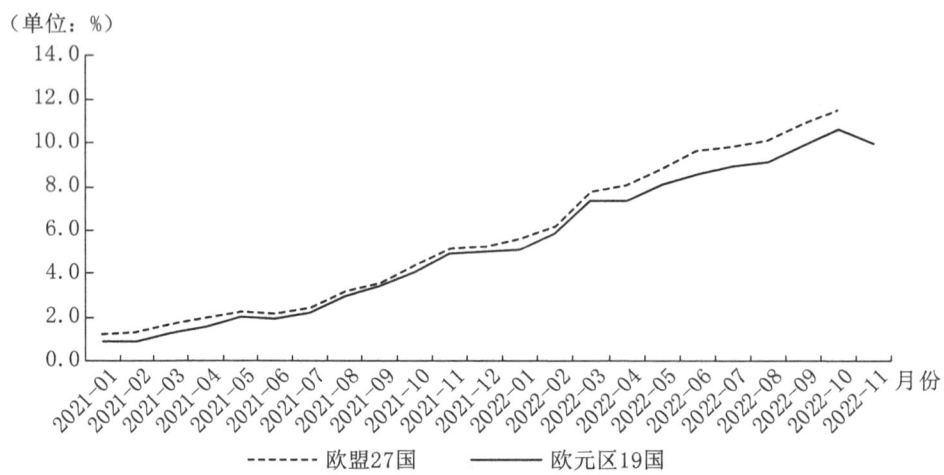

图6-2 2021年1月—2022年11月欧盟、欧元区通货膨胀率月度数据（年增长率）

• 数据来源：欧盟统计局官网，访问日期为2022年12月3日。

欧洲央行认为供应链危机是暂时性危机，因此并未采取加息措施。尽管2021年底，供应链危机确有缓解迹象，但即便欧洲央行也无法预料到2022年的俄乌冲突。欧盟统计局的数据显示，2022年1月，欧元区和欧盟的通货膨胀率分别为5.1%和5.6%，较上年底进一步升高。不过，从上升的幅度来看，图6-2中通胀率走势的线条自2022年3月起陡然上升，使得欧元区和欧盟的通胀率双双突破7%的高位，分别来到7.4%和7.8%。显然，这一变化的直接成因就是2月底爆发的俄乌冲突。此后，随着美欧对俄罗斯采取经济制裁及对乌克兰的军事援助，俄乌冲突日益呈现出长期化趋势，国际能源价格的大幅上涨日益传导至欧盟社会各个层面，最终导致通胀率逐渐失控。欧元区通胀率在5月冲破8%，在8月冲破9%，并于10月达到10.6%的历史高位。欧盟的通胀率还要高于欧元区水平，其10月通胀率高达11.5%。尽管欧盟统计局12月初公布的欧元区11月通胀率已下降至10%，但欧洲央行指出目前还不能得出通胀率已经见顶的结论，也就是说，欧盟及欧元区通胀率还可能面临上涨压力。

(三)失业率在政策支持下逐步回落

在2020年疫情冲击下,欧盟经历了失业率的攀升,但随着疫情的好转及政府支持政策的大规模出台,失业率逐渐呈现回落态势。2021年初,欧盟和欧元区的失业率分别为7.5%和8.2%,较2020年8月的高位(欧盟和欧元区失业率分别为7.8%和8.6%)已经明显下降。到了2021年底,欧盟和欧元区的失业率则进一步下降至6.4%和7%,达到1998年以来的最低水平。观察图6-3可以发现,欧盟的失业率总体比较平滑,既没有出现疫情期间的大幅上升,也没有因经济恢复而出现陡然下降。这主要源于欧盟各国政府的福利政策支持。疫情期间,欧洲各国都实行了"慷慨的休假计划",政府对暂时停止工作的员工给予补贴。对员工来说,危机期间保持了收入,危机后仍能回到工作岗位;对企业来说,危机来临时不必因解聘员工而面临赔款,危机过去后也不用因重新招聘而面临昂贵的招聘支出。这样一来,整个国家乃至欧盟整体都可以避免大量失业和内需骤降的恶性循环。

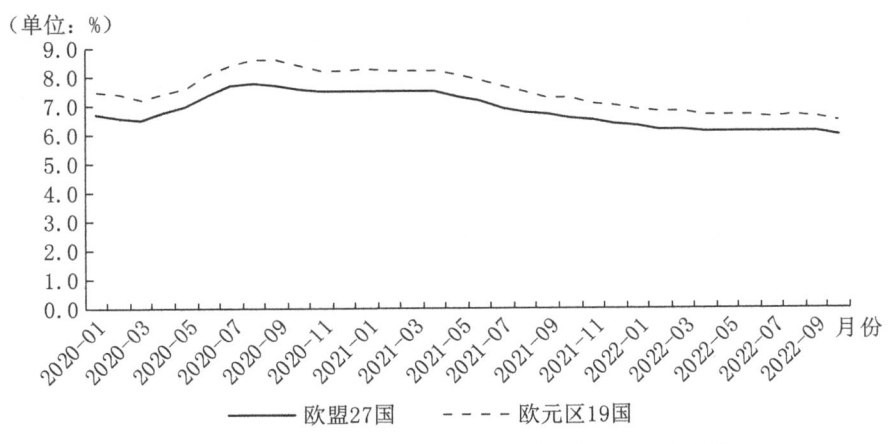

图6-3 2020年1月—2022年10月欧盟失业率月度数据

• 数据来源:欧盟统计局官网,访问时间为2022年12月3日。

进入2022年后,欧盟失业率仍然进一步下降。2022年1月,欧盟和欧元区的失业率分别为6.3%和6.9%,均低于2021年底的水平。尽管经历了俄乌冲突的爆发、能源价格的上涨及物价的大幅上涨,欧盟和欧元区的失业率仍在缓慢下降。在2月和3月的进一步下调后,欧盟和欧元区失业率维持了六个月的基本稳定,随后于10月进一步下降,分别降至6%和6.5%的历史低位,是欧盟统计局自1998年4月开始统计该数据以来的最低水平。不过,年轻人失业较为严重,欧盟和欧元区25岁以下人口的失业率自2022年2月达到疫情后最低的14.2%后,开始逐步上升,10月已经达到15.1%和15%。可见,在巨额的财政支持和劳动政策的限制下,企业即使面临经营困难也难以裁员,如意大利等国禁止公司解雇员工,再如德法等大国的企业裁员也会引发舆论的口诛笔伐,这可能是导致欧盟尽管经济表现差强人意,但失业率却屡创新低的真正原因。因此,也可以说,欧盟失业率指标存在失真嫌疑。

二、主要成员国宏观经济运行的主要特征

自英国 2020 年退出欧盟后,对欧盟主要成员国的关注集中于前三大经济体德国、法国和意大利,其经济走势与欧盟类似,但各自具有独特之处,值得关注。

(一)德国经济波动平缓,但面临动力减弱风险

在 2020 年经历了近 10 年内的首次衰退(幅度为 4.9%)后,德国经济 2021 年出现明显好转。得益于工业和服务业的强劲增长,德国经济 2021 年取得 2.7% 的增长,继续保持全球第四大经济体和欧盟第一大经济体地位。德国的个人消费在 2021 年并未明显上升,但政府支出增长 3.4%,成为支撑经济增长的重要力量。此外,德国联邦统计局数据显示德国进出口贸易在 2021 年有所恢复,尤其出口额增长 9.4%,为经济增长做出重要贡献。不过,德国 2021 年末仍未恢复至疫情前水平。根据图 6-4,德国经济增速较其他成员国更为平缓,衰退幅度和反弹幅度甚至不及欧盟整体水平,显示其抗风险能力较强。2022 年第一季度虽然取得了 3.5% 的较快增长,但随后德国经济再次下行,于第二和第三季度分别降至 1.7% 和 1.1%。其中,第三季度较 2019 年第四季度上涨 0.3%,显示德国经济已经恢复至疫情前水平。

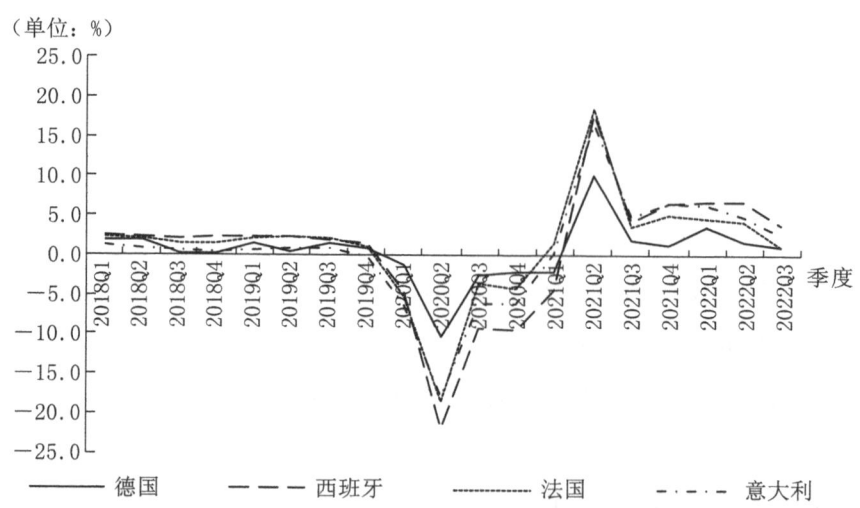

图 6-4 2018—2022 年第三季度欧盟主要成员国实际 GDP 季度增长率

• 数据来源:欧盟统计局官网,访问时间为 2022 年 12 月 3 日。

虽然出现下行趋势,但在能源危机和通胀上升的影响下,第三季度的增长仍然超

过预期,主要原因在于消费和出口的增长,此外,制造业产出增加和服务业的快速增长也做出贡献。2021年以来,德国大幅削减防控政策,2022年11月,德国有四个州甚至取消对阳性感染者的强制隔离。服务业因此获得迅速恢复,根据德国联邦统计局的数据,德国第三季度增幅最高的是增长率高达3.3%的贸易、交通、餐饮业和5.4%的其他服务业。根据德国经济部10月的预测,德国经济2022年增速或仅为1.4%,远低于其春季预测的2.2%,2023年则可能降至-0.4%。德国经济增长的动力在于工业生产,但能源价格的上涨导致企业生产成本剧增,大量德国企业对包括中国和美国在内的多个主要市场国家增加了投资,以摊薄成本增加利润。因此,德国国内工业生产的下降可能最终导致德国经济动力的减弱。

(二)法国经济波动较大,但通胀率低于欧盟

继2020年衰退8%之后,法国经济在2021年实现显著反弹,经济增长率达7%。数据显示,法国国内生产总值在2021年第三季度已恢复至新冠肺炎疫情暴发前水平,第四季度GDP较2019年第四季度增长0.9%。从图6-4的经济走势图可以看出,法国的经济波动幅度明显超过德国,衰退时更为严重,反弹时也更为快速。法国的经济反弹早于德国,在2021年第一季度就实现了1.5%的增长,是欧盟范围内较早实现正增长的主要经济体。同时,法国第二季度取得的18.6%的增长率,为当时欧盟范围内最高的经济增长率。当然,法国在2020年第二季度的经济衰退程度也是相当之高,以18.6%的衰退幅度成为仅次于西班牙的欧盟衰退最严重的主要国家。法国经济如此波动的原因可能同经济结构有关,其严重依赖农业和旅游业的经济受疫情影响显著,而抗风险能力较强的工业在法国并不算发达。

与德国相似,2022年的法国经济也呈现出下行趋势,前三季度的经济增速分别为4.7%、4.2%和1%。根据法国国家统计局分析,第三季度明显下降的主要原因在于家庭消费的乏力和贸易逆差的增加,根本原因还是在于通货膨胀的高位运行。法国通货膨胀率一直低于欧盟水平,在2021年底仅为3.4%。2022年3月升至5.1%后,法国通胀率一路上升,至11月达到7.1%,仍明显低于欧盟整体水平,可能的原因是其核电供给保障下受油气资源价格上涨的影响有限。不过,在欧盟整体通胀率上升的背景下,法国也很难独善其身。根据国际货币基金组织11月中旬的预测,法国2022年经济增速或能达到2.5%,2023年可能进一步降至0.75%。

(三)意大利经济表现不俗,无奈政府更迭频繁

作为欧盟第三大经济体及全球第九大经济体,在2020年衰退8.9%后,意大利2021年取得了亮眼的经济增长,增长率达到6.5%。从季度数据来看(见图6-4),意大利的经济表现同法国较为接近,衰退幅度较大,但复苏反弹更快也更为抢眼。意大

利在2021年第一季度就实现了0.1%的经济增长,第二季度经济增长率则冲高到16.7%,此后经济增速一直高于欧盟整体水平,同时也高于德国和法国。英国《经济学人》杂志将"2021年年度国家"的称号颁给了意大利,原因就是该国经济进步明显。意大利取得如此亮眼的经济复苏,原因之一是其经济结构。意大利经济以服务业为主,产值占GDP的比重约为3/4,就业人口约占全国的65%,其次是工业制造业,约占GDP的1/4,就业人口占到30%,主要为家族式的中小企业。服务业受疫情影响明显,因此受到冲击较大,但疫情缓解后的恢复也比较快,如住宿和餐饮业在2020年下降37%后于2021年反弹21%。加上工业的稳定效果,意大利经济实现较好的复苏。第二个原因是意大利的政策改革。曾任欧洲央行行长的德拉吉于2021年2月正式就任意大利总理,随后进行了一系列大刀阔斧的改革,并成功获得来自欧盟的高达2 000亿欧元的复苏基金。

2022年前三季度,意大利经济增长率分别达到6.4%、4.9%和2.6%,均高于欧盟整体水平,也好于德、法的表现。根据欧盟委员会11月发布的预测报告,意大利2022年经济增长率有望达到3.8%,2023年则可能降至0.3%。不过,尽管经济表现不俗,意大利政局动荡频繁。因执政联盟中的五星运动党不支持德拉吉政府的救助计划,德拉吉7月20日宣布辞职,随后意大利提前于9月底进行议会大选。10月22日,极右翼政党兄弟党出身的梅洛尼出任意大利总理,并组建了由联盟党和力量党共同参与的执政联盟。政局的变化及其带来的政策变动为意大利的经济前景带来不确定性。

第二节 影响欧盟经济走势的主要因素

从当前的欧盟经济表现来看,影响欧盟经济中短期走势的主要因素包括能源危机、财政风险、货币政策调整,及世界经济环境等四个方面。在这些因素的影响下,欧盟2023年经济前景较为黯淡,甚至可能陷入衰退。

一、能源危机持续,导致生活和制造成本高企

实际上,国际能源价格从2021年冬季开始已经出现明显上涨,带动欧盟通货膨胀率出现上升。但当时决策者和市场主体都判断这种上涨为暂时性的,将其归为需求反弹下的价格超涨现象,认为随着经济反弹的降温和经济增长趋于平稳,能源价格会有所回落。但俄乌冲突的爆发使国际能源价格走势出现根本性转变,随着俄乌冲突的长期化,欧盟能源危机日益严重。

（一）对俄制裁加剧欧盟能源危机

长期以来，欧盟能源对外依存度保持在高位水平，尤其是天然气的对外依存度高达90%。俄罗斯供应了欧盟30.3%的石油、38.8%的煤炭、39.8%的天然气，奥地利、芬兰、拉脱维亚等国曾经100%依赖从俄进口的天然气。[①]欧盟对俄罗斯天然气依赖程度如此之高，原因在于欧盟各国长期以来激进的低碳环保目标，该目标下欧盟一些国家不仅过早地放弃了煤炭等传统化石能源，而且停止了核电站的建设甚至使用——工业大国德国甚至决定2022年底停止使用核能，直到能源危机陡然严峻之后，才于10月宣布三座核电站延长使用四个半月的决定。而天然气被普遍认定为清洁能源，加上俄罗斯天然气价格低廉，因此在欧盟得到大力推广。

可见，欧盟的工业发展和居民的社会生活都广泛依赖俄罗斯能源尤其是天然气供应，但是俄乌冲突2022年2月爆发后，在石油天然气已经大幅上涨的基础上，欧盟追随美国步伐对俄采取经济制裁，使其能源危机形势进一步恶化。公开资料显示，自2月底至12月初，欧盟对俄罗斯已经发起八轮制裁，第九轮制裁也正在酝酿中。其中，前五轮制裁集中于战争爆发后的两个月内，打击范围非常广泛，涉及范围涵盖人员、经济、能源部门、运输部门、科技部门、签证政策等方面，旨在对俄罗斯的经济、金融和技术进行封锁。不过，对于俄罗斯银行被踢出环球金融电讯协会（SWIFT）美元和欧元结算体系的制裁手段，俄罗斯3月底宣布购买俄罗斯天然气需用卢布结算，不仅抵消了美欧金融制裁效力，而且稳定了卢布汇率。关键是欧盟制裁与俄罗斯反制裁下，欧盟能源价格不断攀升。

从第六轮开始，欧盟制裁开始针对来自俄罗斯的能源供给，这进一步加剧欧盟能源短缺及价格飙升的危机。如第五轮制裁宣布禁止进口俄罗斯煤炭，第六轮制裁宣布八个月内停止购买俄罗斯石油产品，第七轮制裁未能就制裁俄罗斯天然气达成一致，转而宣布禁止进口俄罗斯黄金，第八轮制裁则针对俄罗斯石油海运保险等事宜。可以说，欧盟的制裁使得欧盟面临的能源危机进一步恶化。据欧洲新闻网报道，11月初公布的数据显示，欧洲家庭能源价格指数较去年相比几乎翻了一番，天然气费用飙升了111%，电费飙升了69%。

（二）能源危机对欧盟经济的危害

首先，能源危机导致了欧盟范围内严重的通货膨胀。根据欧盟统计局公布的数据，欧盟和欧元区的通货膨胀率在10月和11月均高于10%。欧元区19个国家中有11个通胀率超过10%，其中波罗的海三国的通胀率甚至高达20%。据欧盟委员

[①] 郝宇.欧洲能源危机的根源与影响[J].《人民论坛》，2022(7)：102-105.

会11月的预测,欧元区2022年全年的平均通胀率将达到8.5%,欧盟将达到9.3%。推动此轮通胀的直接原因就是能源价格上涨。数据显示,截至2022年10月底,欧元区能源价格年度涨幅达41.5%,位居第二的食品年度涨幅为13.1%。①食品及工业品价格的上涨归根结底也是能源价格上涨所推动的。物价的上涨不仅导致居民生活成本迅速攀升,而且导致欧元货币价值走低,在年中曾一度低于美元价值,这是自欧元问世以来罕有的现象。欧元贬值导致欧盟进口成本的上升,进一步推高欧盟内部的通货膨胀。

其次,能源危机导致以德国为首的工业国竞争力下降。在德国的能源结构中,大约50%的煤炭、35%的石油和55%的天然气来自俄罗斯。可以说,德国的工业竞争力在很大程度上依赖俄罗斯廉价的能源。能源价格的暴涨及其引致的通货膨胀,大幅地吞噬了德国工业企业的利润,使得企业为了维持生存不得不大幅对外投资,转移生产,很大一部分企业投资流向了中国和美国。连作为欧盟经济龙头的德国都面临如此窘境,更何况其他工业国家。这也解释了为什么匈牙利宁可在欧盟范围内被质疑,也要反对对俄制裁,匈牙利对俄罗斯天然气依赖度高达94%。此外,捷克和芬兰对俄罗斯天然气依赖度也分别高达99%和97%,波兰为73%,意大利为48%,均高于欧盟平均水平,这些都是欧盟的主要工业国。法国虽然依赖程度较低,但22%的依赖度也是不可忽视的。欧盟主要国家工业竞争力受损,使得欧盟的经济前景更为暗淡。在此背景下,流入欧盟的投资都出现显著下降。虽然经过多次谈判,欧盟12月2日同意为俄罗斯海运原油设置60美元/桶的价格上限,同美国等G7国家及澳大利亚共同执行,但执行效果还有待观察。况且对于高度市场化的能源交易来说,来自部分需求方的单方面限价能在多大程度上影响国际能源价格走势,也仍然存在疑问。就替代能源来看,虽说欧盟2020年可再生能源对电力供应达38%,占比远超全球其他地区,但包括风能、太阳能等在内的新能源存在供应不稳定的缺点,目前仍无法取代油气能源。

二、财政负担加重,导致债务风险攀升

2020年新冠肺炎疫情暴发以后,欧盟整体及各成员国都纷纷推出大额财政开支以应对疫情,同时推出财政刺激以保障就业并拉动经济增长,导致各个层面的政府支出和政府债务在2020年出现明显上升。然而,2022年俄乌冲突爆发后,欧盟各个成员国又不得不推出巨额财政救助计划以减轻居民能源负担,同时推出财政刺激以刺

---

① 陈新.高通胀拖累欧洲经济[N].人民日报,2022-11-28(14).

激经济。这引发了两个直接结果,一是各国财政空间日益缩小,后续刺激和保障能力明显受到抑制;二是成员国政府财政风险高企,或将引发主权债务危机。

(一)多轮财政救助后政府财政刺激空间有限

作为欧盟范围内财政状况最好的德国,自疫情暴发以来,财政状况也是每况愈下。在临时取消"债务刹车"限制后,2020年德国借款规模达1 300亿欧元,2021年进一步增加至2 150亿欧元。2022年4月,德国财政部公布的2022年德国财政预算草案显示,德国本年的财政总支出约为4 576亿欧元,比2021年减少了约1 000亿欧元,但仍需举债超过2 000亿欧元。俄乌冲突爆发后,德国总理朔尔茨宣布了一项1 000亿欧元的特别预算外基金,用于支付大幅增加的军费开支,并实现北约每年占GDP 2%的军费开支目标,当然,这笔钱的筹措将分摊在数年内完成。

在支出方面,德国2020年为应对疫情就出台了高达7 500亿欧元等一揽子救助计划。2022年,为了应对能源危机带来的冲击,德国又先后推出四轮救助方案,总救助额度超过3 500亿欧元。其中,前两轮救助总金额达950亿欧元,内容覆盖广泛,如3月24日宣布并于6月执行的第二轮救助计划包含一次性燃油补贴、燃油税下调、9欧元月票、一次性儿童福利金、取暖费补贴、社会福利领取者补贴等内容。9月初达成的第三轮救助总金额为650亿欧元,涉及住房补贴人群扩大、供暖补贴、社会低保福利增加、老年及青少年能源补贴、儿童福利金增加、49元交通月票,及企业免税优惠。11月初达成的第四轮救助"能源防护盾计划"旨在对消费者形成能源价格上限,超过上限的部分由政府财政和对能源企业暴利征收来的税费支付。不过,虽然这些措施几乎覆盖到所有人,但由于对个人能源负担缓解有限,仍受到大量批评。但有一点可以肯定,经过三年多轮财政救助后,政府财政空间已经越来越小,能够用于刺激经济增长的财政政策将受到明显限制。

(二)重债成员国政府债务风险显著上升

政府救助的直接后果是政府财政状况的恶化(见表6-1)。值得注意的是,2010年深陷主权债务危机的几个欧元区重债国,此次债务水平再次高企。希腊2020年的政府债务占GDP比重的数值已经高达206.3%,2021年虽有所下降,但仍高达193.3%,仍处于希腊爆发主权债务危机后的最高水平。意大利同样如此,2021年高达150.8%的债务水平显著高于债务危机爆发后的债务水平。意大利2021—2022年政府更迭背后都与政府财政困境有关,尤其是导致德拉吉政府下台的直接原因是五星运动党因救助规模太小而拒绝投票。而救助规模无法扩大的原因就是政府债务已居高位,新上台的梅洛尼政府如何平衡这一难题还需拭目以待。西班牙和葡萄牙情况略好,但其债务水平均处于近120%或130%的高位。此外,法国的

表 6-1 欧盟 27 国 2009—2021 年政府债务占 GDP 比重

(单位:%)

年份	2009	2010	2011	2012	2013	2014	2015	2016	2017	2018	2019	2020	2021
欧盟27国	75.7	80.4	81.7	85.0	86.7	86.8	85.0	84.2	81.6	79.6	77.5	90.0	88.1
欧元区19国	80.2	85.7	87.6	91.0	93.0	93.1	91.2	90.4	87.9	85.8	83.8	97.2	95.6
比利时	100.2	100.3	103.5	104.8	105.5	107.0	105.2	105.0	102.0	99.8	97.7	112.8	108.2
保加利亚	13.7	15.3	15.2	16.6	17.0	27.0	25.9	29.1	25.1	22.1	20.0	24.7	25.1
捷克	33.4	37.1	39.7	44.2	44.4	41.9	39.7	36.6	34.2	32.1	30.1	37.7	41.9
丹麦	40.2	42.6	46.1	44.9	44.0	44.3	39.8	37.2	35.9	34.0	33.6	42.1	36.7
德国	73.2	82.0	79.4	80.7	78.3	75.3	71.9	69.0	64.6	61.2	58.9	68.7	69.3
爱沙尼亚	7.2	6.7	6.2	9.8	10.2	10.6	10.1	10.0	9.1	8.2	8.6	19.0	18.1
爱尔兰	61.8	86.2	110.5	119.7	120.0	104.3	76.7	74.3	67.8	63.1	57.2	58.4	56.0
希腊	126.7	147.5	175.2	162.0	178.2	180.3	176.7	180.5	179.5	186.4	180.7	206.3	193.3
西班牙	53.3	60.5	69.9	90.0	100.5	105.1	103.3	102.8	101.9	100.5	98.3	120.0	118.4
法国	83.0	85.3	87.8	90.6	93.4	94.9	95.6	98.0	98.1	97.8	97.4	114.6	112.9
克罗地亚	48.4	57.3	63.7	69.4	80.3	83.9	83.3	79.8	76.7	73.3	71.1	87.3	79.8
意大利	116.6	119.2	119.7	126.5	132.5	135.4	135.3	134.8	134.2	134.4	134.1	155.3	150.8
塞浦路斯	54.3	56.4	65.9	80.3	104.0	109.1	107.2	103.1	92.9	98.4	91.1	115.0	103.6
拉脱维亚	36.7	47.7	45.1	42.4	40.4	41.6	37.1	40.4	39.0	37.1	36.7	43.3	44.8
立陶宛	28.0	36.2	37.1	39.7	38.7	40.5	42.5	39.7	39.1	33.7	35.9	46.6	44.3
卢森堡	15.3	19.1	18.5	20.9	22.4	21.9	21.1	19.6	21.8	20.8	22.3	24.8	24.4
匈牙利	78.0	80.0	80.3	78.1	77.2	76.5	75.7	74.8	72.1	69.1	65.5	79.6	76.8
马耳他	66.3	65.5	70.0	66.6	66.4	62.1	56.2	54.7	47.7	43.7	40.7	53.4	57.0
荷兰	56.8	59.2	61.7	66.2	67.7	67.9	64.6	61.9	56.9	52.4	48.5	54.3	52.1
奥地利	79.9	82.7	82.4	81.9	81.3	84.0	84.9	82.8	78.5	74.1	70.6	83.3	82.8
波兰	49.8	53.5	54.7	54.4	56.5	51.1	51.3	54.2	50.6	48.8	45.6	57.1	53.8
葡萄牙	87.8	100.2	114.4	129.0	131.4	132.9	131.2	131.5	126.1	121.5	116.6	135.2	127.4
罗马尼亚	21.8	29.6	34.0	37.1	37.6	39.2	37.8	37.3	35.1	34.7	35.3	47.2	48.8
斯洛文尼亚	34.5	38.3	46.5	53.6	70.0	80.3	82.6	78.5	74.2	70.3	65.6	79.8	74.7
斯洛伐克	36.4	40.8	43.3	51.9	54.9	53.7	51.8	52.4	51.6	49.6	48.1	59.7	63.1
芬兰	41.5	46.9	48.3	53.6	56.2	59.8	63.6	63.2	61.2	59.8	59.6	69.0	65.8
瑞典	40.7	38.1	37.2	37.5	40.3	45.0	43.7	42.3	40.7	38.9	34.9	39.6	36.7

• 数据来源:欧盟统计局。

情况值得警惕,其2021年的债务水平高达112.9%,其债务水平从2009年起呈现逐步上升趋势。

三、货币政策转向,导致融资成本上升

在高通胀的冲击下,2022年欧洲央行放弃了自2014年6月以来一直维持的负利率政策,开始了自2011年7月以来的首次加息。当然,欧洲央行在预期管理上也做得非常出色。早在2022年5月23日,欧洲央行总裁拉加德在欧洲央行官网上以"货币政策正常化的路径"为主题发表署名文章,并明确将于2022年7月和9月的两次货币政策会议上逐步加息以退出负利率时代。欧洲央行于2022年6月9日宣布,计划2022年7月加息25个基点。不过,由于通胀率的快速攀升甚至失控,欧洲央行最终的加息幅度超过预期。

2022年7月21日,欧洲央行决定将欧元区三大关键利率上调50个基点,自当月27日起,将主要再融资利率、边际借贷利率和存款机制利率分别上调至0.5%、0.75%和0。然而,欧元区8月通胀率高达9.1%,促使欧洲央行提高加息频率和幅度。9月8日,欧洲央行宣布加息75个基点,将主要再融资利率、边际借贷利率和存款机制利率分别上调至1.25%、1.50%和0.75%。在9月通胀率逼近10%后,欧洲央行实施年内第三次加息,于10月27日宣布加息75个基点,自11月2日起,主要再融资利率、边际借贷利率和存款机制利率分别上调至2.00%、2.25%和1.50%。至此,欧洲央行三次加息200个基点。鉴于欧元区通胀率在10月和11月均超过10%的高位,欧洲央行12月第四次加息,但加息幅度降至50个基点,原因是11月通胀率已较10月有所下降。

欧洲央行的加息起步慢于英国央行和美联储。疫情后,英国央行最早开始加息但幅度较小,在2021年底加息15个基点后,于2022年2月、3月、5月、6月、8月、9月、11月加息,八次加息290个基点,基准利率升至3%。美联储开启加息晚于英国央行,但加息幅度迅速提升,在2022年3月、5月、6月、7月、9月、11月加息,6次共加息375个基点,基准利率达3.75%—4%区间。相比较而言,美联储加息力度最大,英镑和欧元反应较慢。

货币政策转向的最大影响是融资成本的上升,及其带来的投资下滑。据CNBC报道,根据风险投资公司阿托米科(Atomico)的数据,欧洲科技行业2022年截至12月初的价值损失已超过4 000亿美元,如瑞典先买后付集团科拉那(Klarna)将其估值从456亿美元降至67亿美元,音乐流媒体服务思播(Spotify)的股价在过去一年中下跌了60%以上。同时,欧洲初创企业的总体风险投资预计较上年下滑18%。这一下滑趋势在7月以后尤为明显,显示了欧洲央行加息对投资的抑制作用明显。鉴于欧洲央行对明年的通胀率预期仍然较高,市场预期欧洲央行的加息周期将延续至明年,那么投资短期内还难以恢复。

鉴于以上三个主要因素在2023年还难以改善,各方对欧盟2023年对经济预测较为悲观,如欧委会11月预计,欧盟将于2022年第四季度和2023年第一季度陷入衰退,2023年全年欧盟和欧元区经济增长仅0.3%。经合组织11月发布的全球经济展望报告预计,欧元区经济2022年将增长3.3%,2023年增速将放缓至0.5%,其中德国2023年经济增速可能降至-0.3%,法国和意大利则有望增长0.6%和0.2%。国际金融公司摩根士丹利则预测,2023年欧元区经济将收缩0.2%,德国衰退则可能达到0.7%。

第三节 2022年中欧经贸合作的新动向

近年来,中欧经贸合作遇到一些波折,2020年底"中欧全面投资协定"达成一致后,2021年"中欧全面投资协定"在欧洲议会受阻,中欧的经贸合作急转直下,连带双边经贸关系也蒙上阴影。不过,从经贸运行的数据来看,中欧间紧密的经贸联系依旧是中欧经贸合作的压舱石。

一、双边贸易额持续攀升

从商务部公布的数据来看,由于疫情影响,中国对欧盟出口额及自欧盟进口额在2020年均略有下滑,但2021年出现大幅增长,增幅分别达到约32.6%和约19.8%。2022年1—4月的相应数据也延续了较好的增长趋势(见表6-2)。在主要成员国中,中国2020年的对德国出口额及自德国进口额均较上年有所增长,2021年更是出现显著增长,增幅分别达约32.7%和约13.9%。荷兰也是一样,中国对其进出口均呈现快速上升趋势。此外,我国对法国和英国的出口也一直保持上升趋势,自两国的进口也在经历2020年的持平或短暂下降后再次上升。

实际上,2019年以来欧盟保持中国第二大贸易伙伴地位,2022年以来中国跃居欧盟第一大贸易伙伴。2021年,中欧进出口贸易额占中国对外贸易总额的比例为13.7%,仅次于占比达14.5%的东盟,美国以12.5%的比例排在第三位。2020年和2021年中欧贸易总额分别增长4.4%和18.3%。2022年1—10月中欧双边贸易额

表 6-2 2019—2022 年前 4 个月中国同欧盟及主要欧洲国家的进出口贸易额　　（亿美元）

地区	出口至				进口自			
	2019 年	2020 年	2021 年	2022 年 1—4 月	2019 年	2020 年	2021 年	2022 年 1—4 月
欧盟	4 287	3 909.8	5 182.5	1 788.4	2 766	2 585.5	3 098.7	935.4
德国	797.7	868.3	1 151.9	375.5	1 051.1	1 052.6	1 199.3	364.9
法国	329.9	369.6	459.4	151.2	325.8	296.9	391.3	112.9
意大利	335	329.4	436.3	172.6	214.1	222.5	303.2	88
荷兰	739.6	790.1	1 024.4	366.3	112.1	127.9	140.1	42.2
英国	624.1	726.1	870.4	250.4	239	197.6	256.4	82.1

• 数据来源：商务部《中国对外贸易形势报告》，2022 年 7 月 5 日。

已达 7 113 亿美元，同比增长 6.3%。[①]双方紧密的经贸关系和日益增长的双边贸易额都说明，中欧双方的经贸基础牢固，不会被短暂的内外部冲击所影响。

二、双边投资冷却后出现回暖

总体表现不及贸易形势，中欧投资近年来受到较多的阻碍。首先，欧盟对华直接投资主要受疫情冲击的不利影响，2020 年全球投资都出现下滑，欧盟对华投资在新设企业数量和实际投资金额上都出现明显下滑，如表 6-3 所示。2021 年，虽然欧盟对华投资的新设企业数明显增加，但实际投资金额却较上年下降了 10.4%。

表 6-3 欧盟在华投资情况　　（单位：亿美元）

年份	新设企业		实际投资	
	数量	占比（%）	金额	占比（%）
2019	2 804	6.9	73.1	5.2
2020	1 695	4.4	56.9	3.8
2021	2 078	4.4	51	2.8

• 数据来源：商务部《中国外资统计公报 2022》。
• 数据说明：2020 年及以后数据不包括英国。

其次，我国对欧投资数据受到两方面的影响。一是英国于 2020 年正式退出欧盟，导致相关统计口径发生变化。欧盟的统计范围从之前的 28 个国家减少为 27 个国家，因此相应数据也会出现下滑。表 6-4 中，中国对欧盟投资的流量和存量数字有所下降，主要原因就是英国退出欧盟后因统计口径调整而发生的变化，因此就 27 个国家的口径而言中国对欧投资流量有 5.2% 的增长。二是欧盟规则调整的影响。酝酿了 3 年的欧盟《外商投资审查条例》于 2020 年 10 月正式生效，同时，欧盟也于 6 月

---

① 商务部. 中欧已经形成强大的经济共生关系[EB/OL]. (2022-12-01)[2022-12-20]. http://www.news.cn/2022-12/01/c_1129177172.htm.

首次出台了《外国补贴规定白皮书》，这都显示着外商直接投资在欧盟将面临日益增加的审查和不确定性，对外商投资均产生抑制作用。表 6-4 可以观察到我国对欧投资在 2021 年出现明显下滑。

表 6-4 中国对欧盟投资情况 （单位：亿美元）

年份	流量	增长%	占比%	存量	占比%
2019	106.99	20.7	7.8	939.12	4.3
2020	100.99	5.2	6.6	830.16	3.2
2021	78.6	−22.2	4.4	959	3.4

- 数据来源：商务部近年《中国对外直接投资统计公报》。
- 数据说明：2020 年及以后数据不包括英国。

当然，随着国际形势的变化，尤其俄乌冲突导致欧盟遭遇能源危机的背景下，情况正在发生变化。商务部统计数据显示，2022 年 1—8 月，欧盟对华投资总额增长了 123% 左右，包括宝马、奥迪、空客等欧洲公司都增加了对华投资，其中德国的直接投资增加了 23% 左右。可见，欧盟对华投资潜力依然巨大。同时，德国政府 10 月底批准中资企业入股汉堡港，也为中企投资释放积极力量。不过，在欧盟能源危机解除前，赴欧投资的风险也不容乐观，毕竟，欧盟的制造业外迁趋势较为明显。

第七章
日韩经济:增长分化中负重前行

日本经济受新冠肺炎疫情冲击大幅下挫,恢复乏力,固有的长期问题叠加俄乌冲突的影响等加大经济下行压力。韩国经济受疫情影响相对较小,在2021年快速反弹。2022年韩国经济虽面临老龄少子化深层问题及俄乌冲突的冲击等,但仍保持相对向好的发展预期。从日韩两国与我国的经贸合作来看,中日、中韩之间有着长期密切的经贸往来,RCEP的生效实施对进一步深化中日韩经贸联系带来利好。

第一节 日本经济:复苏艰难又遭遇多重挑战

新冠肺炎疫情冲击低迷的日本经济,2021年日本经济仍未恢复至2019年第四季度的水平。2022年以来,俄乌冲突的直接影响叠加日元贬值、大宗物品价格上涨等多重因素给低速复苏的日本经济带来新的挑战。

一、2021—2022年日本经济形势

日本经济2019年出现危机后的首次萎缩,2020年受新冠肺炎疫情影响,实际GDP大幅下挫4.6%,是2008年金融危机以来的最大跌幅。2021年,日本在全球经济强劲复苏的背景下,实际GDP仅增长了1.7%,不仅低于6%的全球平均增长速度,也大幅度低于发达经济体5.2%的平均增长速度。①2022年第一季度,日本实际GDP同比增长0.6%,仍低于疫情前2019年第四季度的水平。②根据IMF的预测,2022年,日本实际GDP将增长1.7%,明显低于3.2%的全球平均水平和2.4%的发达经济体水平。③

---

①③ IMF. World Economic outlook October 2022[EB/OL].(2022-10-11)[2022-11-02]. https://www.imf.org/en/Publications/WEO/Issues/2022/10/11/world-economic-outlook-october-2022.
② 日本内阁府. 2022年经济财政白皮书[EB/OL].(2022-07)[2022-11-02]. https://www5.cao.go.jp/j-j/wp/wp-je22/index.html.

（一）消费和投资持续低迷

1. 个人消费

个人消费在日本 GDP 所占的比例超过 50%，对日本经济有着重要影响。2020 年日本个人消费比 2019 年下降 5.0%，2021 年恢复性增长了 1.0%，2022 年第一季度，个人消费同比增长 1.0%，仍然低于 2019 年的水平。

疫情冲击严重影响日本的消费信心。根据"日本消费动向调查"结果，2019 年 12 月，日本消费者信心指数为 38.6，2020 年 4 月下降至 22.1，环比下降 9.0，对消费者信心的基本判断为"急剧恶化"，是该项调查从 2004 年 4 月开始月度调查以来的最低值，也是环比下降幅度最大的月份。消费者信心指数构成中，下降幅度最大的是"雇佣环境"，比上个月下降 12.4，其次是"收入增加情况"和"生活相关情况"，分别下降 8.4 和 8.2。之后，消费者信心指数缓慢恢复至 2021 年 10 月的 38.4 后又逐渐下降至 2022 年 9 月的 29.9，对消费者信心的基本判断是"趋弱态势"。①

旅游消费受疫情的影响最为严重，日本国内旅游消费额和旅行人次均大幅下挫。2020 年，日本国内旅游消费额比 2019 年下降 60.6%，其中，外国游客的旅游消费额下降 85.4%。日本居民的国内住宿旅游消费额下降 54.7%，当日往返旅游消费额下降 53.9%。日本居民国内旅游人次比 2019 年下降 50.0%，其中住宿旅游人次同比下降 48.4%，当日往返的旅游人次同比下降 51.8%。2021 年日本国内旅游消费和旅游人次的下降幅度明显趋缓，但下降趋势并没有改变。2021 年日本国内旅游消费额比 2020 年下降 14.5%，其中，外国游客的旅游消费额下降 85.7%，日本居民的国内住宿旅游消费额下降 10.0%，当日往返旅游消费额下降 0.5%。日本居民国内旅游人次比 2020 年下降 8.6%，其中住宿旅游人次同比下降 11.8%，当日往返的旅游人次同比下降 4.7%。2022 年第一季度至第三季度，日本居民国内旅游消费额和旅游人次均同比大幅增长，但仍然低于 2019 年同期的水平。②

2. 私人投资

2020 年日本私人投资额比 2019 年大幅下挫 7.1%，其中私人住宅投资下降 8.0%，私人非住宅投资下降 7.1%。2021 年，私人投资持续收缩，但下降幅度明显趋缓，比 2020 年下降 1.1%，其中私人住宅投资下降 2.0%，私人非住宅投资下降 0.9%。2022 年第一季度至第三季度，私人住宅投资持续低迷，比 2021 年下降 4.7%，私人投

---

① 日本内阁府. 消费动向调查[EB/OL]. [2022-11-02]. https://www.e-stat.go.jp/stat-search/files?page=1&layout=dataset&toukei=00100405&tstat=000001014549&file_type=0.
② 日本国土交通省观光厅. 旅游、观光消费动向调查[EB/OL]. [2022-11-02]. https://www.mlit.go.jp/kankocho/siryou/toukei/shouhidoukou.html#cp3.

资整体上实现 0.06% 的小幅增长。①

日本与美国、英国等发达国家不同，投资率低于储蓄率的过度储蓄状态持续存在。2020 年由于家庭消费大幅减少，日本家庭的过度储蓄率从 2019 年的 2.7% 扩大到 8.6%，是 20 世纪 90 年代中期以来过度储蓄率最高的年度。企业的过度储蓄率由于 2017 年以来企业储蓄持续下降的影响继续下降，2020 年，企业的过度储蓄率为 3.1%，比 2019 年下降 0.1 个百分点。政府为应对疫情大幅增加投资，导致过度投资率明显扩大，从 2019 年的 16.9% 提高到 2020 年的 48.2%，高于金融危机的 48.0%，是 20 世纪 90 年代中期以来的最高水平。②

(二) 就业形势严峻

2020 年日本就业形势改变了危机后持续向好的势头。2020 年，日本完全失业人数比 2019 年增加 19 万人，达到 191 万人，全年平均失业率为 2.8%，比 2019 年增加 0.4%，为 11 年来首次增加，改变失业率持续下降的趋势。就业人数比 2019 年减少 48 万，为 8 年来首次下降，其中男性就业人数和女性就业人数均减少 24 万。2020 年就业率为 60.3%，比 2019 年下降 0.3 个百分点，为 9 年以来首次下降。从行业来看，"住宿、餐饮服务业"受到的影响最大，就业人数比 2019 年减少 29 万，下降 9.3%；其次是"制造业"，就业人数比 2019 年减少 18 万人，下降 1.2%；而"医疗卫生"的就业人数则比 2019 年增加 19 万人，提高 2.3%。

2021 年，日本的就业形势继续恶化。2021 年，日本完全失业人数比 2020 年增加 2 万人，达到 193 万人，全年平均失业率为 2.8%，连续 2 年增加。就业人数比 2020 年减少 9 万人，连续 2 年减少，其中男性就业人数比 2020 年减少 22 万人，而女性就业人数则比 2020 年增加 12 万人。2021 年就业率为 60.4%，比 2020 年提高 0.1 个百分点。从行业来看，"住宿、餐饮服务业"受到负面影响仍在扩大，就业人数比 2020 年减少 22 万人，同比下降 5.6%；其次是"建筑业"，就业人数比 2020 年减少 10 万，同比下降 2.0%；"生活相关服务业、娱乐业"的就业人数比 2020 年减少 10 万，同比下降 4.3%；"医疗卫生"的就业人数比 2020 年增加 22 万人，同比增加 2.6%。

2022 年，日本的就业形势明显改善，但与疫情前相比仍有较大差距。2022 年第一季度、第二季度、第三季度的失业人数分别减少至 182 万人、189 万人和 180 万人，

---

① 日本内阁府. 国民经济统计 [EB/OL]. [2022-11-05]. https://www.esri.cao.go.jp/jp/sna/data/data_list/sokuhou/files/2022/qe223/gdemenuja.html.
② 过度储蓄率＝储蓄/GDP－投资/GDP，对应地，过度投资率＝投资/GDP－储蓄/GDP。日本内阁府. 2022 年经济财政白皮书[EB/OL]. (2022-07)[2022-11-02]. https://www5.cao.go.jp/j-j/wp/wp-je22/22.html.

比 2020 年同期均大幅减少,但仍然高于 2019 年全年平均水平;三个季度的失业率分别为 2.7%、2.7%和 2.6%,也明显高于 2019 年的全年平均水平。①

(三)企业开工率和盈利能力双下降

2020 年制造业企业的开工率大幅下降,全年平均开工率指数为 87.1,大幅度低于 2019 年的 99.9。从不同季度来看,2020 年第二季度的开工率最低,开工率指数仅为 74.1,比 2019 年同期下降了 26.8%。从行业来看,"生产机械工业"的开工率最低,全年平均开工率指数为 69.0,比 2019 年下降 20.6%;开工率最高的是"信息通信机械工业",2020 年全年平均开工率指数为 98.4,但也比 2019 年下降了 19.7%。2021 年,制造业开工率明显提高,全年平均开工率指数为 94.1,但仍然低于 2019 年的水平。2022 年制造业开工率恢复的趋势并没有持续,第一季度、第二季度和第三季度的平均开工率指数为 92.6,比 2021 年同期下降 1.1%。②

企业赢利能力也明显下降。根据日本经济产业省 2021 年 3 月的调查,2020 年日本企业销售额比 2019 年下降 6.1%,经营利润比 2019 年下降 8.4%。其中,制造业的销售额比 2019 年下降 6.3%,经营利润比 2019 年下降 11.5%。2020 年企业劳动生产率比 2019 年下降 1.6%,其中制造业劳动生产率比 2019 年下降 2.4%;企业人均工资比 2019 年下降 0.5%,其中制造业人均工资比 2019 年下降 2.0%。③

(四)贸易快速恢复但逆差规模明显扩大

日本对外贸易在 2020 年大幅下降,2021 年快速恢复,出现贸易逆差,且有扩大趋势。

2020 年日本对外贸易大幅下降,出口额为 68.4 万亿日元,比 2019 年下降 11.1%,进口额为 68.1 万亿日元,比 2019 年下降 13.5%,贸易顺差 0.39 万亿日元,时隔两年再次出现贸易顺差。日本对中国出口增长 2.7%,达到 15.1 万亿日元,日本对华出口占其出口总额的比例提高至 22%,中国再次成为日本最大出口目的国。日本对美国出口下降 17.3%至 12.6 万亿日元,对欧盟地区出口减少 14.6%至 6.5 万亿日元。

2021 年,日本贸易迅速恢复,全年出口额 83.0 万亿日元,比 2020 年增长 21.5%,进口额 84.8 万亿日元,比 2020 年增长 24.6%,均高于 2019 年的水平。贸易出现逆差,逆差额 1.7 万亿日元,逆差规模是 2014 年度以来的最高水平。从国家和地区来看,日本对中国出口增长 19.2%,达到 18.0 万亿日元历史新高,中国继续保持日本最大出口市场地位,日本对华贸易逆差继续缩小。日本对美国出口增长 17.6%,仍然

---

① 日本总务省统计局. 劳动力调查[EB/OL]. [2022-11-05]. https://www.stat.go.jp/data/roudou/index2.html#kekka.
② 制造业开工率指数以 2015 年为 100 计算。日本政府统计综合窗口. 制造业工业生产能力、开工率指数[EB/OL]. [2022-11-06]. https://www.e-stat.go.jp/stat-search?page=1&toukei=00550320.
③ 日本经济产业省. 企业活动基本调查[EB/OL]. [2022-11-05]. https://www.e-stat.go.jp/stat-search/files?page=1&toukei=00550100&tstat=000001010832.

低于 2019 年的水平,日本对欧盟地区连续 10 年保持贸易逆差。

2022 年日本对外贸易延续快速增长的势头,上半年出口额 4.6 万亿日元,同比增长 15.2%,进口额 5.4 万亿日元,同比增长 37.9%,贸易逆差进一步扩大到 7.9 万亿日元。能源等化石燃料价格上涨推高进口商品贸易额是导致贸易逆差的主要因素。2020 年上半年,日本进口贸易中,石化能源进口占进口总额的 26.5%,同比增长 105.7%。其中,原油进口额占进口总额的 10.8%,同比增长 106.3%,煤炭进口额占进口总额的 5.5%,同比增长 213.0%。[①]

二、经济振兴政策

疫情后,日本推出多项经济振兴政策。

(一)重视产业链安全

日本的产业链政策在新冠肺炎疫情持续不消、地缘冲突加剧的背景下发生根本性的调整。20 世纪 80 年代开始,日本鼓励企业侧重考虑经济成本和市场前景等,去海外投资建立生产、销售网络,在世界范围构建产业链体系。而新冠肺炎疫情暴发后,日本基于经济安全引导企业从生产基地多元化、分散化以及战略物资本土化的角度重新布局产业链。2021 年《日本通商白皮书》指出,地缘政治变化、新冠肺炎疫情暴发等因素引起的、以国外为起点的供应链断裂影响是结构性的,无法靠恢复原状予以克服,必须对供应链进行重新布局。日本的产业链政策正在发生深刻的变化,弱化以成本和市场为导向的"全球化",而强化基于经济安全考虑的区域化,甚至本土化。

2020 年 4 月,日本政府在《新冠病毒传染病紧急经济对策》中指出新冠肺炎疫情影响的扩大凸显日本供应链的脆弱性,需要改革供应链,增强供应链韧性,提出通过产业回归日本国内和生产网络多元化支持构建具备较强韧性的产业链。具体措施包括对单一国家依赖程度较高的产品、零部件、原材料的生产网点的日本国内回流,或向东盟各国等的生产网络多元化进行补贴,提高对生产口罩和酒精消毒液、防护服、呼吸机、人工肺等保障人民健康的重要产品的日本国内生产网络完善的补助率,对高度依赖国外进口的药品原药等的日本国内生产网络制造厂的设备整备给予补贴。日本政府通过这些措施来降低、替代对单一国家依存度高的零部件、材料的使用量,通过数据联通构建高效、具有弹性的供应链,研发强化供应链的新技术等。[②]

---

① 日本财务省. 贸易统计[EB/OL]. [2022-11-07]. https://www.customs.go.jp/toukei/shinbun/happyou.htm.
② 日本内阁府. 经济对策等[EB/OL]. (2022-10-28)[2022-11-09]. https://www5.cao.go.jp/keizai1/keizaitaisaku/keizaitaisaku.html.

2020年5月,日本经济产业省依据"新冠病毒传染病紧急经济对策"开始实施"作为供应链对策的促进国内投资事业费补贴"政策,对生产高度集中在单一国家的产品和对国民健康生活极为重要的产品,政府支持企业扩大日本国内的产能,缓解供应紧张局面,降低供应中断风险。该补贴政策在2020年5月到7月和2021年3月到5月两次公开开放企业申请:第一次预算金额是3 060亿日元,146家企业通过审批获得补贴,补贴金额为2 478亿日元;第二次的预算金额是2 108亿日元,151家企业通过审批获得补贴,补贴金额为2 095亿日元。两次获得补贴的企业中,实施降低国外生产集中度投资的企业所占比例超过60%。

日本经济产业省2020年5月公布"海外供应链多元化支援"政策,由日本贸易振兴机构负责受理企业申请。该政策的目的是支持企业对生产高度集中在单一国家的产品和对国民健康生活极为重要的产品的供应链进行多元化和分散化,将生产从单一国家迁往多个国家,以降低供应链中断风险。根据该政策,企业在此过程中所支出"土木、建筑工程费用""与机械设备等有关的生产费用、购买费用"和"改造费用"可以得到日本政府的补贴。截至2022年10月,该政策实施了8次企业公开申请审批。

2022年5月,日本通过《经济安全保障推进法》,该法案将从2023年开始实施。它包括构建供应链、确保核心基础设施的安全、尖端技术的官民研究和专利不公开四大支柱内容,正式以法律的形式强化对半导体、稀有金属和稀土等重要矿物、蓄电池以及医药品等重要物资的供应链管理,增强对企业的约束力和强制力。

日本通过强化海外多元合作,提升供应链韧性。近几年日本加强国际合作的重点对象是东盟。2020年7月,日本与东盟公布"日本东盟经济强韧化行动计划",以东盟为中心提升供应链韧性是其重要内容之一,计划实施提升海外供应链韧性的财政支持项目,由日本东盟经济产业合作委员会(AMEICC)事务局负责,支持企业以降低生产集中度为目的增加对东盟的投资,对企业购买设备、实施商业调查等提供补贴。同时启动人才计划,帮助东盟国家培养人才,提高生产供应管理能力,构建应对供应链危机的合作机制,加快推动正在实施项目,促进贸易便利化和电子商务,建立与东盟的贸易手续数字化系统,提升供应链的联接效率。2021年4月,日本、澳大利亚、印度三国的经济部长发表"供应链强韧化倡议(SCRI)",通过贸易手续数字化来促进贸易及其便利化;通过改善商业环境、供需匹配等促进投资及其顺利化;支持以生产基地多元化为目的的设备投资。2021年4月,日本与美国、欧盟,以及中国台湾地区共同发布"巩固供应链安全的联合声明",强调加强在供应链重组与韧性方面的咨询与合作,鼓励将供应链布局在多个区域,以确保供应链多元化和韧性。①

（二）强化重要技术保护

日本对重要技术的保护强化措施始于对中美贸易摩擦影响自身经济安全的担忧。2019年,日本通过旨在降低外商对日直接投资的监管门槛、强化重要技术保护的《外汇及对外贸易法》修正案,该修正案2020年6月7日开始生效,修改的主要内容是将外资收购日本上市公司股份时的申报门槛比例从10%下调到1%。这意味着外资在收购日本上市公司时将受到更为严格的审查。

2020年5月8日,日本财务省公布了3 800家分类收购审查的上市公司名单。其中,518家属于核心行业,占清单公司总数的13.6%,包括日立、东芝、丰田、本田、田村制造所、三菱电机、富士电机、软银集团、日本电信电话等企业。外资在收购这些企业股份超过1%时需要事先申报。1 584家企业被列为非核心行业,占清单公司总数的41.7%。外资在收购这些企业股份超过1%时,无须事先申报,但必须满足一定条件并且事后报告。日本政府对外国投资者的事先申报进行审查,若认为有风险,可以明示外国投资者更改或取消交易。

日本外资收购申报门槛的变化,可能影响外资对日直接投资。日本重点保护的行业与外资对日投资的行业高度重合,如信息通信业是外资对日直接投资的重要行业,也是此修正案中指定需要保护的行业。这可能阻碍外资流入日本市场,导致外资对日直接投资的下降。同时,该修正案将提高上市公司业务重组难度,影响公司治理体系的完善,被称为令和时代的"锁国政策"。

（三）扩大出口限制

日本对货物和技术的出口管制分为"清单管制"和"全面管制"。"清单管制",是日本针对所有国家以清单方式列明需要进行出口管制的项目,根据日本《出口贸易管理令》,清单管制的项目包括15类,②清单中列明的货物或技术的出口,必须向经济产业省申请出口许可证。

日本《出口贸易管理令》在对上述15类实施清单管制之外,列出上述15类之外的几乎所有项目作为"第16类",实施"全面管制"制度,日本经济产业省通过审查出口货物/技术专业的最终用途/"最终用户"来确定是否需要申请出口许可证。如果日

---

① 刘湘丽.日本供应链重组政策及其影响[EB/OL].（2022-03-21）[2022-12-10]. 中国商务部公共商务信息服务, http://chinawto.mofcom.gov.cn/article/br/bs/202203/20220303286955.shtml.
② 15类项目包括:1.武器;2.核能;3.化学武器（含生化武器）;4.导弹;5.先进材料;6.材料加工;7.电子器件;8.电子计算机;9.通信设备;10.传感器;11.导航与航空电子仪器;12.船舶与海事设备;13.推进系统;14.其他;15.敏感物项。日本经济产业省.关于部分修改出口贸易管理会的政令[EB/OL]. [2022-11-09]. https://www.meti.go.jp/policy/anpo/law_document/seirei/20221003sansyo.pdf.

本经济产业省认为某一出口货物或技术转移将被用于或曾用于与大规模杀伤性武器或常规武器相关的活动,会要求出口方对该批货物或技术的出口申请许可证。"最终用户"就是"最终用户清单"中所列出的实体,由日本经济产业省审议公布。"最终用户清单"中的进口方或最终用户,从日本进口的所有货物或技术转移,都必须向日本经济产业省申请许可证。[①]

2020年以来,日本出口全面管制的"最终用户清单"持续增加。2020年5月8日,日本经济产业省疫情暴发后第一次公布修订的"最终用户清单",共有14个国家和地区的546个实体被列入清单,比2019年的清单增加12个实体。2021年9月17日,日本经济产业省公布了新的"最终用户清单",共列出600个实体,涉及15个国家和地区,比2020年新增了54个实体,是截至2021年单次新增实体最多的修订。2022年4月3日,公布"最终用户清单"包括610个实体,比上一次增加10个。这次修订是在爆发俄乌冲突,担心破坏性武器扩散开放的背景下实施的,增加的10个实体都来自俄罗斯。同年11月,日本经济产业省再次修订"最终用户清单",共列明670个实体,涉及15个国家和地区,比上次的清单增加60个实体,再次刷新单次新增实体的纪录。其中,涉及中国的最终用户清单94个,比上次清单增加6个。日本效仿美国收紧对华尖端技术的出口管制措施,日本"最终用户清单"的中国大陆实体与美国BIS"实体清单"高度重合。

(四)推动高端半导体国产化

日本半导体产品供应链中断风险不断增加。2010年以后,日本对最尖端半导体产品的研发投入大幅减少,国际市场竞争力日益下降,导致其在半导体产业链的主导地位不断弱化,对韩国以及中国台湾地区等生产的依赖程度不断提高。而在中美贸易摩擦、疫情增加产业链的不确定性、俄乌冲突下地缘政治风险等的影响下,日本面临半导体供应链中断风险,而半导体是所有高科技产业的基础,也是影响经济安全最为重要的因素。

日本以提高供应链稳定性为契机,开始推动半导体产品的国产化。2021年3月,日本产业技术综合研究所与大学和企业等合作设立"尖端半导体制造技术联盟",在茨城县筑波市的基地引进尖端的生产设备,共同利用设备促进新一代半导体技术的开发。2021年6月,日本内阁府公布《经济财政运营与改革基本方针2021》,提出要集中投资半导体等战略物资,重建国内生产体系。2021年6月,日本经济产业省

---

① "全面管制"也有例外,如果出口目的地是"A集团"国家,则无须申请出口许可证。"A集团"国家包括26个"白名单国家",即阿根廷、挪威、波兰、葡萄牙、西班牙、瑞典、瑞士、荷兰、澳大利亚、比利时、保加利亚、加拿大、捷克、丹麦、芬兰、法国、德国、希腊、匈牙利、爱尔兰、意大利、卢森堡、荷兰、新西兰、英国、美国。

发布《半导体数字产业战略》，指出半导体数字技术是所有经济活动的基础，与食品、能源行业同等重要，扶持对象不应局限在民间商业范畴，应上升为国家项目、国家战略。该战略将从国家层面确保半导体生产和供给能力，增加数字化和绿色投资的开放设计投资，以加大"卡脖子"技术的研发攻关力度作为未来重点突破方向，并将联合攻关先进技术工艺、加快本土生产布局作为实现战略目标的重要措施。2021年12月，日本在新能源与产业技术综合开发机构（NEDO）设置6170亿日元的基金，对于经济产业大臣认定的特定半导体生产设备进行支持补贴。

半导体国产化在日本政府的大力推动和资助下成效显著。2021年11月，台湾积体电路制造公司（台积电）和索尼半导体宣布，合资在日本熊本县建立子公司日本尖端半导体生产公司（JASM）。2022年2月，作为该公司产品主要客户的电装（Denso）对其投资3.5亿美元，获得其约10%的股份。该公司生产面向智能手机、汽车、IT产品的逻辑半导体，计划2024年12月出货。2022年6月，该公司被日本经济产业省认证为"特定半导体生产设施"，可获得最高4760亿日元的资助。这是日本政府自2022年实施指定半导体生产设施维护计划以来资助的首个项目。2022年11月，日本丰田汽车、索尼、NTT、NEC、软银等8家公司合资的高端芯片公司正式启动，该公司由丰田汽车和日本电信电话公司等八家企业出资73亿日元，日本政府将提供700亿日元的补贴，计划在10年内投资5万亿日元，旨在实现新一代半导体的国产化。该芯片公司将侧重进行人工智能、智能城市建设等相关高端芯片开发，以吸引海外工作的日本工程师，预期在2027年实现2纳米产品的国产化，能够在日本进行最尖端产品的代工。该芯片公司被认为是日本挽回半导体产业10年空白的"最后机会"。但其与该领域的国际主要竞争对手相比仍有一定的差距，台积电和韩国三星电子有限公司已确立3纳米产品的量产技术，并计划在2025年量产2纳米产品。

三、长期问题与短期冲击

日本经济发展在当前形势下面临诸多挑战。人口老龄化长期问题叠加日元贬值、物价高企、俄乌冲突等短期冲击，给日本经济发展带来巨大压力。

（一）人口老龄化，劳动力短缺

日本是世界上人口老龄化程度最严重的国家，人口老龄化导致劳动力短缺，也加重社会保障体系的负担。2020年日本总人口比2015年减少94.9万，是全球人口最多的20个国家中唯一人口减少的国家。65岁以上人口占总人口的28.6%，是1920年以来的最高纪录，而15岁以下人口占总人口的11.9%，是1920年以来的最低纪录。①根据日本内阁府公布的数据,2021年,日本65岁以上人口占总人口的比例进一步提高至28.9%,其中75岁以上人口占总人口的比例为14.9%,高于65岁至74岁人口占总人口的比重(14%)。②

人口老龄化必然导致劳动人口的减少,劳动力不足。2021年日本国内15岁至64岁的劳动人口总数延续1995年以来的下降趋势,占日本总人口的59.4%,"二战"后首次低于60%,这使得日本国内的许多劳动岗位只能由65岁的人口来填补。日本《老年人就业稳定法》规定企业有义务采取措施为65岁退休但有工作意愿的65岁至70岁老人提供继续就业机会。这为65岁退休后的人继续工作提供了法律支持,它也被认为是日本政府推动70岁退休采取的前置措施。2021年日本65岁以上人口的就业率为25.1%,其中男性的就业率为34.1%,女性的就业率为18.2%。65岁至69岁人口的就业率超过50%,达到50.3%,其中,男性的就业率为60.4%,女性的就业率为40.9%。③

人口老龄化减少劳动人口并拉高劳动人口的平均年龄,影响经济整体创新能力,导致生产力效率下降,同时带来需求低迷的结果,这些都将影响未来经济的活力和发展潜力。

(二)日元贬值,物价高企

2022年,日元大幅贬值,日元兑美元的汇率一度跌入150日元兑1美元区间,刷新1990年8月以来的最低点,其贬值幅度约30%。美联储开启加息通道,美元国债收益率处于高位,而日本则采取持续宽松政策,央行继续就10年期国债进行操作,确保0.25%的收益率上限。由此引起的日本与美国之间国债利差扩大,是日元贬值的直接原因。而相对于其他发达经济体的强势复苏,日本经济恢复乏力则是日元贬值的深层原因。

日元贬值叠加全球大宗商品价格上涨,打破一直困扰日本的通缩"魔咒"。从月度物价指数来看,日本从2021年11月开始走出通缩,以2020年为100计算的消费者物价指数2021年11月、12月均为100.1,能源价格上涨是推动物价走高的主要因素,不包括能源和生鲜的消费者指数低于100,分别为99.2、99.1,不包括生鲜食品的消费者物价指数高于100,为100.1。能源价格指数大幅提高,2021年11月、12月价格指数分别同比增长15.6%和16.4%,对消费者价格指数的贡献率分别为1.07和

---

① 日本总务省统计局. 2020年国势调查[EB/OL]. [2022-11-10]. https://www.stat.go.jp/data/kokusei/2020/index.html.
② 日本内阁府. 2022年高龄社会白皮书[EB/OL]. [2022-11-10]. https://www8.cao.go.jp/kourei/whitepaper/index-w.html.
③ 日本总务省统计局. 2021年劳动力调查[EB/OL]. [2022-11-10]. https://www.stat.go.jp/data/roudou/index2.html#kekka.

1.12。进入 2022 年,消费者物价指数持续走高,1 月至 10 月期间的消费者物价指数环比增长率除了 6 月份等于零之外,其他月份均大于零。2022 年 10 月,消费者物价指数达到 103.7,同比增长 3.7。其中,不包括生鲜食品的消费者物价指数同比增长 3.6%,是 1982 年 2 月以来的最高水平,其中,能源类产品物价指数同比增长 15.2%,对消费者物价指数的贡献率为 1.18。①

日元贬值、物价高企增加日本经济下行压力。从生产者的角度来看,日本的企业物价指数同样处于历史高位。2022 年 10 月,日本企业物价指数同比增长 9.1% 达到 117.5,是有此项统计以来的最高水平。截至 2022 年 10 月,日本企业物价指数已经连续 20 个月同比上涨。对企业物价上涨影响最大的电力、煤气和水的价格,同比上涨 43.2%。其次是矿产和钢铁,分别同比增长 27.5% 和 22.4%。②

日元贬值在理论上可以提高日本产品在国际市场的竞争力,而且增加访日游客在日本的消费,但实际上,日本能源、食品等对进口依赖程度高,日元贬值叠加能源价格高涨,日本民众生活密切相关的生活品价格持续高涨,不断推高日本国内的物价水平,提高生活成本。疫情下访日游客大幅下降,汇率贬值对提振访日游客在日消费的影响非常有限。同时,日本中低端产业链环节在海外布局,弱化了日元贬值对日本企业出口的带动作用。这从日本的贸易逆差可见一斑,日本 2022 年 4 月至 9 月期间的贸易逆差达 11.01 万亿日元,创下有可比统计以来同期新高。2022 年 9 月单月的贸易逆差为 2.09 万亿日元,是历史同期的最高水平。

(三) 俄乌冲突增加经济下行压力

俄乌冲突及对俄制裁是引起日本国内物价上涨的重要原因,也加剧全球供应链的不确定性,提高能源供给及经济运行的成本,给复苏动能不足的日本经济增添下行压力。

日本在全球布局形成以日本为中心的全球产业链网络模式,高度依赖全球范围的要素、产品流动安全及效率。俄乌冲突及对俄制裁引起国际能源及其他大宗产品价格高涨,影响跨境物流并导致一些供应链出现断裂或断裂风险。可能扰乱物流并切断供应链。如日本半导体工业的"氖"主要从俄、乌进口,日本对俄罗斯在国际市场占有率超过 40% 的稀有金属"钯"进口依赖度约 40%。同时日本企业在乌克兰、俄罗斯的生产经营也面临停业停产危机。进入俄罗斯市场的日本企业,大部分已经或正在考虑结束或暂停在俄业务,重新调整布局。

---

① 日本总务省统计局. 消费者物价指数[EB/OL]. [2022-11-12]. https://www.stat.go.jp/data/cpi/.
② 日本银行. 企业物价指数[EB/OL]. [2022-11-15]. https://www.boj.or.jp/statistics/pi/cgpi_2020/index.htm/.

日本是俄罗斯的"非友好国家",俄乌冲突爆发后,日本和俄罗斯相互采取了限制、禁止贸易的措施。俄罗斯对日本的木材等采取禁止出口措施,而日本同样对来自俄罗斯的木材、机械等38个品类的产品采取禁止进口措施。俄罗斯严密监视食品等对日本的出口,同样日本也表明其原则上禁止进口俄罗斯产石油的方针。

俄乌冲突影响海外日资企业的业务。根据日本贸易振兴机构(JETRO)2022年9月对欧洲日资企业的调查,77.0%的企业认为俄乌冲突对其业务产生了负面影响,对制造业企业的影响更加广泛,83.7%的制造业企业认为俄乌冲突对其业务产生了负面影响。从所在国家来看,认为俄乌冲突对其业务产生了负面影响的日资企业所占比例最高的是比利时、法国和西班牙,在被调查企业中所占的比例分别为92.5%、87.5%和86.2%。负面影响涉及包括制造业在内的超过90%的行业,具体体现在能源价格上涨,原材料、资源资格上涨,物流混乱、停滞等。①

俄乌冲突对日本本土的企业也带来负面影响。根据帝国数据银行2022年4月对日本本土的调查,66.7%的企业认为俄乌冲突影响其采购价格,50.8%的企业认为俄乌冲突影响其采购安全。从行业来看,受影响最为显著的行业是"木质建筑工程"和"木材主材批发",受影响企业所占比例均超过80%,分别为88.3%和83.6%。②

第二节 韩国经济:强劲复苏中面临不确定性

新冠肺炎疫情放开之后,韩国经济强劲恢复,但在美元加息、韩元贬值、俄乌冲突等多重因素的影响下,韩国经济发展仍然面临诸多不确定性。这些不确定性既有自身长期结构性因素,如老龄化和少子化,也有短期外部因素冲击,如美联储激进加息导致的韩元贬值。

一、2021—2022年韩国经济形势

受新冠肺炎疫情冲击,韩国经济2020年出现负增长,收缩0.9%,是韩国时隔22年再次出现经济负增长。分季度来看,2020年第一季度和第二季度均为负增长,增长速度分别为-1.3%、-3.2%,第三季度转为正增长,第三季度和第四季度的增长速度分别为2.1%和1.1%。经济增长势头延续到2021年。

---

① 日本贸易振兴机构. 俄罗斯乌克兰形势下在欧日资企业的问卷调查结果[EB/OL]. (2022-11-07)[2022-11-20]. https://www.jetro.go.jp/news/releases/2022/7ff46d6b118a8017.html.
② 帝国数据银行. 俄罗斯、乌克兰形势对企业采购的影响调查[EB/OL]. (2022-05-16)[2022-11-20]. https://www.tdb.co.jp/report/watching/press/p220504.html.

(一) 经济强劲复苏

2021年韩国GDP比2020年增长4%,经济规模超过俄罗斯,位居全球第十。2021年韩国经济已经超过疫情前的水平,比2019年增长3.1%。2021年韩国正式被联合国认定为发达国家,这是1964年以来联合国首次更改一个主权国家的经济地位。

2022年第一季度韩国GDP环比增长0.7%,与上年同比增长3.1%。第二季度GDP环比增长0.7%,同比增长2.9%。第三季度实际GDP环比增长0.3%,同比增长3.1%。

不过,根据IMF的预测,2022年和2023年韩国实际GDP将分别增长2.6%和2.1%,明显低于3.2%的全球平均水平和2.4%的发达经济体水平。[①]根据韩国银行2022年11月的预测,2022年和2023年,韩国实际GDP将分别增长2.6%和1.7%,而其在5月份的预测,2022年和2023年韩国实际GDP将分别增长2.7%和2.4%。[②]

(二) 消费和投资互补稳定经济增长

2020年韩国私人消费受疫情影响大幅下挫,比2019年下降4.8%,是导致2020年韩国经济下降的主要因素,而私人投资则实现增长,比2019年增长3.6%。同时政府部门消费比2019年增长5.1%,投资比2019年增长3.4%。投资的增长在一定程度上抵消了私人消费的下降,使得2020年韩国经济虽然出现负增长,却是疫情冲击下全球经济表现最好的国家之一。

2021年,韩国消费实现恢复性增长,比2020年增长3.7%,但仍然低于2019年的水平,私人投资保持增长势头,比2020年增长4.4%。政府部门消费比2020年增长5.6%,投资出现收缩,比2020年下降5.3%。进入2022年,韩国消费仍然保持增长势头,第一季度至第三季度,私人消费和政府部门消费分别同比增长4.7%和4.3%,而投资则出现收缩,私人投资和政府部门投资分别同比下降0.3%和8.7%。[③]

(三) 低失业率下的就业问题

韩国疫情影响下的失业率相对较低。2020年韩国全年平均失业率为3.9%,比2019年提高0.16个百分点,在36个OECD成员国中从低到高处于第六的位置。

---

① IMF. World Economic Outlook October 2022[EB/OL]. (2022-10-11)[2022-11-02]. https://www.imf.org/en/Publications/WEO/Issues/2022/10/11/world-economic-outlook-october-2022.
② Bank of Korea. Economic Outlook November 2022, Economic Outlook May 2022[EB/OL]. [2022-11-25]. http://www.bok.or.kr/eng/bbs/E0000634/view.do?nttId=10074011&menuNo=400069&pageIndex=1.
③ Statistics Korea. Statistical database[EB/OL]. [2022-12-01]. https://kosis.kr/eng/statisticsList/statisticsListIndex.do?parentId=J1.1&menuId=M_01_01&vwcd=MT_ETITLE&parmTabId=M_01_01#content-group.

2021年的失业率明显下降,仅为3.7%,低于2019年的水平,在OECD成员国中从低到高处于第四的位置。①

进入2022年,韩国的就业情况进一步改善。韩国第一季度和第二季度分别新增75.2万和62.8万个工作岗位。分行业来看,就业岗位增加最多的是"人类健康社会工作活动"和"建筑业",这两个行业在2022年第一季度分别同比增加19.2万和7.1万个工作岗位,第二季度分别同比增加10.6万和10.2万个工作岗位。②失业率进一步下降,第一季度和第二季度的失业率分别为3.0%和2.8%。③

韩国失业率相对较低,但面临深刻的就业问题。首先,非劳动人口中包括数量较大的隐性失业者。非劳动人口,即当前没有工作也不找工作的人员。在统计上并没有统计入失业人口,这部分人员中包括曾经找过工作,但没有找到合适工作而放弃寻找工作的人员即隐性失业者。这部分人虽然未被计入失业者,但是事实上的失业者。根据韩国统计厅公布的数据,2021年,过去1年有找工作经历但放弃找工作的人员达到62.8万人。考虑这些因素,事实上的失业者明显高于计入失业率统计的失业者。其次,年轻人的失业率更高。失业人员中,2021年,15岁至25岁年轻人员所占的比例达到31%,这一年龄层的失业率达到7.8%。第三,自己创业、不支付工资的家族事业工作人员以及非正式雇用的劳动人员较多。这部分人员由于其有工作并没有计入失业人员范畴,但实际上这部分人员和正式员工相比工资水平相对较低,而且部分人员由于企业运营的问题,工作的时间相对较短,收入也相对较低。

(四)贸易强劲复苏

2020年,韩国进出口贸易均出现下降,货物出口额比2019年下降5.4%,进口额比2019年下降7.1%。2021年贸易强劲复苏,进出口均大幅增长,货物出口额达到6 444.1亿美元,比2020年增长25.7%,进口额6 150.1亿美元,比2020年增长31.6%,均高于2019年的水平。贸易额达到历史最高水平,贸易规模在全球的排名从第9位上升至第8位。从产品结构来看,出口贸易增长速度居前的产品是石油制品、合成树脂和半导体,分别比2020年增长了57.7%、51.8%和29.0%。进口贸易增长速度居前的产品是天然气和原油,分别比2020年增长了60.0%和50.8%,半导体制造装置和半导体分别比2020年增长了50.0%和22.1%。从贸易伙伴来看,中国、美国和日本是韩国的重要贸易伙伴,对中国、美国和日本的出口额分别比2020年

---

①③ OECD. Unemployment rate[EB/OL]. (2022-11)[2022-12-02]. https://www.oecd.org/newsroom/unemployment-rates-oecd-updated-november-2022.htm#:~:text=10%20Nov%202022%20-%20The%20unemployment%20rate%20in,percentage%20point%20below%20its%20pre-pandemic%20level%20%28Figure%202%29.

② Statistic Korea. Employment and Labor[EB/OL]. [2022-12-02]. http://kostat.go.kr/portal/eng/pressReleases/5/1/index.board

增长了22.9%、29.4%和19.8%。从中国、美国和日本的进口额分别比2020年增长了27.3%、27.3%和18.7%。

进入2022年,韩国贸易仍然保持增长势头,但增长速度明显趋缓甚至时有负增长。2022年上半年,韩国出口贸易同比增长15.6%,进口同比增长26.2%,贸易逆差达到103亿美元。2022年上半年能源和原材料进口额增加是贸易逆差的主要原因。2022年上半年天然气和原油进口同比增加87.5%。2022年11月,韩国出口贸易同比下降14%,进口贸易同比增长3%,由于半导体市场需求下降,对华贸易下滑叠加俄乌冲突引起能源等大宗产品价格上涨推高了进口额占比,韩国单月贸易逆差达到70亿美元。截至2022年11月,韩国已连续8个月出现贸易逆差。这是韩国25年以来首次出现连续8个月的单月贸易逆差。

二、经济提振对策

三年来,韩国采取多项措施提振经济。

(一)增加财政预算,执行宽松货币政策

韩国政府2020年财政预算总额达到512.3万亿韩元,比2019年增长9.1%,并在3月、6月、7月和9月四次修正预算增加财政预算金额,以应对新冠肺炎疫情的影响。2021年,韩国财政预算案进一步扩大,达到558万亿韩元,比2020年增长8.9%,创下历史最大财政预算规模,这也是11年来韩国最终确定的预算规模首次超过政府提案金额。韩国2022年财政预算总额604.4万亿韩元,比2021年增长8.3%。这是韩国连续4年财政预算增长率超过8%。

为了应对新冠肺炎疫情对需求的冲击,韩国央行实行宽松的货币政策。2020年,韩国M2增速从2019年的7.9%增至2020年的9.8%,但国内企业的信贷增速由2019年的8.7%增至2020年的9.3%。央行2020年3月下调基准利率50个基点至0.75%,同年5月再次降息至0.5%,之后连续9次冻结基准利率。2021年8月,韩国央行时隔15个月上调基准利率25个基点,开启货币政策化通道,并在2021年8月、11月和2022年1月、4月、5月、7月、8月、10月、11月连续8次加息,这是韩国历史上首次连续8次加息,上调后的基准利率达到3.25%。

(二)重点支持小微企业、中小企业

小微企业、小工商业者等受疫情的影响最为严重,是韩国政府支持的主要对象。根据韩国中小企业中央会2020年9月以首尔市的小规模事业者为对象实施调查的结果,2020年上半年销售额低于2019年的小规模事业者所占的比例达到89.2%。

2020年3月24日公布的"金融稳定一揽子方案"确定对小微企业、小微工商业

者、个人经营者提供 20.5 万亿韩元的金融支持方案。截至 2021 年 1 月,该方案向小微企业、小微工商业者、个人经营者提供 18.3 万亿韩元的低利息融资等。2020 年 9 月,"第二次紧急灾难资助金"的一部分,以"新的希望资金"的形式大约将 3.2 万亿韩元的现金支付给符合规定条件的小微工商业者。2021 年 1 月,作为"第三次紧急灾难资助金"的一部分,以"支持资金"的形式现金支付给符合条件的小微工商业者。

中小企业也是韩国政府在疫情冲击下的支持对象。根据韩国中小创业企业部的预算,2020 年预算 2 880 亿韩元,计划支付给 8 万家企业,2021 年预算 2 160 亿韩元,计划支付给 6 万家符合条件的企业。截至 2020 年 11 月,超过 10 万家企业申请资金支持。

(三)着眼长远,提升内容产业竞争力

韩国内容产业在疫情冲击下逆势增长。"韩流"内容产品在全球范围有广泛的受众,韩国音乐和电视剧等以在线方式广泛传播,其文化内容产业甚至出现压倒日本的势头。2020 年,韩国内容产业销售额 128.3 万亿韩元,比 2019 年增长 1.9%。从销售额的行业结构来看,广播业销售额为 22.0 万亿韩元,在内容产业中所占的比例最高,达到 17.1%;其次是出版业,销售额为 21.6 万亿韩元,所占比例 16.8%。2020 年,韩国内容产业出口额达到 119.2 亿美元,比 2019 年增长 16.3%。其进口则不断下降,2020 年进口额比 2019 年下降 23.5%,2016 年至 2020 年期间年均下降 5.5%。游戏业是韩国内容产业中最具成长性的行业,销售额和出口额的增长速度最快,2016 年至 2020 年期间,销售额年均增长 14.7%,出口额年均增长 25.7%。

韩国政府着眼长远从构建可持续发展生态环境、提升其国际竞争力视角采取措施促进内容产业发展。2020 年 6 月,韩国政府公布"数字媒体生态系统发展方案",以提升韩国数字媒体产业的国际竞争力,并确定 2022 年之前需实现目标,具体包括"韩国媒体市场规模扩大至 10 万亿韩元""内容出口额达到 134.2 亿美元""最少设立 5 家全球性平台公司",明确韩国政府应在"废除、放宽平台市场的旧规制,支持差别化、大型化""支持内容领域的制作、投资""构建支持'走出去'等的生态系统""构建可持续成长的公正、共生环境"四个层面采取措施。2021 年韩国内容产业振兴院设立面向 OTT(OTT 是"Over The Top"的缩写,指利用运营商网络向用户提供各种应用服务,主要指互联网电视业务)的内容制作支持事业部,对电视剧、娱乐节目及纪录片等领域的内容制作进行资助。2021 年对 3 部电视剧和 3 个娱乐节目的内容制作给予 15 亿韩元的资助,2022 年计划对 13 部作品的内容制作给予116亿韩元的资助。①

（四）战略规划促进数字产业发展

韩国数字经济是疫情冲击下经济的重要支撑。根据中国信息通信研究院的测算，2020年，韩国数字经济保持增长，占GDP的比重达到52%。②2022年韩国电子政务发展指数在193个成员国中位列第三。③

韩国政府采取系列措施促进数字经济发展。2020年7月，韩国发布疫情下的经济社会发展规划，通过促进"数字"和"绿色"两个领域的发展促进经济社会发展和转型升级。在"数字领域"，重点发展5G网络建设、人工智能人才培养、"数据大坝"、人工智能政府、智能医疗基础设施、着力促进各经济领域的数字化转型，推动韩国成为世界数字强国。2021年7月，韩国科学技术信息通信部发布数字领域实施一年的成果，有7万多人参与"数据大坝"等数字新政主要项目；超过17万家企业参加数字新政相关项目等。

2020年8月，韩国财政部发布《基于数字的产业创新发展战略》，通过制定"数字＋制造业"创新发展战略，将重点放在制造业这一韩国具有优势的产业，提高制造业从产品开发、生产到流通、消费等产业活动全过程中产生的数据的利用率，以增强韩国核心产业的竞争力，并明确从"支持适时适当的数据获取""产业数据与人工智能利用的价值链升级""产业数据创新基础设施建设"等方面具体推进。

2021年5月，韩国公布"K-半导体战略"，其目标是巩固存储芯片在全球的领先地位，在2030年成为综合半导体强国，主导全球供应链。未来10年，韩国政府将通过政府补贴、税收优惠等带动153家企业在本土半导体业务投资超过4 000亿美元。韩国政府和企业将在韩国京畿道和忠清道建设全球最大规模的集半导体设计、原材料、生产、零部件、尖端设备等为一体的半导体产业集群。

2021年10月，韩国国务会议通过《数据产业振兴和利用促进基本法》（简称《基本法》），从2022年4月开始实施，旨在为数据产业发展提供法律支持。《基本法》是全球首部规制数据产业的基本立法，对数据的开发利用进行统筹安排。根据该法，韩国政府将系统化地扶持数据分析、交易供应商等专门的数据企业。

2022年1月，韩国政府发布《元宇宙新产业先导战略》，旨在大力推动元宇宙产

---

① JETRO. 平台时代下韩国内容产业振兴对策及事例调查[EB/OL]. (2022-03)[2022-12-02]. https://www.jetro.go.jp/ext_images/_Reports/02/2022/66c457767e8bbf81/202203.pdf.
② 中国信通院. 全球数字经济白皮书[EB/OL]. (2021-08)[2022-12-02]. http://www.caict.ac.cn/kxyj/qwfb/bps/202108/P020210913403798893557.pdf.
③ UNPAN. UN e-Government Survey 2022[EB/OL]. (2022-09)[2022-12-02]. https://desapublications.un.org/publications/un-e-government-survey-2022.

业发展,在未来五年发展成为世界第五大虚拟市场。该战略提出重点发展的四大领域,包括搭建世界一流水平的元宇宙平台、将韩国培养成元宇宙时代的主导者、培育主导元宇宙产业的专业企业、为国民打造示范性元宇宙世界。

三、长期问题及短期冲击

在发展的同时,韩国也面临着长期问题及短期冲击。

(一)人口老龄化叠加少子化

2021年,韩国总人口为5 173.8万,比2020年减少9.1万,降幅为0.2%。这是韩国自1949年开始这项统计以来首次出现人口负增长。① 韩国总生育率为1.1,与2020年和2019年持平,排名全球第198位,连续三年位居全球最低的位置。② 2022年韩国65岁及以上人口为853.7万人,占总人口的16.5%。根据联合国的定义,韩国在2017年已经进入老龄社会。OECD公布的数据显示,2021年韩国65岁以上人口的就业率为34.1%,比2019年增加1.2个百分点,是OECD成员国平均水平(14.7%)的两倍多,在38个成员国中位居第一。

韩国人口老龄化推高就业人员的平均年龄,影响产业竞争力。根据韩国经济研究院2021年8月公布的调查数据,韩国制造业就业人员的平均年龄从2010年的39.2岁提高到2020年的42.3岁,10年期间提高了3.3岁。由于韩国大部分企业采取年功序列制,工资水平更多由工作年限而非工作能力决定,高龄阶层就业人员的平均工资水平高于低龄阶层的就业人员。制造业的高龄化导致其发展动力不足,弱化产业竞争力,并引起不同年龄层之间收入分化,加剧年轻人的贫困。③

老龄化进展增加养老金的支付压力,同时老人贫困加剧正在成为社会问题。韩国企划财政部2022年分析指出,2023年韩国国民养老金、公务员养老金、私立学校教师养老金、军人养老金等四大公共养老金的义务支出总计将达67.69万亿韩元,比2022增加14.8%。预测到2024年,该支出将超过70万亿韩元。④ 另一方面,根据韩国经济研究院就日韩两国65岁以上人员的调查,韩国近10年高龄化进程是日本的2倍,而韩国养老金的支付水平大约是日本的一半。韩国65岁以上独居老人和夫妇每月平均可领取的养老金分别为82.8万韩元和138.4万韩元,是其所需生活支出的

---

① Statistics Korea, Statistical Database [EB/OL]. [2022-12-02]. https:/kosis.kr/eng/statisticsList/statisticsListIndex.do?menuId=M_01_01&vwcd=MT_ETITLE&parmTabId=M_01_01.
② UNFPA. State of the World Population 2022 [EB/OL]. [2022-12-04]. https://www.unfpa.org/swp2022.
③ HANKYOREH. 高龄化进程中的韩国制造业 [EB/OL]. (2021-08-23) [2022-12-04]. http://japan.hani.co.kr/arti/economy/40896.html.
④ 杨明. 韩国低生育率拖累经济发展 [N]. 经济日报,2022-11-21(4).

48%和54.2%,65岁以上独居老人和夫妇平均每月可领取的养老金分别是日本的50.1%和50.8%。2019年韩国老人的贫困率为43.2%,是37个OECD成员国中老人贫困率最高的国家。

(二)韩元贬值,贸易逆差扩大

2020年韩国商品贸易顺差规模逆势增长,比2019年增长15.4%。2021年韩国贸易快速恢复,贸易顺差规模明显扩大,贸易顺差比2020年增长26.45%。

进入2022年,进出口规模保持增长趋势,但从第一季度开始,进口增长速度高于出口增长速度,贸易出现逆差,且规模不断扩大,2022年前三季度累计贸易逆差规模达到288.5亿美元。俄乌冲突导致全球能源等大宗产品价格上涨是韩国贸易逆差的首要短期因素,而中美贸易摩擦条件下全球半导体产业链布局及分工调整则可能成为影响韩国贸易的长期因素。2022年1月至8月,韩国半导体及相关产品对华出口额为121.8亿美元,同比下降58.9%。韩国半导体出口额为362亿美元,同比下降49.4%。[1]

2021年下半年,韩元受美元加息影响持续贬值,2022年8月30日一度跌破1美元兑1350韩元的关口,并在10月25日跌破1440韩元关口,这也是自2009年3月16日以来的最低水平。韩元大幅贬值给强劲复苏的韩国经济带来压力。韩国原材料严重依赖进口,韩元贬值进一步推高原材料进口价格,增长韩国国内企业的生产成本,原材料进口价格的大幅提升也弱化了货币贬值对出口竞争力的提升作用。韩国国内出口企业由于韩元贬值提高的价格优势正在被原材料进口价格上涨加剧所抵消。同时,韩元贬值增加发行美元债券的企业的资金压力,也使金融市场面临的不确定性及风险提高。如韩国炼油业企业等发行大量美元债券,韩元贬值必然增加企业的资金成本压力,并可能引起债务危机。

(三)俄乌冲突影响经济增长势头

俄乌冲突不仅直接影响韩国与俄罗斯之间的贸易,同时通过物流、产业链风险、结算等波及韩国经济。

首先是导致韩国和俄罗斯贸易锐减。2021年,韩国与俄罗斯贸易规模达到273亿美元,其中出口近100亿美元,进口达170亿美元以上,占韩国整体贸易规模的2.2%。韩国约有5370家韩企有对俄出口业务,涉及领域包括汽车、建筑设备、化妆品、家电等;进口企业2850家,主要涉及原油、烟煤、天然气等领域。俄乌冲突爆发后,韩国与俄罗斯贸易大幅下降。2022年第一季度,韩国对俄罗斯出口同比下降

---

[1] Statistics Korea. Statistical Database[EB/OL]. [2022-12-10]. https://kosis.kr/statHtml/statHtml.do.

1.5%,而进口则逆势增长78%。第二季度,俄乌冲突对韩国与俄罗斯贸易的影响更多体现在韩国对俄罗斯出口——同比下降65.2%。韩国从俄罗斯的进口下降幅度相对较小,同比下降14.5%。第三季度,韩国与俄罗斯贸易延续下降趋势,韩国对俄罗斯的出口、进口分别同比下降45.2%和37%。

其次,供应链中断风险波及韩国。俄乌冲突和疫情冲击给脆弱的全球供应链带来新的风险。俄罗斯和乌克兰是全球能源、工业原材料等的重要供给国,也是连接欧亚大陆的重要运输通道,是全球化下产业分工的重要参与者。俄乌冲突及由此引发的经济制裁,给不稳定的全球产业链带来更大的风险。作为韩国经济支柱的制造业对化石能源依赖程度高,根据韩国贸易协会的测算,石油化学原材料进口价格上涨10%,将使韩国产品价格提高0.25%,影响韩国产品的国际竞争力。同时,韩国半导体工艺必需的氖、氪、氙等对乌克兰进口的依赖程度较高,俄乌冲突导致的供应中断将影响韩国的半导体产业。

第三节 中国与日韩经贸合作

中国与日本、韩国2020年的双边贸易在疫情冲击下仍然逆势增长,双边直接投资明显下降,但在2021年强劲恢复。2022年1月1日正式生效的《区域全面经济伙伴关系协定》(RCEP)是中、日、韩之间首次建立的自贸协定,将对中、日、韩经贸合作产生深远影响。

一、中日经贸合作

近年来,中日经济合作主要体现在双边贸易和直接投资上。

(一)双边贸易

2020年中日双边贸易逆势增长,贸易总额3 172.5亿美元,比2019年增长0.7%。其中,中国对日本出口1 426亿美元,同比下降0.5%;中国自日进口1 746.6亿美元,同比增长1.7%。2021年,中日双边贸易创下历史新高,进出口总额达到3 713.5亿美元,增长17.1%。其中,中国对日本出口1 658.2亿美,增长16.3%,从日本进口2 055.2亿美元,增长17.7%。[①]中国对日本继续保持贸易逆差态势,且有扩大趋势,其主要原因是中国对日本机电类产品的进口需求持续保持较高水平。2022年1月至10月,中国对日本出口1 443亿美元,增长6.2%,从日本进口

---

① UNCOMTRADE Database[EB/OL]. [2022-12-10]. https://comtrade.un.org/.

1 557亿美元,下降8.0%,受此影响中日双边贸易额下降1.6%,中国对日本的贸易逆差有所缩小。

（二）直接投资

2020年日本对华直接投资为33.7亿美元,同比下降9.3%。2021年日本对华直接投资仍达到39.1亿美元,同比增长16.0%。中国日本商会2022年7月发布的《中国经济与日本企业2022年白皮书》显示,在华日资企业2021年度的业绩有明显恢复,不仅超过疫情前水平,还达到历史最高水平。根据日本贸易振兴机构2022年"2021年度海外投资日资企业情况调查"的结果显示,在中国投资的日资企业中,对于2021年度利润的问题,回答"盈利"的企业占72.2%,较2020年增长8.7%,是2007年以来的最高水平。[1]

中国对日本直接投资规模相对较小,且呈下降趋势。2020年,中国对日本直接投资为4.9亿美元,同比下降27.7%。2021年中国企业对日本直接投资进一步下降,同比下降43%,在对日直接投资中所占的比例为3%。[2]

（三）中日经贸合作的特征及变化

第一,从贸易规模来看,日本对中国的贸易依存度有所提高。中国是日本第一贸易伙伴,中日之间的双边贸易额占日本贸易总额的比例从2019年的21.3%提高到2021年的22.9%。而日本则是中国的第四大贸易伙伴,中日双边贸易额在中国贸易总额中所占的比例从2019年的6.8%下降至2021年的6.1%。第二,中日贸易收支反映了双方产业结构的互补性,中国在纺织品、粮食类消费品、家用电器等对日贸易中处于顺差,而在汽车、化学、金属原料等对日贸易则处于逆差。第三,直接投资规模较小。2021年,中国对日本直接投资在日本外商直接投资总额中所占比例为3%,比2020年提高1个百分点。同样的,日本对中国直接投资在中国外商直接投资总额中所占的比例也较低,仅为2.26%,所占比例比2020年下降0.08个百分点。

二、中韩经贸合作

本节从中韩双边贸易和对外投资来看中韩经贸合作的变化。

（一）双边贸易

2020年中韩双边贸易逆势增长,贸易总额2 855.8亿美元,较2019年增长

---

[1] JETRO. 2021年度海外投资日资企业情况调查[EB/OL]. (2022-02-25)[2022-12-10]. https://www.jetro.go.jp/world/reports/2022/01/7f30584ec766e1a0.html.
[2] JETRO. 2022年JETRO对日投资报告[EB/OL]. [2022-12-10]. https://www.jetro.go.jp/invest/investment_environment/ijre/.

0.4%。其中,中国对韩国出口1 124.8亿美元,同比下降1.4%;中国自韩国进口1 731.0亿美元,同比下降0.3%。2021年,中韩双边贸易突破3 600亿美元,进出口总额达到3 622.9亿美元,比2020年增长26.9%,其中中国对韩国出口1 488.5亿美元,增长32.3%;从韩国进口2 134.5亿美元,增长23.3%。中国已经连续8年位居韩国第一贸易国的地位,且对韩国继续保持贸易逆差态势。2021年中国对韩国贸易逆差额为656.0亿美元,比2020年增加6.6%。2022年,在地缘政治冲突持续、全球经济低迷脆弱背景下,中国对韩国贸易仍然保持增长趋势,但增长速度明显回落。2022年1月至10月,中国与韩国进出口总额3 063.5亿美元,同比增长4.8%。其中,中国对韩国出口为1 364.1亿美元,同比增长14.3%;从韩国进口1 699.4亿美元,同比下降1.0%,中国对韩国的贸易逆差有所缩小。①

(二)直接投资

2020年,中韩双边直接投资大幅下降,韩国对华投资2 014个项目,同比减少4.5%,实际投资36.1亿美元,同比下降34.8%;中国对韩直接投资1.4亿美元,同比下降75.2%。2021年,韩国对华直接投资40.4亿美元,增长11.9%;中国对韩直接投资增长4.8亿美元,是2020年的3.4倍,但仍然低于2019年的水平。截至2021年底,韩国对华直接投资累计902.3亿美元,中国对韩国直接投资累计76.1亿美元。韩国是中国第二大外资来源国,中国是韩国第二大投资对象国。2022年1—8月,韩国对华直接投资同比增长58.9%。

(三)中韩贸易合作的特征及变化

第一,从贸易规模来看,韩国对中国的贸易依存度相对更高。中国是韩国第一贸易伙伴,中韩之间的双边贸易额占韩国贸易总额的比例超过20%,2021年达到23.9%;而韩国则是中国的第五大贸易伙伴,中韩双边贸易额在中国贸易总额中所占的比例呈现下降趋势,从2019年的6.2%下降至2021年的6.0%。第二,中韩产业分工正在发生改变。2022年1月至10月,中国对韩国的贸易逆差规模大幅减少至335.4亿美元,同比下降36.1%。这反映了中韩之间传统的以加工贸易为主的,中国从韩国进口零部件等中间产品,在中国加工成成品销往海外市场的贸易模式正在发生变化。随着中国技术水平的提升及产业结构调整升级,中国从韩国进口的中间品等正在被中国本国生产的中间品等所替代。第三,直接投资规模较小。2021年,韩国对中国直接投资在中国外商直接投资总额中所占比例为2.3%。同样的,中国对韩

---

① 中国海关. 2022年10月进出口商品主要国别(地区)总值表[EB/OL]. (2022-11-07)[2022-12-12]. http://www.customs.gov.cn/customs/302249/zfxxgk/2799825/302274/302275/4668440/index.html.

国直接投资在其外商直接投资总额中所占的比例也较低,仅为1.6%。

三、RCEP对日韩经贸合作的影响

2022年1月1日,RCEP在中国、日本、澳大利亚、新西兰及东盟正式生效,RCEP也在2022年2月1日对韩国生效。这标志着全球最大的自由贸易区正式启动运作。UNCTAD 2021年12月的报告,2019年15个RCEP成员之间的货物贸易额近2.5万亿美元,占全球贸易的13%。RCEP关税减让预计将使RCEP区内贸易额增加约400亿美元,相当于RCEP成员之间一年货物贸易额的2%。日本可能成为RCEP关税优惠的最大受益者之一,日本的出口将在未来增长约200亿美元,相当于2019年日本对RCEP成员出口额的5.5%。RCEP关税优惠对不同行业贸易的影响不同,日本制造业的化学品、各种机械和金属制品等的出口可能会出现显著的增长。

中日、日韩之间首次依托RCEP建立自贸协定,将对中日韩经贸合作产生深远影响。

首先是实行零关税的商品将不断扩大。RCEP框架下,日本出口至中国的商品中免税税目占比将从目前的8%扩大到86%,中国承诺从日本进口的协定内商品将分别在协定生效后的第1年、第11年、第16年和第21年降至零关税。日本将对来自中国的88%的货物实行零关税。日本承诺从中、韩两国进口的协定内商品将按照不同时间要求逐年降税,并分别在协定生效后的第11年、第16年和第21年降至零关税。韩国承诺从日本的进口协定内商品将分别在协定生效后的第1年、第11年、第16年和第21年降至零关税。

其次是原产地规则采用区域累积规则,在确定货物优惠资格时,可以将货物中任何来自RCEP成员国的价值成分包含在内进行计算。这将扩大RCEP成员国之间中低关税与零关税产品的受惠范围。这在全球产业链重构的背景下有利于在RCEP成员国之间强化产业链分工,在国际地缘经济、政治冲突加剧的条件下提升产业链稳定性。

最后,RCEP将市场准入条款、国民待遇、最惠国待遇、国内法规等纳入服务贸易规则,可以实质性地取消缔约方之间服务贸易领域的限制和歧视性措施,逐步实现服务贸易的自由化。

第八章
东盟经济:RCEP助力"共同应对挑战"

2021年,面对新冠肺炎疫情持续、全球经济快速复苏势头再次放缓的严峻挑战,东盟以"共同关注、共同应对、共同繁荣"为主题,在继续努力促进东盟数字转型、提升区域供应链韧性的同时,积极推动RCEP核准生效、为逆全球化涌动的世界经济注入一体化的信心与动力,自身的实际国内生产总值增速大幅回调,实现由负转正的根本变化。

2022年,既是东盟成立55周年,也是东盟-中国全面战略伙伴关系开启之年,并继续作为双方可持续发展合作年。东盟以"东盟:共同应对挑战"为主题,充分发挥RCEP生效实施的引领作用,强化内部经济合作,加快区域融合程度与复苏步伐;在全球经济超预期大幅放缓的背景下,东盟经济增速继续提升,中国-东盟全方位经济合作进一步加强。

第一节 2021年的东盟经济:在疫情反复中加快数字化转型

2021年,新冠肺炎疫情依然是影响东盟经济的重要因素。东盟峰会发布《东盟领导人关于促进东盟数字化转型的声明》,成员国加速核准RCEP,努力消弭疫情危机;快速发展的数字经济与持续推进的区域内外经济一体化,成为东盟经济复苏的重要抓手与关键动力。

一、经济增速大幅回调,业已由负转正

2021年得益于消费与贸易的强劲复苏,东盟实际GDP同比增长3.0%。虽然依然比全球平均增速慢3.0个百分点,但较2020年同比萎缩3.2%已大幅提升6.2个百分点(见表8-1)。具体而言,东盟老六国中,新加坡、菲律宾、印度尼西亚、马来西亚、泰国分别实现7.6%、5.7%、3.7%、3.1%、1.5%的增长,这五个国家中,仅有马来西亚的增速低于2021年10月国际货币基金组织报告的预测;而东盟新四国中,柬埔寨、越南、老挝分别实现3.0%、2.6%、2.1%的增长,柬埔寨的增速高于2021

10月IMF报告的预测;新老成员中均只有一个国家依然处于萎缩态势,文莱、缅甸分别同比下降1.6%、17.9%。

表8-1 东盟经济增长一览 （单位:%）

经济体	2004—2013	2019	2020	2021	2022（预测）	2023（预测）	2027（预测）
东盟	—	4.7	−3.2	3.0	4.9	5.2	—
老六国							
文莱	0.7	3.9	1.1	−1.6 (2.0)	1.2	3.3	3.4
印度尼西亚	5.9	5.0	−2.1	3.7 (3.2)	5.3	5.0	5.1
马来西亚	5.0	4.4	−5.5	3.1 (3.5)	5.4	4.4	3.9
菲律宾	5.4	6.1	−9.5	5.7 (3.2)	6.5	5.0	6.0
新加坡	6.7	1.1	−4.1	7.6 (6.0)	3.0	2.3	2.5
泰国	4.0	2.2	−6.2	1.5 (1.0)	2.8	3.7	3.0
新四国							
柬埔寨	7.9	7.1	−3.1	3.0 (1.9)	5.1	6.2	6.6
老挝	7.8	4.7	−0.4	2.1 (2.1)	2.2	3.1	4.3
缅甸	9.1	6.8	3.2	−17.9 (−17.9)	2.0	3.3	3.6
越南	6.4	7.2	2.9	2.6 (3.8)	7.0	6.2	6.8

- 数据来源:东盟数据来自东盟秘书处,东盟成员国数据根据IMF《世界经济展望》(2022年10月、2021年10月)整理而成,2021年括号内数据为2021年10月的预测值,斜体数值均为预测值。

新加坡经济的强劲反弹,既得益于全球对半导体及其设备的旺盛需求所带来的自身制造业产出的迅猛增长,又与自身相对积极而有效的新冠肺炎疫情防控及经济复苏政策密切相关。2021年,新加坡创下2010年以来最快经济增速。菲律宾全年经济增长既超出市场预期,也高于自身设定的目标区间,关键在于其第4季度的新冠肺炎疫情缓解,尤其是节日期间的"报复性"消费。而越南经济增速较2020年进一步放慢0.3个百分点,既低于自身设定的目标也未达国际机构的预期,主要原因在于年内两波新冠肺炎疫情的严重冲击使劳动力短缺、物流受阻,出现生产的停滞与部分行业供应链的中断。文莱的经济增长,是深受支柱油气产业产量及国际原油价格的影响。缅甸则是由于国内政局的突变叠加新冠肺炎疫情的冲击。

二、货物贸易大幅上涨,再回增长轨道

2021年,东盟货物贸易进出口总额、出口、进口分别同比增长25.1%、22.6%、27.9%,增速分别较2020年相应大幅提升30.3、24.5、36.5个百分点,同样回归增长轨道,且已超疫情前水平(见图8-1)。

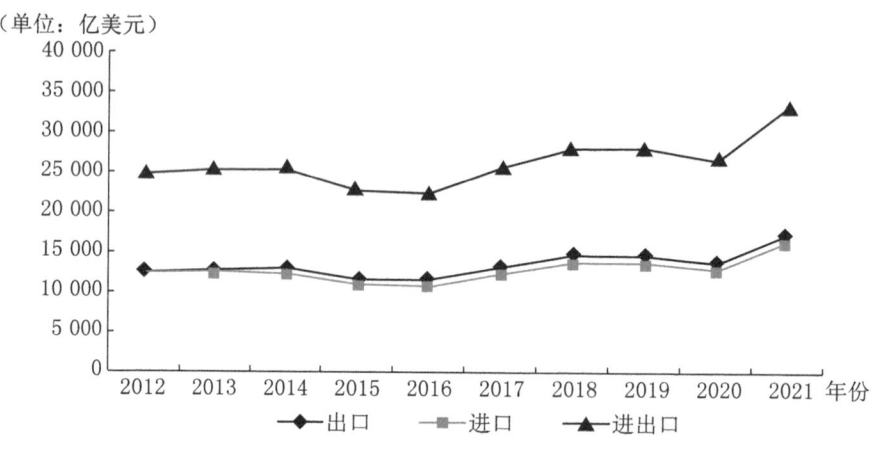

图8-1 2012—2021年东盟货物贸易变化趋势

• 数据来源:根据东盟统计数据绘制而成。

具体而言,除因政局突变而受到美国等贸易制裁的缅甸外,其他东盟成员国的对外货物贸易额均因大宗商品价格的上涨和电气电子产品及金属、化学制品需求的走高而大幅上涨。根据东盟的统计数据,进出口、出口、进口额同比增速,印度尼西亚分别达40.3%、41.9%、38.6%,越南分别为22.8%、19.3%、26.6%,二者的出口额均创历史新高。泰国分别达23.1%、17.2%、29.7%,出口增速为2011年以来的最高。马来西亚分别为26.3%、27.5%、24.9%,受益于油价高企的新加坡亦有22.5%、21.9%、23.2%。菲律宾虽分别达25.9%、14.2%、40.8%,但贸易逆差因进口油价及大宗商品价格的飙升而同比飙升120.7%。

三、FDI流入大幅增长,再当全球引擎

2021年,东盟吸收的外国直接投资同比增长42.3%、较2020年的增速提升72.0个百分点,达到1 741.02亿美元,已与疫情前(2019年)的水平相差无几(见图8-2),①与数字经济和工业4.0相关的制造业、金融和保险服务及信息和通信是主要

---

① 根据联合国贸发会议(UNCTAD)《世界投资报告2022》的数据,2021年东盟吸收的FDI同比增长43.6%,达到1 752.29亿美元,刚刚超过疫情前(2019年)的水平(1 749.02亿美元);东盟利用FDI的全球份额,亦根据UNCTAD的数据计算得到。

的增长源泉,投资来源地与2020年相比也更为多样化。其中,老六国同比增长53.2%,而新四国同比减少6.1%,正好与2020年的态势呈现相反的方向;前者除文莱外或多或少有所增加,后者则仅有老挝同比增长10.8%。根据UNCTAD《世界投资报告2022》的数据,流入东盟的FDI占全球FDI流入量的11.1%,位居美国、中国之后为世界第三大FDI目的地,东盟也再次成为全球尤其亚洲发展中经济体FDI增长的引擎。

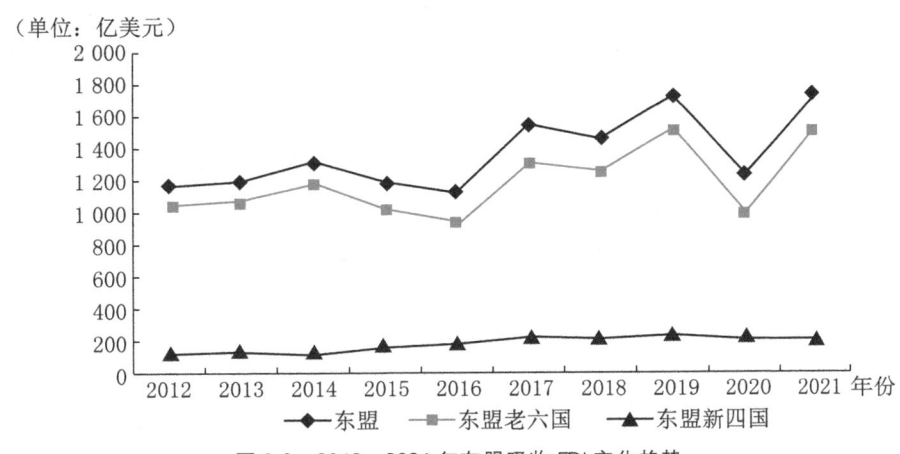

图8-2 2012—2021年东盟吸收FDI变化趋势

• 数据来源:根据东盟统计数据绘制而成。

具体而言,新加坡吸收的FDI因跨境并购的激增而同比增长31.3%,业已成为全球第四大FDI目的地,较2020年提升两个位次。[①]马来西亚因制造业外资的持续增长而经由投资发展局批准的FDI同比激增224.9%。菲律宾吸收的FDI同比增长54.2%至105.2亿美元,业已超过2017年的102.6亿美元,创历史新纪录。而越南吸收FDI较2020年略有下降,则主要是因自身受到新冠肺炎疫情相对严重的冲击而导致外商入境困难、项目难以启动。

四、RCEP生效条件达成,经济转型加快

2021年,东盟持续推进区域经济一体化,除4月东盟《服务贸易协定》生效、9月《投资便利化框架》获原则通过和东盟与中国香港地区的自由贸易协定在2月全面生效、加拿大的自由贸易协定谈判在11月17日宣布启动外,RCEP的国内核准更是取得积极进展,截至10月28日,新加坡、文莱、泰国、老挝、柬埔寨、越南6个成员国均已完成RCEP国内核准程序并向东盟秘书长递交核准书,业已满足RCEP生效需要

---

① UNCTAD. World Investment Report 2022[M]. New York: United Nations Publications, 2022: 14+9.

"至少6个东盟成员国核准通过"这一不可或缺的基本条件。

东盟以电子商务为重要引擎的数字经济转型步伐加快、潜力进一步释放。东盟不仅发布了《东盟领导人关于促进东盟数字化转型的声明》,还批准了到2025年的《东盟电子商务协定》"实施工作计划"、《东盟数字总体规划2025》,出台了"加快经济复苏和数字经济一体化"的"东盟数字化转型议程"——《斯里巴加湾路线图》。根据谷歌、淡马锡、贝恩公司的联合报告,2021年东盟仅新加坡、马来西亚、泰国、印度尼西亚、菲律宾、越南6个成员国的互联网经济市场规模就同比增长49%至1 740亿美元。"2021—2024年数字印度尼西亚总路线"希望将进入数字化生态系统的中小微型企业从疫情暴发期间的1 750万家增至3 000万家。① 马来西亚2021年推出的"数字经济发展蓝图",计划到2025年采用电子商务、实现数字化的小微企业分别达87.5万个、80万个。② 柬埔寨2021年6月发布《数字经济与数字社会政策框架2021—2035》,力争2035年实现数字化转型,并使数字经济规模占到GDP的5%至10%。③

五、疫情及其应对是影响复苏的重要因素

2021年,东盟经济体大多数在5月至10月经历了又一轮新冠肺炎疫情的暴发,越南的新增确诊病例则从10月开始步入快速上升通道。截至2021年12月21日,东盟经济体共有1 463.30万例新冠肺炎确诊病例,其中死亡病例30.09万例,分别较截至2021年1月3日的数据增加1 307.59万例、26.56万例;完全新冠疫苗接种比例差距明显,文莱、新加坡已超87%,印度尼西亚、菲律宾尚不到40%,缅甸还仅有21.6%(见表8-2)。

东盟成员国亦不得不随着自身疫情变化和疫苗接种比例实施宽严程度不等的社区隔离和出入境管制政策,推出并更新具有针对性的经济救济方案和复苏计划。印度尼西亚曾在2021年7月3日至7月20日于爪哇-巴厘岛实施"紧急社区活动限制",以期把单日新增确诊病例控制在1万例以下;"国家经济复苏计划预算"在2021年1月至11月5日间落实61%,达到456万亿印度尼西亚盾。④ 菲律宾于2021年4月28日宣布,在首都大马尼拉地区及邻近四省采取"修订版加强社区隔离"举措;贸工部为帮助受疫情影响的中小微企业,截至2021年11月10日业已批

---

① 总统:持续推动中小微业发展[N].(印度尼西亚)国际日报,2022-03-29(A1).
② 商务部国际贸易经济合作研究院等.对外投资合作国别(地区)指南 马来西亚(2021年版)[EB/OL].中国商务部,(2022-03-29)[2022-11-12]. http://www.mofcom.gov.cn/dl/gbdqzn/upload/malaixiya.pdf, p.31.
③ 欧阳开宇.柬埔寨提出2035年实现数字化转型[EB/OL].中新网,(2022-03-01)[2022-10-16]. http://www.chinanews.com.cn/gj/2022/03-01/9689191.shtml.
④ 艾朗卡讲述经济复苏计划进程[N].(印度尼西亚)国际日报,2021-11-10(A4).

表 8-2 2021 年东盟新冠肺炎疫情及疫苗接种一览

经济体	截至 2021 年 1 月 3 日		截至 2021 年 12 月 21 日			
	全部确诊病例数	全部死亡病例数	全部确诊病例数	全部死亡病例数	完全疫苗接种人数	完全疫苗接种率%
东盟	1 557 058	35 344	14 632 998	300 925	—	—
老六国						
文莱	172	3	15 418	98	385 414	87.3
印度尼西亚	765 350	22 734	4 260 893	144 024	107 180 178	38.8
马来西亚	119 077	494	2 724 684	31 192	25 547 435	78.0
菲律宾	477 807	9 257	2 837 719	50 794	44 212 255	39.8
新加坡	58 697	29	276 385	817	4 744 632	87.0
泰国	7 694	64	2 196 529	21 440	44 194 781	63.2
新四国						
柬埔寨	381	—	120 427	3 005	13 592 006	80.2
老挝	41	—	100 524	284	3 099 003	42.0
缅甸	126 345	2 728	528 639	19 230	11 858 598	21.6
越南	1 494	35	1 571 780	30 041	56 385 381	57.4

• 资料来源：东盟秘书处。

准 37 202 项贷款申请，总额达 60.9 亿比索。[1]马来西亚从 2021 年 5 月 12 日开始实施新一轮行动管制令，并在 6 月 1 日至 14 日进行全面行动管制，仅截至 2021 年 6 月 1 日就已推出总额达 3 800 亿马币的 7 个经济配套措施，用于民众与企业的纾困。泰国内阁亦在 2021 年 5 月因第 3 波疫情暴发而批准合计 0.7 万亿泰铢的贷款计划框架。[2]越南的第 4 轮疫情截至 2021 年 12 月已持续大半年，第 3 季度 GDP 同比下降 6.17%，前 3 季度同比仅增 1.42%。

第二节 2022 年的东盟经济：在 RCEP 效应释放中加快一体化

2022 年，尽管面对新冠肺炎疫情持续、俄乌冲突暴发等导致的不确定性和包括通货膨胀、货币贬值压力增加在内的诸多不利因素及经济下行风险，各成员国仍在疫苗接种率不断提高[3]、防疫限制政策的逐步放宽、国门的重新全面开放下迎来了旅游业的日益恢复、制造业的强劲反弹。东盟在 RCEP 实施效应释放下，进一步加快区域一体化进程、增强区域供应链弹性、坚持共同应对挑战，经济增速在全球经济超预期

---

[1] 菲批准小型企业贷款超 60 亿比索[EB/OL].中国驻菲律宾大使馆经商处，(2021-11-12)[2022-10-20]. http://ph.mofcom.gov.cn/article/jmxw/202111/20211103217301.shtml.
[2] 商务部国际贸易经济合作研究院等.对外投资合作国别(地区)指南 泰国(2021 年版)[EB/OL].中国商务部，(2022-03-29)[2022-11-12]. http://www.mofcom.gov.cn/dl/gbdqzn/upload/taiguo.pdf，p.73.
[3] 截至 2022 年 5 月，东盟完全疫苗接种比例达 65.9%。

大幅放缓中继续提升。

一、东盟经济增速在全球增速大幅放缓中继续加快，通胀压力增大

2022年，东盟实际GDP有望同比增长4.9%（见表8-1），较2021年的增速进一步提升1.9个百分点，分别高于2022年10月IMF预测的全球平均增速1.7个百分点、新兴市场与发展中经济体平均增速1.2个百分点。亚洲开发银行2022年9月发布的《亚洲发展展望》报告，更在4月、7月报告中分别下调亚洲发展中经济体经济增长预期0.9个百分点、0.3个百分点至4.3%的同时，相应小幅上调东南亚经济体增长预期0.2个百分点、0.1个百分点至5.1%。

印度尼西亚中央统计局的数据显示，2022年前3季度GDP分别同比增长5.01%、5.44%、5.72%，前3季度同比增长5.40%，业已超新冠肺炎疫情前水平，其中"货物与服务出口"同比增长高达19.57%，从某种程度上讲印度尼西亚是全球大宗商品价格上涨的受益者，但通胀压力增加，7月同比增长4.94%，为7年来最高增幅，9月更同比增长5.95%，10月同比增长5.71%。在美联储大幅加息、美元走强的情况下，截至9月印度尼西亚证券市场净流出的外资已达6亿美元。[①] 央行于8月23日决定将基准利率提高25个基点至3.75%，为17个月以来首次调整利率，9月22日宣布再次上调50个基点至4.25%，达到2020年7月以来最高水平，预计全年经济增长4.5%至5.3%。

马来西亚统计局的数据显示，2022年第1、第2、第3季度GDP分别同比增长5.0%、8.9%、14.2%，前3季度同比增长9.3%。服务业依然是主要推动力，前3季度分别同比增长6.5%、12.0%、16.7%。制造业在电气、电子和光学产品及非金属矿产品、贱金属和金属制品的强力支撑下，分别同比增长6.6%、9.2%、13.2%。得益于交通、食品和非酒精饮料、餐厅和酒店消费的增长，私人最终消费分别增长5.5%、18.3%、15.1%。[②]通胀压力比预期更为持久，2022年9月的通胀率为4.5%。国家银行于5月开启加息通道，至11月3日业已通过4次、每次25个基点的加息将隔夜政策利率上调至2.75%，利率"四连升"亦为其史上首次，[③]预计全年可实现5.3%至6.3%的经济增长。

菲律宾统计署的数据显示，2022年第1、第2、第3季度GDP分别同比增长

[①] 陈小方.印度尼西亚再次上调基准利率[N].经济日报,2022-09-24(4).
[②] Department of Statistics Malaysia. Malaysia Economic Performance Third Quarter 2022[EB/OL]. (2022-11-11)[2022-11-16]. https://www.dosm.gov.my/portal-main/release-content/malaysia-economic-performance-third-quarter-2022.
[③] 陈悦等.马来西亚国家银行利率史上首次"四连升"[EB/OL].中新社吉隆坡,(2022-11-03)[2022-11-16]. http://www.chinanews.com.cn/gj/2022/11-03/9886546.shtml.

8.2%、7.5%、7.6%，前3季度同比增长7.7%，业已连续6个季度实现正增长，国内需求强劲反弹是重要支撑。但通胀率持续上升，10月已达7.7%，创下2008年12月以来新高。菲律宾比索兑美元汇率自9月以来连创历史新低，10月3日更跌破59∶1，较2022年初贬值超15%。①央行继9月加息50个基点、将政策利率提升至4.25%后，又追随美联储加息步伐于11月17日加息75个基点。内阁发展预算协调委员会预测全年经济增长6.5%至7.5%。

泰国国家经济和社会发展委员会的数据显示，2022年第1、第2、第3季度GDP分别同比增长2.3%、2.5%、4.5%，前3季度同比增长3.1%，业已连续4个季度增长。通胀率前2个季度分别为4.7%、6.5%，继8月达到7.86%，创2008年7月以来新高，到10月又已连续2个月回调，为5.98%；央行分别于8月10日、9月28日加息25个基点，将基准利率由0.5%提升至1.0%。由于新冠肺炎疫情管制措施放松所促进的私人消费提高、旅游业复苏等，国家经济和社会发展委员会、央行11月分别预计全年经济有望增长3.2%或达3.3%。

新加坡贸工部的数据显示，2022年第1、第2、第3季度GDP分别同比增长3.9%、4.5%、4.1%，前3季度同比增长4.2%，且经季节性调整，第3季度环比增长1.1%，业已扭转第2季度的下降走势。制造业、信息和通信业是主要增长驱动力。9月虽然通胀率维持在7.5%，但核心通胀率业已达5.3%，继8月的5.1%后再创14年来新高。截至10月，为缓解通胀压力，年内已4次收紧货币政策。贸工部将全年经济增长预期从"3.0%至4.0%"收窄为"3.5%左右"。

越南统计总局的数据显示，2022年前3季度GDP分别同比增长5.05%、7.72%、13.67%，前9个月总体同比增长8.83%，为11年来最快增速；其中，加工制造业产值前9个月同比增长10.69%，依然是增长的重要动力。9月、10月消费者物价指数分别同比上涨4.01%、4.3%，央行将政策利率于9月、10月各上调100个基点。受益于越南成为FDI转移的重要替代目的地，外国资本持续涌入，越南在全球供应链中的重要性不断提升，政府预计全年经济增长8.0%，业已高于6.0%至6.5%的设定目标。

二、货物贸易继续快速增长

东盟货物贸易继续增长，除柬埔寨以外的9个成员国，2022年前6个月进出口

---

① 闫洁等.美国输出通胀令菲律宾人"勒紧裤腰带过日子"[EB/OL].新华社马尼拉，(2022-10-10)[2022-11-17]，http://www.news.cn/world/2022/10/10/c_1129058719.htm.

总额、出口、进口分别同比增长14.6%至18 052.95亿美元、增长13.8%至9 174.01亿美元、增长15.5%至8 878.94亿美元,顺差较2021年同期减少10.80亿美元。

新加坡对外贸易2022年前3季度分别增长20.8%、28.1%、25.7%,其中非石油本地出口仅分别同比增长11.4%、8.9%、7.2%,石油与电子产品成为增长的重要贡献者。企业发展局将贸易总额、非石油本地出口额的全年增长预测分别上调为19.5%—20.0%、6.0%左右。①

印度尼西亚中央统计局的数据显示,2022年前9个月进出口额同比增长31.4%,其中,出口总额同比增长33.5%,进口总额同比增长28.9%,非油气产品、制成品出口总额分别同比增长33.2%、22.2%,自2020年5月以来已连续29个月顺差。

马来西亚统计局的数据显示,2022年前3个季度贸易总额同比增长32.9%至2.130万亿林吉特,业已连续20个月实现两位数增长。其中,出口同比增长30.3%至1.159万亿林吉特,业已连续14个月实现两位数增长。制成品出口同比增长27.0%至0.976万亿林吉特,进口同比增长36.2%至0.971万亿林吉特。中间品进口同比增长35.5%至0.531万亿林吉特。贸易顺差增长6.3%至0.187万亿林吉特。

泰国商业部的数据显示,2022年前9个月出口、进口总额分别同比增长10.6%至2 213.66亿美元、增长20.7%至2 363.51亿美元,业已由2021年同期的顺差42.88亿美元转为逆差149.85亿美元。其中,出口自2021年3月起已连续19个月实现同比增长,农产品出口更已连续增长22个月。进口则自2021年2月起连续20个月实现同比增长。

越南统计总局初步估计,2022年前10个月进出口总额同比增长14.1%,达6 162.4亿美元。其中出口同比增长15.9%至3 128.2亿美元,FDI部门出口同比增长17.0%至2 324.6亿美元,占有74.3%的出口份额;进口同比增长12.2%,达3 034.2亿美元。贸易顺差94.0亿美元。全年进出口总额有望突破7 000亿美元并超额完成政府设定的7.0%至8.0%增长目标,出口总额更有望增长9.5%,贸易顺差有望超100亿美元。

需要进一步强调的是,东盟经济体的对外贸易深受区域外部的影响。全球经济超预期大幅放缓、俄乌冲突持续和全球通胀维持高位等所导致的消费需求下降,都会不可避免地对东盟出口贸易造成冲击,使东盟货物贸易不得不面对相对较大的不确

---

① Enterprise Singapore. Review of 3Q 2022 Trade Performance[EB/OL].(2022-11-23)[2022-11-26]. https://www.enterprisesg.gov.sg/-/media/esg/files/media-centre/media-releases/2022/november/mr07322_review-of-3q-2022-trade-performance.pdf.

定性。

三、FDI重要目的地地位在全球供应链重塑中稳固

2022年，支持政策、成本竞争力和工业发展的驱动叠加既有制造中心和日益增加的中等收入消费者，东盟经济体依然是全球FDI的重要目的地，包括电动汽车、电池、半导体和电子产品在内的制造业依然是东盟吸收FDI的增长源，马来西亚、越南、印度尼西亚、泰国、菲律宾等更是受益于全球供应链进一步重塑中美国实施的"友岸外包"计划。①

印度尼西亚投资协调委员会的数据显示，2022年前3季度吸收的FDI分别为147.2万亿印度尼西亚盾、163.2万亿印度尼西亚盾、168.9万亿印度尼西亚盾，相应同比增长31.8%、39.7%、63.6%，业已连续2个季度创下自2011年以来按季度计算FDI的最高增幅。

马来西亚的统计数据显示，2022年第1季度FDI环比增加233亿林吉特至8 121亿林吉特，第2季度进一步环比增加241亿林吉特至8 362亿林吉特；制造业均为前2季度FDI的最大流入部门，分别为3 471亿林吉特、3 600亿林吉特，相应占有42.7%、43.1%的份额。

泰国投资促进委员会的数据显示，2022年前9个月共受理FDI项目643个、同比增长14.6%，合计2 756.51亿泰铢、同比减少24.7%；批准FDI项目594个、同比增长5.7%，合计2 237.46亿泰铢、同比增长35.0%，其中"金属制品和机械"领域共136项、合计702.35亿泰铢，"电气和电子产品"领域共137项、合计525.38亿泰铢。

菲律宾统计署的数据显示，投资促进机构批准的外商投资，2022年第1季度受年初疫情的影响而同比下降54%，仅为89.8亿比索，其中制造业51.5亿比索，占有57%的份额。第2季度受疫情防控措施放松的激励而增长105%，达到462.3亿比索，其中制造业61.5亿比索，以13%的份额排名第3。前6个月外商投资承诺总额合计为552.1亿比索，同比增长30.67%。央行预计全年FDI净流入110亿美元，高于2021年的105.2亿美元。

越南计划投资部的数据显示，2022年截至10月20日吸引的FDI协议总额近224.6亿美元，同比下降5.4%。其中新注册资本项目同比增长14.3%至1 570个，但新注册资本总额同比下降23.7%至99.3亿美元。加工制造业吸引的新注册项目注

---

① JP Morgan：Asean to continue attracting FDI in next 5 to 10 years[EB/OL].（2022-09-23）[2022-11-28]. https://www.mida.gov.my/mida-news/jp-morgan-asean-to-continue-attracting-fdi-in-next-5-to-10-years/.

册资本为 53.7 亿美元，占新注册资本总额的 54%。前 10 个月 FDI 实际到位资金约为 174.5 亿美元，同比增长 15.2%，为过去 5 年同期最大增幅。其中加工制造业到位资金 136.8 亿美元，占已实现 FDI 总额的 78.4%。政府预计全年 FDI 增长 11.5% 至 210 亿—220 亿美元。

四、区域经济一体化在 RCEP 正式实施中加快步伐

2022 年，东盟主导的 RCEP 在包括东盟 6 个成员国在内的 10 个国家间正式实施。加快 RCEP 的落地，确保其有效且高效运行，既为东盟成员国带来更广阔的市场，助力其经济复苏，又为东盟加速区域内外经济一体化注入更强劲动力，加快其融入区域及全球价值链的进程。3 月 18 日，RCEP 对马来西亚正式生效，印度尼西亚亦于 8 月 30 日正式批准 RCEP。RCEP 生效之后首次部长级会议所发布的联合媒体声明，不但鼓励各成员国努力提高 RCEP 利用率，监督、审议协定实施情况，提升区域营商环境，而且重申应避免采取任何与协定项下义务不一致的措施，期待根据各方商定条件迅速建立 RCEP 秘书处，并强调高水平运用 RCEP 以深入推进区域经济一体化的必要性。①

3 月的东盟经济部长非正式会议，进一步增进域内经济合作，深化对内经济一体化，在探讨通过更多途径加强域内供应链，呼吁加速重启域内跨境旅行的同时，同意启动《东盟货物贸易协定》升级谈判，不仅覆盖传统货物贸易因素，还包括无纸贸易在内的新兴问题。11 月的东盟峰会，不但发布原则上同意接纳 2011 年 3 月就已正式提交入盟申请的东帝汶为其第 11 个成员国的声明，正式开启东盟的再次扩容进程，而且就"2025 年后东盟内互联互通议程"发布领导人声明，强调加强东盟内部互联互通，促进数字转型、供应链联通与韧性、能源转型与绿色增长。除与中国正式宣布启动 3.0 版自由贸易区（FTA）谈判外，11 月还就实质性完成与澳大利亚-新西兰 FTA 的升级谈判发布联合声明。

东盟内部贸易进一步扩大。根据东盟秘书处的数据，除柬埔寨以外的东盟内部货物贸易 2022 年前 6 个月的进出口总额、出口、进口分别同比增长 24.6% 至 4 247.88 亿美元、增长 24.5% 至 2 242.60 亿美元、增长 24.8% 至 2 005.28 亿美元，比对外贸易的整体增速相应快 10.0、10.7、9.2 个百分点；占对外贸易总额的比重分别为 23.5%、24.4%、22.6%，比 2021 年同期相应提升 1.9、2.1、1.7 个百分点。

---

① 《区域全面经济伙伴关系协定》(RCEP)首次部长级会议联合媒体声明[EB/OL].商务部国际司,(2022-09-22)[2022-09-26]. http://fta.mofcom.gov.cn/article/zhengwugk/202209/49827_1.html.

第三节 中国-东盟经济:聚焦可持续发展合作

2022年与2021年同为中国-东盟可持续发展合作年,尽管受到新冠肺炎疫情全面而持续的冲击,双方的区域经济合作还是得到进一步的推进。不仅就加强"共同的可持续发展"发表联合声明,还通过"中国-东盟粮食安全合作"联合声明,并宣布将2023年确定为"农业发展和粮食安全合作年",继2021年宣布建立全面战略伙伴关系后,又通过《中国东盟全面战略伙伴关系行动计划》,进一步凝聚发展合作共识,深入对接发展战略,不断增强发展动力,启动3.0版FTA谈判,推动贸易投资自由化便利化持续升级,双方关系站上新的历史起点,友好合作揭开"充满希望的新篇章"。[①]

一、东盟继续为中国第一大货物贸易伙伴

根据中国海关的统计,中国-东盟货物贸易进出口总额、出口、进口2021年分别同比增长28.1%、26.1%、30.8%,占有中国对外货物贸易总额的14.5%、14.4%、14.7%,东盟秘书处的数据显示,对华货物贸易进出口总额、出口、进口2021年分别同比增长29.0%、28.2%、29.6%,相应占有20.0%、16.4%、23.9%的份额,比2020年分别进一步提升0.6、0.7、0.3个百分点,中国继续为东盟仅次于自身的最大货物贸易伙伴、出口市场和超越自身的最大进口来源地,双方已连续3年互为最大货物贸易伙伴。2022年前10个月,中国对东盟货物贸易进出口总额、出口、进口继续分别同比增长13.8%、20.5%、5.6%(见图8-3),比整体的对外货物贸易增速相应快6.1、9.4、2.1个百分点,在中国前3大货物贸易伙伴中增速最快,比欧盟快7.5个百分点、比美国快8.7个百分点;东盟占中国对外货物贸易总额的比重相应为15.2%、15.5%、14.7%,较2021年的全年份额分别进一步提升0.7、1.1、0.09个百分点,东盟依然为中国的最大货物贸易伙伴、进口来源地和仅次于美国、欧盟的第3大出口市场。其中,越南、马来西亚为中国在东盟的前两大货物贸易伙伴,2022年前10个月分别同比增长3.5%、20.1%;与缅甸、老挝、印度尼西亚、新加坡、柬埔寨分别同比增长40.4%、26.2%、26.0%、21.3%、21.2%。

---

① 李克强.在第二十五次中国-东盟领导人会议上的讲话[N].经济日报,2022-11-12(3).

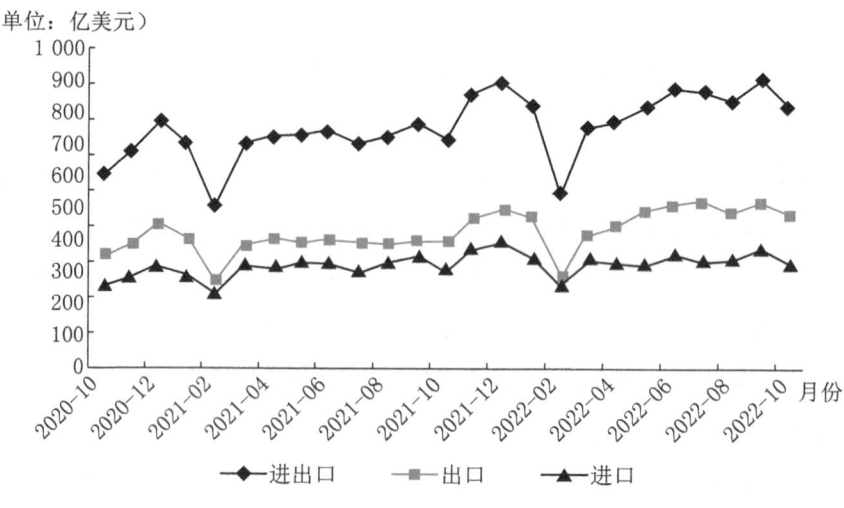

图 8-3 中国对东盟货物贸易变化趋势

•数据来源:根据中国海关统计数据绘制而成。

二、东盟继续为中国对外投资重要目的地

截至 2022 年 7 月底,中国与东盟的双向投资已累计超 3 400 亿美元,已成为相互投资最为活跃的合作伙伴。①中国商务部的统计显示,中国对东盟的直接投资流量 2021 年同比增长 22.8% 至 197.3 亿美元,存量为 1 402.8 亿美元,占中国对外直接投资流量、存量的比重较 2020 年分别提升 0.5 个百分点至 11.0%、0.1 个百分点至 5.0%,比中国整体的对外直接投资流量增速快 6.5 个百分点;东盟依然为中国的第二大对外直接投资目的地,新加坡、印度尼西亚、越南、泰国、马来西亚、老挝 6 个成员国居于中国对外直接投资流量前 20 位国家/地区之列,分别为第 3、第 6、第 8、第 14、第 15、第 16 大目的地。根据东盟秘书处的统计,东盟吸收的中国直接投资 2021 年同比增长高达 95.6% 至 135.97 亿美元,占东盟吸收 FDI 的比重较 2020 年提高 2.1 个百分点至 7.8%,中国跃升为东盟除自身外仅次于美国、欧盟的第 3 大 FDI 来源地。中国对东盟制造业的直接投资流量更同比增长 36.0% 至 86.2 亿美元(见表 8-3),比对东盟整体增速快 13.2 个百分点,占有 43.7% 的份额,比 2020 年提升 4.2 个百分点,依然为第一大目标行业。2022 年前 9 个月,新加坡、印度尼西亚、马来西亚、越南、泰国、柬埔寨 6 个成员国位列中国企业对"一带一路"沿线国家非金融类直接投资的前 8 位。②

---

① 吴长伟等.中国-东盟经贸合作硕果累累[N].人民日报海外版,2022-11-17(6).
② 2022 年 1—9 月我对"一带一路"沿线国家投资合作情况[EB/OL]."走出去"公共服务平台,(2022-10-28)[2022-11-19]. http://fec.mofcom.gov.cn/article/fwydyl/tjsj/202210/20221003363217.shtml.

表 8-3 中国对东盟直接投资前 8 位的行业

行　业	流量				存量			
	金额(亿美元)		比重(%)		金额(亿美元)		比重(%)	
	2020	2021	2020	2021	2020	2021	2020	2021
制造业	63.38	86.20	39.5	43.7	324.23	417.65	25.4	29.8
批发和零售	15.98	31.73	10.0	16.1	188.35	205.61	14.8	14.6
租赁和商务服务业	17.04	21.45	10.6	10.9	200.11	224.41	15.7	16.0
电力/热力/燃气及水的生产和供应业	14.36	14.53	8.9	7.4	119.40	141.78	9.4	10.1
交通运输/仓储和邮政业	8.34	10.27	5.2	5.2	61.02	64.45	4.8	4.6
金融业	7.64	6.50	4.8	3.3	71.19	76.30	5.6	5.4
居民服务/修理与其他服务业	2.52	6.03	1.6	3.1	6.95	13.43	0.5	0.9
建筑业	16.74	5.85	10.4	3.0	105.60	100.76	8.3	7.2

• 资料来源:根据 2020、2021 年度《中国对外直接投资统计公报》整理而成,以 2021 年的流量为序。

三、中国-东盟可持续发展合作亮点纷呈

中国-东盟可持续发展合作年延续两年,凸显双方在新冠肺炎疫情全面冲击下对可持续发展合作的高度重视。继 2021 年 10 月分别推出关于"加强绿色与可持续发展合作""合作支持《东盟全面复苏框架》(ACRF)"的联合声明,进一步强调推动与贸易有关的可持续基础设施发展后,又在 2022 年 11 月推出加强"共同的可持续发展合作"联合声明,重申坚持发展导向与发展优先,推进基础设施建设合作和包括绿色工业化合作在内的第 4 次工业革命与数字化转型合作,提高互联互通水平,支持东盟实现域内粮食、疫苗等关键物资的本地区生产。[①]中国不仅散发双方可持续发展合作年"事实清单"、推出"落实《中国-东盟关于合作支持 ACRF 的联合声明》清单",还将专门设立中国-东盟共同发展专项贷款,共同维护域内供应链的完整与稳定。

中国与东盟基础设施建设合作、互联互通取得重大进展。东盟首条高速铁路印度尼西亚雅万高铁,2022 年 6 月 21 日实现全线 13 条隧道全部贯通,并在 7 月正式启动正线铺轨工作,由线下施工阶段全面转入线上施工阶段,土建工程完成量已超92%;中国出口国外的首列高速动车组,已于 9 月 1 日运抵印度尼西亚,并在 11 月16 日进行首次试验运行,预计 2023 年 6 月就可正式投入运营。东南亚最长隧道——云顶隧道挖掘工程于 2022 年 6 月 23 日正式开始,马来西亚东海岸铁路建设亦步入关键时期。柬埔寨首条高速公路金港高速公路在 2022 年 10 月 1 日通车试运营,从首都金边到最大深水海港与对外贸易中心西哈努克港的车程由原来的逾 5 个

---

① 关于加强中国-东盟共同的可持续发展联合声明[N].人民日报,2022-11-12(3).

小时缩短至 2 小时内,柬埔寨就此步入"高速时代"。而 2021 年 12 月 3 日正式全线开通运营的由中国昆明至老挝首都万象的中老铁路,截至 2022 年 11 月 1 日,沿线 7 个货运站全部启用,万象和泰国林查班港至昆明的运输成本将分别降低 40%—50%和至少 32%;①截至 11 月 7 日,累计开行的货运列车达 225 列,运输的货物突破 1 000 万吨,其中老挝段至 10 月 31 日运输货物 171.83 万吨,货物发送月均增长 17.09%。②中国国内已有 25 个省份开行中老铁路国际货物列车,已实现常态化开行"澜湄快线＋跨境电商"、节约通关时间的双向"铁路快通"、与西部陆海新通道无缝衔接的"中老铁路＋中欧班列"铁路国际货运新模式,助力东盟唯一内陆成员国由"陆锁国"变"陆联国"。2021 年 7 月首次实现与中欧班列联程运输的中越班列,2021 年共开行 346 列,超过开行以来前 4 年的总和,同比增长逾 108%,③2022 年前 10 个月累计开行 238 列,较 2017 年开行当年增长 47.6 倍。④

中国与东盟数字经济合作持续增强。双方于 2022 年 1 月通过关于落实数字经济伙伴关系的"行动计划(2021—2025)"和 2022 年双方"数字合作计划",中国还在 2022 年 11 月双方领导人会议上明确,愿发展跨境电商等新业态新模式,深化数字互联互通和转型合作,将实施未来 3 年为东盟培训 1 000 名数字人才的"中国-东盟数字人才培养计划"。⑤继 2017 年的越南、柬埔寨之后,新加坡、泰国又分别于 2022 年 10 月、11 月成为同中国专门就电子商务合作签署谅解备忘录的东盟成员国。中国(江苏)-柬埔寨"丝路电商"合作项目也已在 2022 年 6 月启动。⑥绿色经济合作继续推进。中国与东盟 2021 年于 5 月达成"环境合作战略与行动计划框架(2021—2025)"、10 月推出关于加强"绿色与可持续发展合作"联合声明、11 月"纪念峰会联合声明"重申探讨开展绿色经济合作并继续鼓励建立蓝色经济伙伴关系,2022 年又在 11 月加强"共同的可持续发展合作"的联合声明中强调推进绿色工业化合作,共建中国东盟清洁能源中心的初步共识也已达成。中国还在 8 月双方外长会议上发出"构建蓝色经济伙伴关系事实清单"⑦。由印度尼西亚政府联合中国与阿联酋投资的布隆安绿色工业园区于 2021 年 12 月举行奠基仪式,并被亲自主持这一仪式的佐科

---

① 孙广勇."这条铁路能让老挝走得更远"[N].人民日报,2022-01-22(3).
② 章建华.中老铁路老挝段货运站全部投入使用[EB/OL].新华社万象,(2022-11-01)[2022-11-12]. http://m.news.cn/2022-11/01/c_1129093709.htm.
③ 康安等.南宁至河内货物运输实现"一日达"[N].广西日报,2022-01-05(3).
④ 黎兆齐等.前 10 月中越班列累计开行 238 列[N].南宁晚报,2022-11-08(3).
⑤ 李克强.在第二十五次中国-东盟领导人会议上的讲话[N].经济日报,2022-11-12(3).
⑥ 刘旭.中国东盟数字经济合作正当时[N].国际商报,2022-11-17(4).
⑦ 王毅出席中国-东盟(10+1)外长会[EB/OL].中国外交部,(2022-08-04)[2022-11-28]. https://www.mfa.gov.cn/web/wjbz_673089/xghd_673097/202208/t20220804_10734616.shtml.

总统寄望建成世界最大的绿色工业园。①缅甸皎漂燃气联合循环电站在2022年10月10日举行首台燃机点火发电仪式,投产发电正式进入倒计时。

四、3.0 版 FTA 谈判正式启动,区域经济一体化持续深入

继在2021年10月中国-东盟领导人会议上表示,将与东盟启动中国-东盟FTA升级后续谈判的联合可行性研究,打造更互惠互利、开放包容的双边与区域经贸关系②后,中国又在同年11月的双方建立对话关系30周年纪念峰会上提出,尽早启动中国-东盟FTA 3.0版建设,拓展包括数字经济、绿色经济在内的新领域合作。③2022年,双方加快推进并顺利完成联合可行性研究,于11月领导人会议上正式宣布启动中国-东盟FTA 3.0版谈判,持续推进区域经济一体化的机制化建设。

中国除宣布为RCEP经济技术合作捐款100万美元,继续帮助东盟成员提升协定实施能力外,还于2022年5月1日起对缅甸RCEP项下原产货物实施关税减让,RCEP在中国与缅甸之间正式生效实施。中国-新加坡FTA升级后续谈判顺利推进,截至2022年8月已进行4轮。中国-柬埔寨FTA也已在2022年1月正式生效实施,中国给予柬埔寨的零关税产品税目比例达到97.53%,且97.4%是生效即降为零,柬埔寨给予中国的零关税产品税目比例也达到90%,且87.5%是生效即降为零。

五、"两国双园"模式推广

中国在2021年10月中国-东盟领导人会议上倡议,探讨开展"多国多园"合作,建设具有示范意义的国际产能合作园区。④继中国-马来西亚以钦州产业园、关丹产业园开创"两国双园"合作新模式后,中国-印度尼西亚也于2021年启动"两国双园"建设及其联合工作委员会机制。印度尼西亚更采取"一园多区"形式,构成中国福建福清元洪投资区和印度尼西亚民丹-阿维尔那-巴塘工业园的"两国双园"特有格局。其步入实施阶段的首份发展规划——《中印尼"两国双园"产业合作规划》也已于2022年9月通过专家评审,将围绕"通过产业链与供应链分工合作,打造两国产业合作连通器与转换器"这一核心逻辑,建设海洋渔业、热带农业、轻工纺织、机械电子、绿色矿业五大跨国合作产业链和中国印度尼西亚国际贸易、国际物流(冷链)、国际产能、国际金融、人文与健康五大合作平台。⑤截至目前,中方园区的投产项目已达

---

① 总统要布隆安工业区成为世界最大绿色工业区[N].(印度尼西亚)国际日报,2021-12-22(A1).
②④ 李克强.在第二十四次中国-东盟领导人会议上的讲话[N].人民日报,2021-10-27(3).
③ 习近平.命运与共 共建家园——在中国-东盟建立对话关系30周年纪念峰会上的讲话[N].人民日报,2021-11-23(2).
⑤ 陈盼兰.《中印尼"两国双园"产业合作规划》通过专家评审[EB/OL].福清新闻网,(2022-09-05)[2022-11-29]. https://www.fqxww.cn/out/20220905/LUq5978V8T.shtml.

36个,国家骨干冷链物流基地已渐成规模,综合物流体系也已启动建设,远洋渔获上岸点更已实现常态化运营;计划打造10个渔业基地的示范项目印度尼西亚海洋渔业中心,由中国企业与印度尼西亚企业联合总投资50亿元人民币,首个基地选址在印度尼西亚东爪哇省图班市,并已于2022年3月投产。[①]

[①] 龙敏.中印尼"两国双园"项目加速推进 促福建深化与印度尼西亚产业合作[EB/OL].中新社福州,(2022-11-15)[2022-11-29]. https://www.chinanews.com/cj/2022/11-15/9894913.shtml.

第九章
印度经济:潜力释放后经济保持较快增长

新冠肺炎疫情下,全球经济复苏多舛:供应链循环受阻,商品流动放缓,世界经贸格局再添动荡;"黑天鹅"事件频发,反复考验企业的耐力、定力和判断力……可以说,当今世界经济面临的最大风险,是日益凸显的不确定性。自2014年莫迪就任印度总理积极推动印度经济体制改革以来,印度经济释放了极大的增长潜力。2021年,其在低基数之上实现了8.9%的经济增速,在全球主要经济体中位居第一。2022年由于俄乌冲突、美联储激进加息等外部不确定性因素的冲击,以及自身结构性改革瓶颈凸显,印度经济增长势头有所放缓。

第一节 2021—2022年印度经济运行的主要特征

根据"世界经济展望"数据表明,印度GDP在2020年下降了6.6%。这是自独立以来印度经济最严重的收缩,印度成为世界上受疫情影响极为严重的主要经济体之一,多个部门受到了疫情的影响。

一、2021年整体经济增速亮眼

自2021年夏季以来,由于新冠肺炎确诊病例的持续下降,以及疫苗接种率的不断提升,印度经济呈显著反弹趋势,2021年堪称印度经济复苏年。由于出口和总体消费需求强劲增长,印度实现8.9%的经济增速。表9-1显示了印度2019—2021年的实际GDP增长情况。

表9-1 中印两国GDP实际增长率(2019—2021年) (单位:%)

国家 \ 年份	2019	2020	2021
中国	6	2.2	8.1
印度	3.7	−6.6	8.9

• 数据来源:World Economic Outlook (April 2022) -Real GDP growth (imf.org)。

印度经济复苏的积极迹象还体现在制造业和农业。印度的财年为4月1日开始到下一个公历年3月31日,根据印度中央统计局的数据,[①]2021—2022财年GDP为147.36万亿卢比,与2019—2020财年同期的145.16万亿卢比相比,增长1.5%。印度经济规模明显超越疫情前水平。此外,从产业来看,2021—2022财年,印度农业总产值达21.1万亿卢比,制造业的总产值为24.71万亿卢比;而在2019—2020财年,印度农业总产值为19.82万亿卢比,制造业产值为22.61万亿卢比(见表9-2)。从此可以看到,印度农业和制造业水平也明显超过疫情前水平,体现印度经济强劲的发展韧性。

表9-2 印度经济部分数据

(单位:万亿卢比,按2011—2012年的价格计算)

	2019—2020财年	2020—2021财年	2021—2022财年
GDP值	145.16	135.58	147.36
农业总产值	19.82	20.48	21.10
制造业总产值	22.61	22.47	24.71
采矿、能源产业总产值	3.00	2.90	3.11
最终私人消费	82.60	77.64	83.78
最终政府消费	14.84	15.38	15.77

• 数据来源:印度中央统计局,2022年5月31日。

从消费来看,2021—2022财年,印度的最终私人消费(Private Final Consumption Expenditure, PFCE)和最终政府消费(Government Final Consumption Expenditure, GFCE)分别为83.78万亿卢比和15.77万亿卢比,均超过疫情前2019—2020财年的数据。消费的复苏意味着印度经济获得较强的增长动力。

此外,印度经济的复苏还体现在贸易数据上。总的来说,印度是2021年第一季度贸易表现优于世界主要经济体的少数国家之一。世界经济展望数据表明,印度2021年贸易表现较为抢眼,2021年进口增长了22.75%,出口增长了22.5%(见表9-3)。即使在新冠肺炎疫情袭击印度之后,印度的商品贸易也能较快恢复并实现增长,这反映了印度具备贸易韧性,并逐渐从疫情冲击的困境中走出,正走在复苏路上。

表9-3 印度和中国进出口增长率(2019—2021年)

(单位:%)

国家	进/出口	2019年	2020年	2021年
中国	进口	0.438	0.002	12.058
	出口	−0.277	4.781	16.796
印度	进口	−5.505	−15.522	22.75
	出口	−4.234	−7.406	22.5

• 资料来源:World Economic Outlook (April 2022)-Real GDP growth (imf.org)。

[①] Government of India. Annual Report 2021-22[EB/OL]. (2023-02-01)[2023-03-01]. https://www.mospi.gov.cn.

二、2021年经济复苏不均衡

印度经济复苏呈现不均衡状态,尽管印度的部分产业规模高于疫情前水平,但印度的服务业规模仍低于疫情前水平。

(一)复苏不均衡状态显现

根据印度中央统计局的数据,2021—2022财年,印度贸易、交通、餐饮、通信等服务业的规模为23.86万亿卢比,而在疫情前的2019—2020财年,这一数据为26.90万亿卢比。此外,印度经济复苏的动力呈现不断减弱趋势。2020—2021财年,印度4个季度的经济增速为20.1%、8.4%、5.4%和4.1%,逐渐下行趋势明显(见表9-4)。

表9-4 印度部分产业和GDP增长率(2021—2022财年) (单位:%)

产　　业	第一季度	第二季度	第三季度	第四季度
农业	2.2	3.2	2.5	4.1
矿业	18.0	14.5	9.2	6.7
制造业	49.0	5.6	0.3	−0.2
贸易、交通、餐饮、通信等服务业	34.3	9.6	6.3	5.3
公共行政、国防和其他服务	6.2	19.4	16.7	7.7
GDP	20.1	8.4	5.4	4.1

• 数据来源:印度中央统计局。

在2022年1—3月(也就是印度2021—2022财年的第四季度),农业只增长了4.1%,制造业收缩了0.2%,其他产业的增长幅度也出现放缓趋势,这突出显示了印度经济增长动力呈现下行状态。除增长动力出现衰弱趋势外,通胀压力也仍然存在。

(二)通胀压力仍然存在

根据印度央行发布的以消费者价格指数衡量的基准通胀率数据(见图9-1),印度经济面临的通胀压力在不断增加。

2021年初,随着新冠肺炎疫情病例开始减少,印度经济开始出现复苏迹象,前四个月的通货膨胀率在6%以内。然而,因为3月底新冠肺炎疫情病例在该国的数量开始上升,各邦和中央政府决定实施严格的封锁,这扰乱了商品和服务的流动,从而对后续通货膨胀率产生直接影响。继第二波浪潮及其对供应链的影响之后,通货膨胀率在5月份攀升至6.3%,6月份攀升至6.26%。食品和燃料价格的持续上涨给企业和家庭都带来了压力,引发了全国各地的抗议。

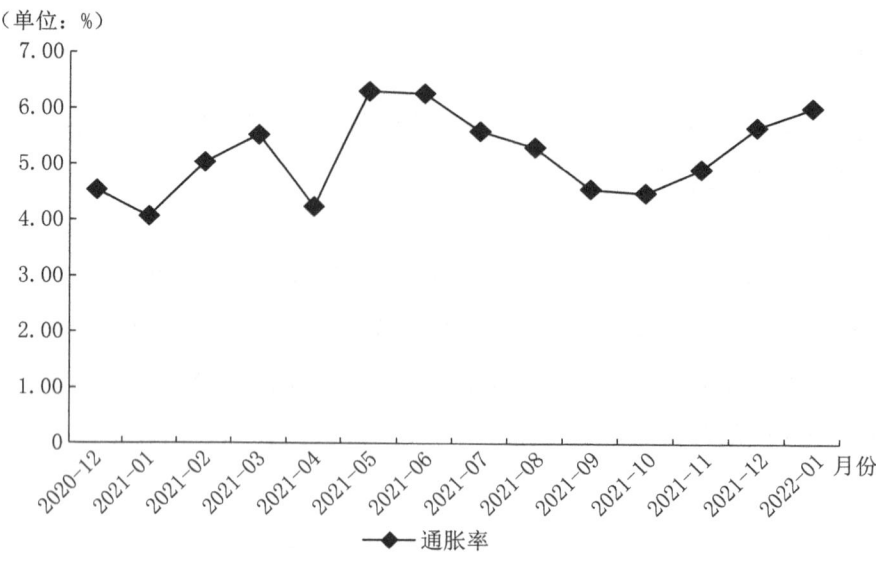

图 9-1 印度通货膨胀率(2020 年 12 月—2022 年 1 月)

• 数据来源：https://tradingeconomics.com/india。

8 月后，随着逐步开放和经济开始复苏，通货膨胀率也有所下降，9 月到 4.35%，是 2021 年 4 月以来最低的零售通货膨胀率。尽管随后有所下滑，但在 11 月份上升了 14.23%，达到 4.91%，并呈现不断上升的趋势。此外，燃料和能源价格也上涨了近 40%。通胀上升尤其对城市贫困人口（20% 以下）带来挑战，经济、社会等多方面将面临考验。

（三）失业率居高不下

根据印度经济检测中心（The Centre for Monitoring Indian Economy，CMIE）数据，2021 年 1—3 月印度城市失业率为 7.33%。虽然这一数字低于上一季度的 10.3%，但与 2020 年同期相比，仍高出了 0.3 个百分点。2021 年第一季度，印度各邦失业率继续居高不下，自 2020 年以来，15—29 岁年龄组的青年失业率一直呈持续上升趋势。

在新冠肺炎病例首次激增之后，印度于 2020 年 3 月宣布了首次全国范围的封锁，失业率在 2020 年 5 月创下 23.5% 的历史新高（1991 年以来的最高水平）。2021 年，印度虽然没有宣布全国范围的封锁，但所有邦政府都宣布了封锁。在第二波封锁中，农村地区和城市地区都感受到了封锁的经济影响。整体失业率在 2021 年 5 月达到峰值，为 11.84%，相当于第二波疫情期间约有 1 亿印度人失业。2021 年 6 月以后，第二波新冠肺炎疫情逐渐消退，对行动的限制也有所减少。相应的，劳动力市场开始缓慢改善，7 月份失业率降至 6.96%。但这只是暂时的放缓，到 8 月份，失业率再次上升到8.3%,这主要由于气候变化和外部需求等不确定性的存在,造成农业就业机会减少,从而提高了失业率(见图9-2)。

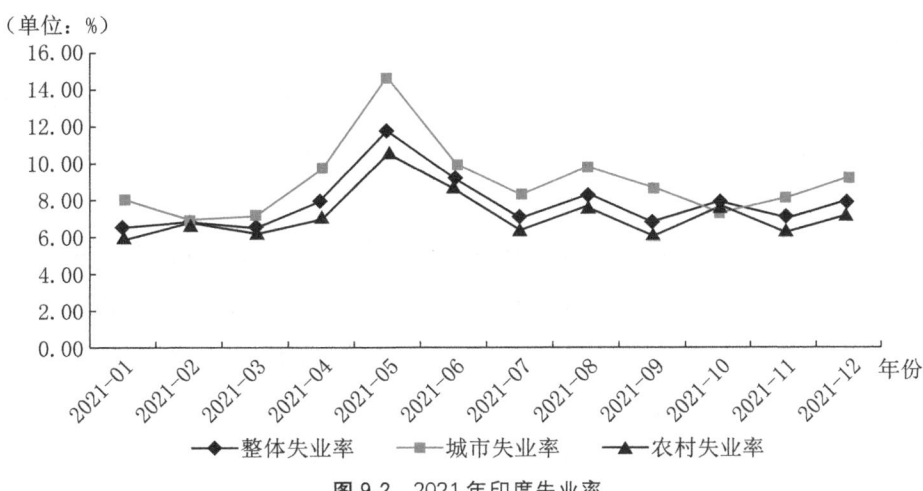

图 9-2　2021 年印度失业率

• 数据来源:Unemployment (cmie.com)。

此外,印度的劳动力参与率也出现结构性下降。根据世界银行的估计,2021年印度的劳动力参与率在46%左右,而全球的劳动力参与率在58.6%。劳动力参与率的下降表明,就业市场上的人越来越少,这对印度来说,减少的人数中大部分为女性。印度是世界上女性劳动力参与率最低的国家之一。此外,根据CMIE的总体数据显示,与疫情前水平相比,女性就业率比男性低了9.5个百分点,显示印度就业中的性别差距正在不断扩大。①

(四)政府债务高企

印度2020—2021年疫情期间公共债务的增长速度比2008—2009年全球金融危机期间更快。尽管在经济放缓期间,政府支出的增加是好事,因为这有助于提振经济,但长期的高债务水平将对具有巨大融资需求的项目构成重大挑战。由于债务激增可能导致政府支出下降和融资成本上升,印度的企业和消费者面临疫情后的负面影响。

此外,疫情冲击了全球供应链,2020年世界商品贸易下降了7.4%,全球出口总额为17.6万亿美元,比上一年减少1.4万亿美元。这是自2009年以来的最大年度跌幅。②全球供应链调整、贸易保护主义抬头、地缘政治紧张等多种原因,推动全球经

---

① Maskara, S. The India Economy in 2021: Year in Review[EB/OL]. (2021-12-15)[2022-02-06]. http://thedailyguardian.com/the-india-economy-in-2021-year-in-review/.
② UNCTAD. 2021 Handbook of Statistics[EB/OL]. (2021-12-09)[2022-02-08]. Doi: 10.18356/9789210010610.

济格局的变化。这也使得印度经济复苏面临较大的不确定性。

三、2022 年经济保持较快增长

根据印度中央统计局的数据,①2021 至 2022 财年的实际 GDP 增长率为 8.7%,比 2019—2020 财年的实际 GDP 高出 1.5%。这些数字与更强劲的增长势头有关,表明经济需求增加。但是由于疫情、战争等引发的外部环境变化,印度经济面临较大的不确定性。

进入 2022 年,全球经济形势比之前预期的更为疲弱。能源价格上涨和供应中断导致了比预期更高、更广泛的通货膨胀,尤其是在美国和许多新兴市场和发展中经济体。2022 年,印度将不得不应对燃料、食品价格持续上涨以及城市失业率不断上升的问题。根据印度中央统计局 5 月 31 日公布的数据显示,印度 2022 年一季度经济增速放缓至 4.1%。数据显示,一季度印度经济增速放缓主要是受到石油和其他主要商品价格上涨、全球供应链不稳定等因素影响。

如世界银行的预测报告中指出,乌克兰战争将减缓南亚国家疫情下的经济复苏,尽管该报告认为这对印度造成的影响是"温和的"。该报告认为,由于印度家庭购买力受到限制,劳动力市场尚未完全恢复以及通胀压力的存在,印度经济增长在 2022 年下半年可能出现逐渐下降趋势;更高的通胀压力和劳动力市场的不均衡复苏将抑制私人消费和投资。但随着印度国际航班的恢复,旅游服务业可能有所改善,同时预计计算机和专业服务出口也仍将保持强劲势头。

而国际货币基金组织则将印度 2022 年的经济增长前景从早先预测的 9% 下调至 8.2%。预计由于油价上涨影响到的私人消费和投资的下降以及国外需求(净出口)的下降,最终将导致印度经济出现疲软。另根据联合国报告的估计,由于乌克兰冲突影响全球 GDP,预计 2022 年印度将增长 6.4%,低于 2021 年的 8.9%,但仍然是增长最快的主要经济体。

四、人均 GDP 水平仍然较低

在发展环境面临诸多风险和不确定性、世界经济波折起伏之际,印度经济增速较之往年有所下降,但继续保持高位。

根据国际货币基金组织公布的印度 GDP 数据显示,从 2000 年以来,印度经济保持着较快的增长速度,在 2010 年达到最高点 10.3%,此后有所回落,但也仍基本保

---

① Government of India. Annual Report 2021-22[EB/OL]. (2023-02-01)[2023-02-16]. https://www.mospi.gov.cn.

持在6%以上,2020年由于疫情影响,出现负增长,但到2021年、2022年,印度就成为世界经济发展最快的经济体(见图9-3)。此外,根据各国GDP数据,作为英国前殖民地的印度,在2021年的最后三个月超过了英国,其领先优势在2022年前三个月进一步扩大。按照分析,印度的经济规模将在2027年比英国大20%左右。

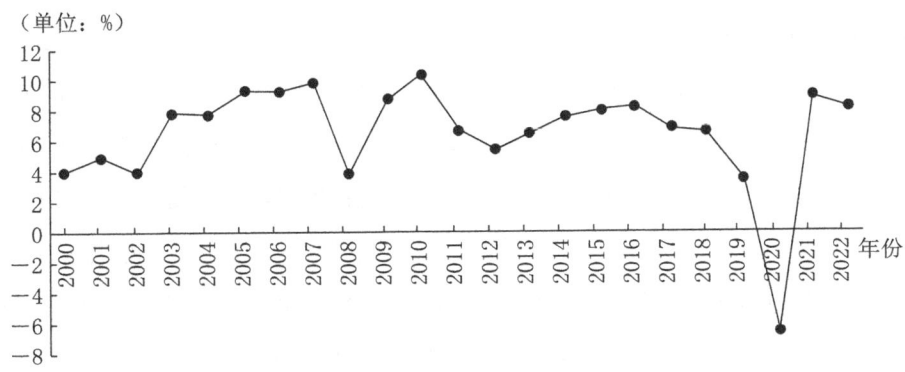

图9-3 2000年以来印度的GDP增速

• 数据来源:IMF。

数据显示,印度在2022年头三个月的名义GDP为8 547亿美元,英国同期数据为8 160亿美元,而英国2022年第二季度的GDP还出现了0.1%的萎缩,这可能继续扩大两者间的差距。此外,英镑兑印度卢比的表现也不如美元,2022年英镑兑印度卢比的汇率下跌了8%。因此,IMF指出印度2022年全年GDP规模仍将超过英国,仅次于美国、中国、日本和德国,成为世界第五大经济体。

根据世界银行数据,印度人均GDP呈现持续上升趋势,从2000年的0.04万美元增长至2021年的0.22万美元,尽管增长幅度较大,但与其他国家仍存在较大差距。印度在经济总量上已超过英国,但从2021年人均层面来看,英国人均GDP为4.73万美元,是印度的19倍之多,中国人均GDP为1.19万美元,是印度的5倍,更遑论美国的人均GDP 6.94万美元。从这个角度来看,印度经济发展任重道远,与发达国家依然存在着巨大的差距。

五、对外贸易发展迅速,但逆差依旧巨大

作为一个发展中国家,印度经济增长之伤,莫过于长期面临经常账户和财政"双赤字"。据印度商业信息署与印度商务部统计,2022年前10个月,印度对外商品贸易总金额扩大至9 870.6亿美元,同比增长25.9%。其中,出口商品金额为3 787.14亿美元,同比上涨16.7%;进口商品金额为6 083.45亿美元,增长高达

32.3％。由于进口商品金额增速接近出口商品金额增长率的2倍,这导致印度前10个月的对外商品贸易逆差已接近2 300亿美元,2021年同期的逆差只有1 350多亿美元,同比增幅接近70％,创下历史新高。

印度是一个发展中国家,对外贸易处于逆差,意味着该国对外贸易处于弱势之中。贸易逆差不仅反映了印度产品全球竞争力弱,更表明印度的社会财富在向世界其他国家流出。印度为了能够避免购买其他国家商品,就不得不拿印度自身信用,换取外国投资者的财富借款购买商品,弥补印度贸易逆差造成的自身财富流出大于流入的问题。

首先,对外商品贸易对印度GDP的拖累效应放大。按支出法计算,一个国家或地区的GDP由"私人消费和投资,官方消费和投资,对外贸易的净出口"组成。2022年前10个月印度外贸逆差再创新高。与往年相比,"净出口"将成为拉低印度经济持续上涨的主要拖累因素。逆差创新高,外汇大量流出,叠加欧元、英镑、日元等多种货币的贬值影响,印度官方的外汇储备也将因此受到重创。截至2022年11月11日,印度央行的外汇储备总规模已降至5 299.94亿美元,与高峰时期的近6 500亿美元相比,损失了1 300亿美元左右。债务违约风险增加。

其次,当前的高额逆差,不是出口萎缩导致的,而是由于进口商品价格上涨幅度更高,推升了逆差,属于良性。数据显示,2022年前10个月的印度商品出口金额同比扩大了16.7％,这是一个非常高的增长率。从间接角度来看,外部需求依然较为旺盛,印度多家企业获得的订单仍然较为充裕。特别是在西方国家采取产业链调整策略影响下,印度获得了规模不小的产业转移投资,制造业实力得到强化。以2021—2022财年为例,印度全社会吸引的外商直接投资规模达到了创纪录的836亿美元,在全球新兴经济体中处于较为靠前的位置。其中,制造业引入的外资为213.4亿美元,同比涨幅高达76％。

第二节 影响2022年印度经济的主要因素

根据印度统计局的估计,2022—2023财年印度的(GDP)增长7％,相较于上一财年有所滑落,但印度经济仍然是全球主要经济体中增长最快的。印度经济增长点主要来自服务业的快速复苏,同比增长25.7％,对其经济贡献超过2/3。同时,印度增长仍面临着较大的不确定性,根据国际货币基金组织的预测分析,[1]由于世界主要经

---

[1] IMF. World Economic Outlook: Countering the Cost of Living Crisis[EB/OL]. (2022-10-17)[2022-11-01]. https://www.imf.org/en/Publications/WEO/Issues/2022.

济体采取了紧缩货币政策,包括美联储在内的央行为抑制高通胀而采取的加息政策,将进一步推高商品、服务等的生产成本,从而对商品、服务需求产生削弱作用,进而将影响到印度的经济增长。

一、发展以服务业为主

根据世界银行2022年7月发布的最新标准,人均国民总收入须达到13 205美元才能触及"发达国家"的门槛。而2021年,印度人均国民收入为2 170美元。照此情况,印度人均国民总收入必须连续25年至少保持7.5%的增速,才有可能在2047年成为发达国家。

然而,长期以来,印度在超过50%的劳动力仍受雇于农业部门、90%的工人受雇于"非正规部门"的情形下,没有利用自身劳动力优势发展劳动密集型、出口导向型制造业,反而越过初级工业化阶段,直接进入服务业、资本密集型产业主导的阶段。虽然印度常以信息技术服务、制药等"高端产业"为豪,但其实质却是"扬短避长":资本密集型产业大量占用印度本就稀缺的资本,但充盈的人力资源却遭闲置。这正是印度就业不足、出口乏力、贫富分化加剧等问题的源头。由于内生动力不足,新冠肺炎疫情暴发前印度经济增速就已回落至4%的水平。

二、工业化进程逐步步入正轨

无论从国际环境、国内条件,还是从莫迪政府的指导思想看,当前印度推动工业化已具备前所未有的有利条件。从国际环境看,新冠肺炎疫情导致的产品间断性断供,使一些西方国家更加重视分散风险,提高"供应链弹性",同时,印度也看到替代全球产业链、供应链部分环节和地位的绝佳机遇。2020年新冠肺炎疫情初期印驻外机构就曾试图以"增加供应链可靠性"为名,劝诱跨国企业赴印。在"四国机制"下,美日印澳也产生了"美国提供市场、日本提供产业解决方案、澳大利亚提供原材料、印度提供产能"的愿景。此外,印度与澳大利亚、阿拉伯联合酋长国、欧盟、加拿大的自由贸易协定谈判均取得不同程度的突破。2022年4月,印度联合欧盟成立技术贸易委员会(TTC),旨在针对敏感领域、关键技术更好地协调双边立场;9月,印度还参与美国主导的"印太经济框架"谈判四大支柱领域中的三个,即供应链、绿色低碳、公平经济。这在贸易、技术、原材料供给等方面为印度推动本土工业化创造了有利的外部条件。

值得关注的是,印度国内也出现诸多有利于工业化发展的变化。从执政方针上看,莫迪政府自2014年上台便提出"印度制造",此后又接续推出"印度自力更生"、生产关联激励计划(PLI)等产业政策。莫迪政府称得上印度自1991年实施市场化改革以来推动制造业发展最积极的一届政府。从改革成效上看,莫迪政府不仅推出废钞令、商品服务税(GST)改革、破产清算流程改革等强化经济治理的举措,还在联邦和地方邦两个层面有力推动劳工、征地等历届政府长期难以突破的改革,并取得初步成效。从地方政治上看,印度多邦政治势力都开始在选战中主打"工业牌",承诺发展制造业,达到创造就业、盘活资源、拉动本地经济的目的。各邦政府之间、邦内政党之间围绕制造业的竞争也达到全新高度。在内外有利条件的加持下,印度一些产业已取得突破性进展,其中手机制造业就是典型例证。2022年,印度不仅实现韩国三星、中国小米、OPPO、VIVO等在印度市场占据主流份额的智能手机的全部国产化组装,还开始大幅扩产对本地产业链、供应链配套要求极高的美国苹果公司的iPhone手机。专业调研数据显示,2021年印度智能手机出货量同比增长11%,达1.69亿部,整体市场收入突破380亿美元,同比增长27%。

事实上,印度本土手机制造业的飞速发展已产生远超其本身经济意义的反响,不仅坚定了印度发展本土制造业的决心,还刺激印度各级政府及企业向家用电器、汽车配件等更广阔的制造业领域复制拓展成功经验。

三、整体营商环境有待实质性改变

在"印度制造"计划推行8年后,许多跨国公司逐渐退出了印度,一是因为印度营商环境有待改善,二是跨国公司未能因地制宜。印度当地媒体认为,印度有望超越中国成为世界上人口最多的国家,但由于失业率上升,超过一半的人失业,印度正面临经济危机,已有包括德国零售商麦德龙(Metro AG)、法国零售集团家乐福(Carrefour)、瑞士建筑材料公司霍尔希姆(Holcim)、英国银行业巨头苏格兰皇家银行在内的多家外资从印度撤出。一直以来,美国政界都视印度为"天然盟友",即便如此,撤走的美资也不在少数:从福特(Ford)、通用汽车(General Motors)、哈雷摩托(Harley Davidson)等公司到花旗银行(CitiBank)等金融机构,要么已经退出印度,要么正准备退出或缩小规模。数据显示,2021年3月至2022年3月,印度的外国直接投资流入额为587.7亿美元,略低于一年前的596.4亿美元。2021年底,印度工商业部的统计表明,从2014年到2021年11月,多达2 783家外国公司离开了印度,这并不是一个小数字,因为在印度只有12 458家活跃的外资企业。

从营商环境来看,印度虽然有所改善,但仍存在很多障碍。2020年后,部分外资公司将制造基地放在了越南、泰国等国家,只有少数迁来了印度。2021年,印度政府公布《在后疫情时代经济中吸引投资:印度面临的挑战和机遇》报告,详细列出了印度营商环境目前存在的问题,包括行政和监管障碍、信贷不足、征地程序烦琐、基础设施不足、物流成本高、制造业无组织等。报告还指出,为克服这些障碍,政府已采取了方向正确的措施,但能否成功则取决于改革具体怎么实施。印度的困境在于其难以简化法规和监管,各种框架势必会导致投资者失去兴趣,但是,倘若简化法规,又会导致税收流失……由于存在这一系列问题,在吸引外资方面,印度需要找到健康的平衡点。目前,印度的《商业法》中有 26 134 条相关条款,这种庞杂的监管也被人称为"胆固醇效应"。

"胆固醇效应"阻碍了印度当地的经商活动,并进一步扼制资金流动,为企业创造就业、社会财富和 GDP 设置了障碍。印度政府虽然意识到了这一点并努力进行改革,但这些改革没有起到很大作用,且经常变动的政策也给企业带来了麻烦。世界银行数据显示,在印度注册一家公司需要 18 天,比经合组织国家的平均时间要长一周左右。此外,在印度注册企业必须经过 12 个步骤。用地方面,申请建筑许可证需要 34 个步骤和 110 天的时间,必须得到印度中央政府和邦政府的批准。关税也是外资打入印度市场的拦路虎。2018 年底,莫迪大规模提升关税,从平均 13% 提高到 20%,彼时,就连美国时任总统特朗普也批评印度是"关税之王"。印度税务部门还曾对小米、诺基亚、IBM、沃尔玛、凯恩能源等多家外资企业开出高额罚单。与此同时,莫迪政府的政策也越来越走向"国内保护主义"。2019 年,莫迪开启他的第二届总理任期后,印度选择退出区域全面经济伙伴关系协定。

第三节 2022 年中印经贸合作的新动向

中国与印度是长期以来的竞争合作伙伴,尽管双方在部分议题上存在不同看法,但两国作为发展中国家,同时也是人口大国,对维护国际多边秩序抱持着同一理念。和平发展仍是双方关系发展的主轴。

一、中印经济存在互补空间

尽管在全球经济再平衡等多方面中,中印仍存在不同看法,但两国的贸易和经济关系愈发密切。2021 年,印度与中国的贸易额超过 1 250 亿美元,创下历史新高,尤其是在疫情的大背景下,这一数据更是凸显出印度市场对中国商品的依赖性,也侧面反映了两国贸易关系的密切程度。

中国是印度前三大贸易伙伴。根据国际贸易中心研究工具(Trademap)的数据显示(见图 9-4),印度从中国进口在 2021 年突破新高,呈现较快的增长趋势。另据中国海关总署的报告,2021年中印两国双边贸易额更是创下新纪录,中印双边贸易额同比增长43%,这在我国主要贸易伙伴中也位居前列。拉克什·库马尔在2018年提出印度和中国在政策方面即在双边贸易上达成共识是两国外交和政治关系的基石。受益于过去几十年的全球化政策,印度和中国的经济持续发展,双边贸易大幅增长。此外,根据中国海关公布的贸易数据显示,中印双边贸易在2022年仍继续蓬勃发展,前9个月内双边贸易额突破1 000亿美元,达到1 036.3亿美元,同比增长14.6%,中国对印度出口攀升至896.6亿美元,同比增长31%,印度贸易逆差则攀升至750亿美元以上。

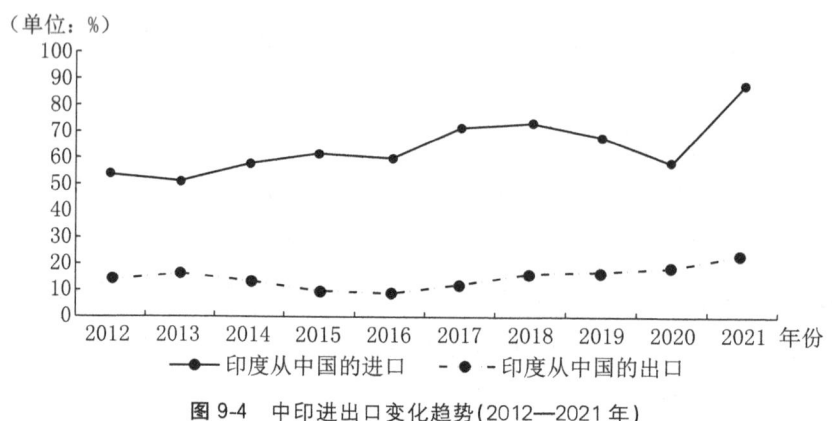

图9-4　中印进出口变化趋势(2012—2021年)

•数据来源:https://www.trademap.org/。

印度拥有巨大的制造业产品需求市场,而且对进口的依赖度较高。中国作为制造业大国,物美价廉的制造品可满足印度市场需求。印度的企业在设备、技术和零部件等方面也需要中国产业链的支持。印度从中国进口的主要为机械器具和化学产品,可以看到,电机和机械设备占比明显高于其他产品,电机设备进口从2015年开始就一直占印度从中国进口的30%以上,此外,机械设备进口也从2014年开始一直处在攀升状态,2021年更是达到21.47%(见图9-5)。

中国对印度的产品需求却不多,主要以铁矿石为主,但占比不高。2021年印度对中国的矿石出口占比为15.12%。此外,有机化学品、矿物燃料、棉花和钢铁在印度对中国的出口产品中占比相对较高,在2021年分别达到10.95%、7.59%、7.30%和6.37%(见图9-6)。

二、中印在全球经济治理中的合作

尽管中印在经济等领域存在一定的竞争,但是两国反对国际及地区经贸领域中

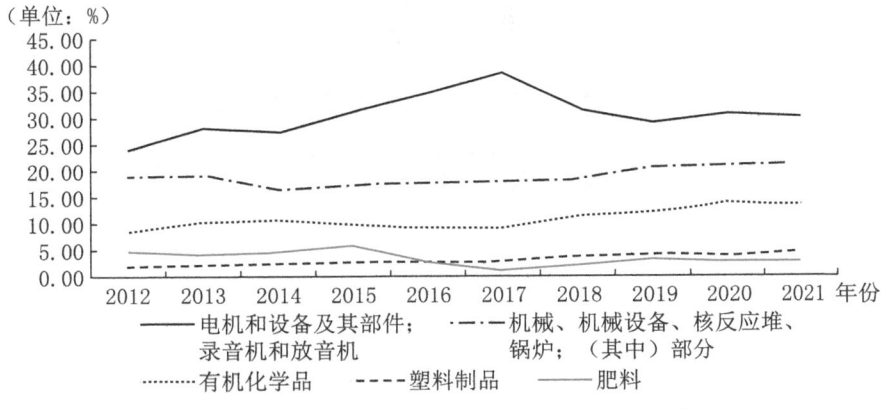

图 9-5　印度从中国进口的主要商品(2012—2021 年)

• 数据来源：https://www.trademap.org/。

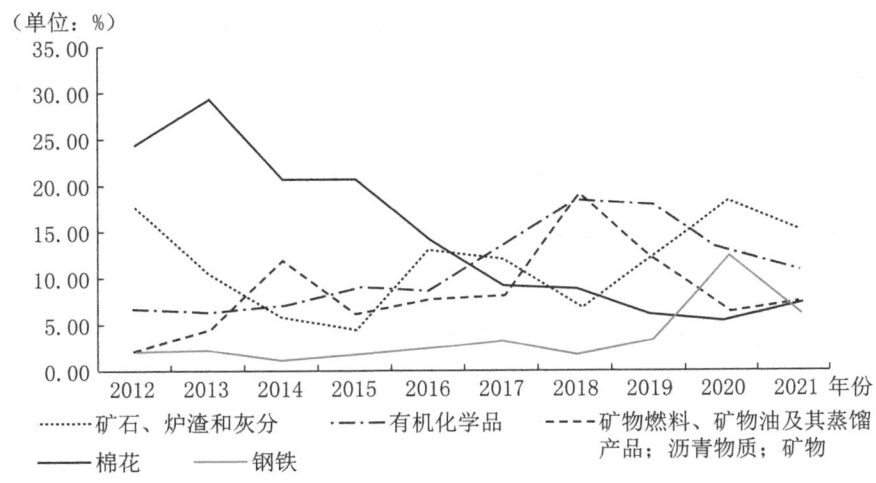

图 9-6　印度对中国出口的主要商品(2012—2021 年)

• 数据来源：https://www.trademap.org/。

贸易保护主义的共同愿望、应对气候变化的态度等，基本一致。

中印是世界上最大的两个发展中国家，又同是人口大国、新兴大国、金砖国家，也是亚洲重要的区域大国。中国和印度也是推动联合国气候变化议程实践的积极贡献者。印度积极参与金砖国家平台的建设和加入亚投行、金砖国家和新发展银行，为南南合作出力。

推动全球治理体系的渐进式改革是金砖国家合作机制的基本定位。金砖国家是推动现存全球治理机制变革的重要力量，致力于实现更具代表性和更加公平的全球治理。金砖国家领导人在 2022 年北京会晤中一致认为，要改革全球治理，使全球治理机制更具包容性、代表性和参与性，以促进发展中国家更加深入、更有意义地参与全球决策进程和架构，使全球治理体系更加符合当代现实。

第十章
俄罗斯经济:俄乌冲突和西方制裁下的韧性与隐忧

2021年,俄罗斯经济总体已经恢复到疫情前水平,这既得益于与中国巩固和发展了战略协作伙伴关系,又得益于俄罗斯政府多管齐下的政策调控措施。2022年,持续的俄乌冲突叠加不断加码的西方制裁,俄罗斯经济展现了出人意料的韧性。这种韧性源于俄罗斯的自然资源禀赋、长期进口替代战略、国家垄断资本主义和适时采取的一系列反制措施。往后看,俄乌冲突打断了俄罗斯经济的正常复苏路径,多项经济隐忧犹存:卢布过度升值抑制消费和出口,外汇储备被冻结加剧国家信用风险,外资加速撤离扰乱产业链与供应链稳定,长期技术封锁导致现代工业或将倒退。

第一节 2021年的俄罗斯经济:稳步复苏中开始绿色转型

随着新冠病毒疫苗接种工作的推进、大宗商品价格的逐步恢复、国内需求的持续回升和货币政策的及时收紧,俄罗斯经济呈现稳步复苏迹象。根据俄罗斯统计局公布的数据,2021年俄罗斯的国内生产总值为1 307 953亿卢布,全年实现4.7%的经济增速,[1]经常账户余额达到多年来最高点,劳动力市场逐步修复。

一、俄罗斯经济的主要特征

新冠肺炎疫情限制措施的放松和外部需求的不断好转,特别是低基数效应,共同推动俄罗斯经济大幅反弹。失业率在12月降至4.26%,[2]接近疫情前的低点。随着全球气候议程加快,俄罗斯也明确了低碳发展目标,并付诸实际行动以推进低碳转型进程。

---

[1] Federal State Statistics Service. Rosstat Presents the First GDP Estimate for 2021[EB/OL]. (2022-02-18)[2022-11-05]. https://eng.rosstat.gov.ru/folder/13901/document/165368.
[2] Bank of Russia. Monetary Policy Report-No.1(37)·February 2022[EB/OL]. (2022-03-05)[2022-11-05]. https://www.cbr.ru/collection/collection/file/39828/2022_01_ddcp_e.pdf.

(一) 经济处于复苏通道，年中势头明显减弱

在消费热潮和强劲投资的共同推动下，俄罗斯经济在2021年第二季度实现同比增长10.5%，经济基本恢复到大流行之前的水平。第三季度，由于新一轮新冠肺炎疫情的暴发和控制疫情传播的措施出台，消费动力不足，俄经济增长回落至4.0%。第四季度小幅回升至5.0%。全年GDP实际同比增长4.7%，高于世界银行预期增长率4.3%。①

从消费来看，家庭消费因疫情限制的放开而逐步恢复，第二季度家庭消费迅速增长，季度环比增长超过7%。②家庭消费需求也得到了低成本信贷的支持，家庭信贷总额在第三季度同比增长28.27%。③另外，由于出境旅行成本高企且在多地受到限制，俄罗斯的跨境旅游消费越来越多地转向国内。

从投资来看，第二季度也高速增长，其中服务业投资尤其高涨。对大中型企业投资主要集中在金融、餐饮、住宿、文化娱乐以及通信技术等领域，快速增长的企业信贷在5—7月达到顶峰，助推了投资增长。然而，与公共服务业相关的投资在上半年表现疲软。对矿产资源业的投资较少，因为石油生产仍面临着政策限制。

从行业来看，零售贸易、运输业和国内旅游业等服务业推动了经济增长，而政府的次级抵押贷款计划和直接支持计划提振了建筑业，除农业生产和矿产资源开采之外，几乎所有非资源部门的产出都超过了疫情大流行前的水平，但各地区的复苏并不平衡。在工业生产领域，与新冠肺炎疫情前的水平相比，2021年几乎所有联邦地区（除了北高加索和西伯利亚）均实现了正增长。资源开采地区（如西伯利亚、乌拉尔）的恢复较弱，处于西北地区的著名汽车制造商伏尔加（Volga）因供应链问题缺乏电子元件导致生产受限，中部地区和2020年受疫情影响较小的地区工业生产复苏更为强劲。在零售贸易方面，由于劳动力市场好转和信贷持续增长，前三季度零售贸易额同比增长9.3%，其中南部联邦区增长最为强劲，同比增长13%。

(二) 就业情况显著改善，劳动力市场供给紧张

俄罗斯是世界上最大的劳动力市场之一。2021年，之前因新冠肺炎疫情及防控措施压制的劳动力市场大幅改善，就业需求超过劳动力增长。15岁及以上的劳动力总数超过7 500万人，④就业市场留有260万个空缺职位，⑤全国失业率降至4.3%，

---

① World Bank. Macro Poverty Outlook for Russian Federation, April 2022[EB/OL]. (2022-04-22)[2022-11-05]. http://documents.worldbank.org/curated/en/099053504222211133/IDU0c72f82f302430046a80b0400a3effeb3e549.
② OECD. Quarterly National Accounts: Quarterly Real GDP Growth[DB/OL]. [2022-11-07]. https://stats.oecd.org/Index.aspx?DataSetCode=FAMILY.
③ BIS. Total Credit to Households(Core Debt)[DB/OL]. [2022-11-07]. https://stats.bis.org/statx/srs/table/f3.2?p=20213&c=.
④ Statista. Total Workforce Aged 15 Years and Older in Russia from 2017 to 2022[DB/OL]. [2022-11-07]. https://www.statista.com/statistics/1225829/labor-force-russia/.
⑤ Statista. Number of Job Vacancies in Selected Countries Worldwide as of June 2021[DB/OL]. [2022-11-07]. https://www.statista.com/statistics/987143/job-vacancies-by-country/.

这是自 2017 年以来的最低水平。[①]

表 10-1 显示,服务业吸纳了最多的就业人数且保持上升势头,从第一季度的 4 786.3 万人增长到第四季度的 4 893.7 万人,增长约 107 万人。失业人数从第一季度的 408.4 万人下降至第四季度的 320.1 万人,环比下降了 21.6%。70% 的新增就业岗位集中在贸易、建筑和制造业三个行业,这些行业的就业人数在 2020 年下降最为严重。需要指出的是,虽然强劲的国内需求刺激了劳动力市场,但疫情导致的农业转移人口流动减缓或者中断同时导致了建筑业等行业的工人短缺。

表 10-1　2021 年俄罗斯就业和失业情况　　　　　　　　　　（单位:千人）

季度	2021Q1	2021Q2	2021Q3	2021Q4
农业就业人数	4 166	4 289	4 167	4 159
建筑业就业人数	4 812	4 916	4 914	4 958
服务业就业人数	47 863	48 242	48 665	48 937
失业人数	4 084	3 785	3 432	3 201

• 数据来源:OECD 统计局官网。

2009 年以来,俄罗斯的实际工资增速较之国际金融危机之前明显放缓,但仍保有正增长势头。在 2020 年实际工资增长达到 3.8% 的基础上,2021 年第二季度实际工资增长率同比达到 5.7%。后续增幅逐步趋缓,10 月增速仅为 0.6%,年底上升至 3.4%,[②] 全年增速为 2.9%(见图 10-1)。其中,酒店和餐饮服务、建筑、文化娱乐和贸

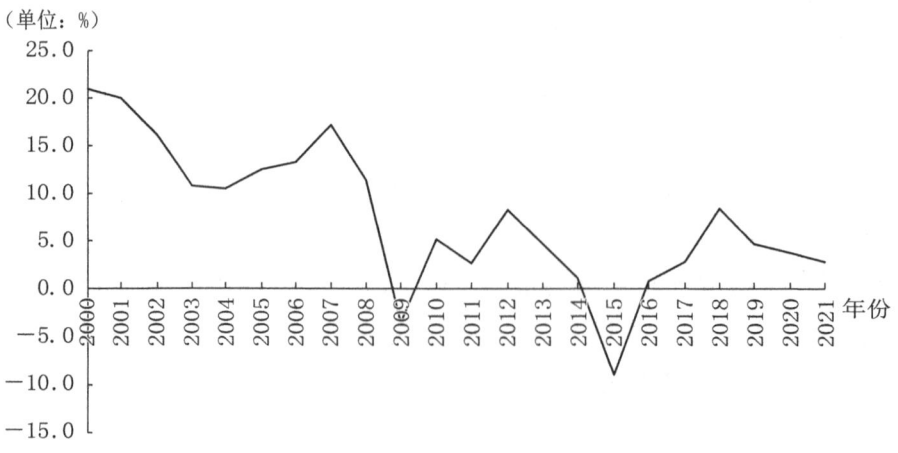

图 10-1　2000—2021 年俄罗斯实际工资增长率

• 资料来源:Statista 数据库。

---

① Statista. Russia: Unemployment Rate from September 2020 to Nov. 2022[DB/OL]. [2022-11-07]. https://www.statista.com/statistics/277043/monthly-unemployment-rate-in-russia/.

② Trading economics. Russia Real Wage Growth from 1998 to 2021[DB/OL]. [2022-11-08]. https://tradingeconomics.com/russia/wage-growth.

易等行业的实际工资增长最快。大多数工资增幅较高的行业往往依赖季节性移民工人,他们能满足低技能岗位的需求。2021年,俄罗斯平均名义工资水平为每月56.5万卢布,与2020年相比增加了约5.2万卢布。

(三)营商环境持续改善,企业家和消费者信心同增长

自2018年以来,俄罗斯推出一系列改革,改善国内中小企业的营商环境,重点在莫斯科和圣彼得堡这两个城市推进。根据世界银行公布的《2020年营商环境报告》,俄罗斯营商环境便利度在190个国家中排名第28位,较上一年上升3位。[①]

优化营商环境的相关举措集中在以下方面:一是放宽市场准入。如2013年出台的《中小企业发展法》修正案取消了外国自然人和法人对俄罗斯中小企业参股比例的限制,此前法律规定不高于25%。又如《公私合作伙伴关系联邦法》草案允许俄国家和地方政府与私营企业家、本国或外国法人合作建设俄罗斯公共基础设施项目,为外资进入俄罗斯垄断行业、公共服务并参与政府采购奠定法律基础。二是简化各类行政审批程序,包括俄罗斯经济发展部推出"简化法人和个体工商户注册程序"路线图,缩短企业获得施工和占地许可所需的时间,加快施工许可的办理,开设公用事业单一窗口,加快电力审批流程,明确企业获得电力供给的时间节点。三是完善投资法律法规及优惠政策。如新规定中投资者可充分利用特定合同优惠规则及特定区域投资政策在俄开展投资,又如优化跨境贸易手段,优先考虑在线清关并缩短自动完成的时限。

在一系列优化营商环境政策和措施的推动下,叠加2021年经济复苏和防控放松,俄罗斯的企业家信心指数(Business Confidence Indicator,BCI)全年呈现上升趋势,从年初1月的102.3,攀升到9月和10月的104.4,直至年末才略有回落。

消费者信心指数较之2020年明显增长,从1月的97.3上涨至6月的98.6之后逐步回落至12月的97.5,但仍高于2020年的峰值97.0。俄罗斯央行月度分析报告显示,随着疫情形势的恶化和一些地区限制措施的加强,7月选择以现金形式储蓄的受访者比例上升至32%。在存款利率不断上升的情况下,倾向于将钱存入银行账户的受访者比例在8月上升至35%。可见,2021年下半年,疫情防控加强和储蓄收益提高共同导致消费者信心指数的回落。

(四)对外贸易强势增长,经常账户实现盈余

近年来,俄罗斯货物贸易(出口加进口)在GDP的平均占比约为40%,美国约为

---

① World Bank. Doing Business 2020: Comparing Business Regulations in 190 Economies[EB/OL]. (2019-10-24)[2022-11-08]. https://documents1.worldbank.org/curated/en/688761571934946384/pdf/Doing-Business-2020-Comparing-Business-Regulation-in-190-Economies.pdf.

20%。2020年,俄罗斯在世界货物出口国中排名第16,在货物进口国中排名第21。服务贸易方面,2019年,俄罗斯在世界服务出口国中排名第27,在进口国中排名第16。最新的2019年数据显示,俄罗斯是一个服务净进口国,服务出口约630亿美元,进口约990亿美元。[1]

2021年,从货物出口来看,尽管根据OPEC+产量协议,原油产量略低于往年,但能源价格普遍上涨基本抵消了减产的负面影响。出口结构中,燃料和能源产品的比重达到54.3%,高于2020年的49.7%。以铝和钢为代表的金属出口同比增长66%,农产品和食品出口同比增长23%,贵金属和宝石的出口也大幅增长。从进口来看,以储蓄和信贷为支撑的强劲国内需求同步推高了进口,其中机械和设备进口占比高达49.2%,高于2020年的47.6%。根据俄联邦海关署的统计,2021年俄货物贸易总额达到7 894亿美元,同比增长37.9%。其中,出口4 933亿美元,同比增长45.7%;进口2 961亿美元,同比增长26.5%;贸易顺差1 973亿美元,同比增长88.4%(见图10-2)。俄罗斯经常账户盈余达到了1 220亿美元,不仅高于2020年,而且相较于2019年增长超过50%。[2]

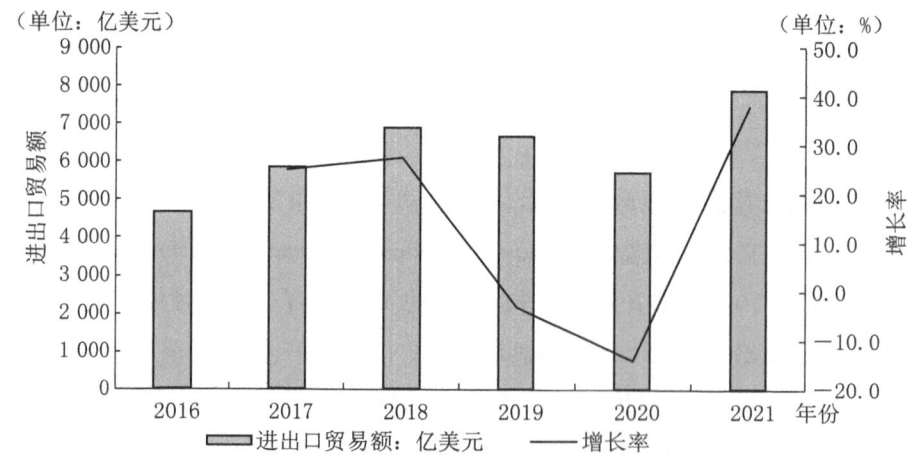

图 10-2 俄罗斯货物贸易总额及增长率

· 数据来源:俄罗斯联邦海关总署官网。

2021年,俄罗斯前五大贸易伙伴国中中国居于首位,贸易额达到1 469亿美元,同比增长35.6%。后四位依次为德国(570亿美元,35.7%)、荷兰(464亿美元,

---

[1] Congressional Research Service. Russia's Trade and Investment Role in the Global Economy[EB/OL]. (2022-03-24)[2022-11-10]. https://crsreports.congress.gov/product/pdf/IF/IF12066.

[2] World Bank. Russia Economic Report: Amidst Strong Economic Recovery, Risks Stemming from COVID-19 and Inflation Build (English) [EB/OL]. (2022-01-10) [2022-11-10]. https://documents.worldbank.org/en/publication/documents-reports/documentdetail/099100111302157406/p177562047516f01709b360c30dafa5850d.

62.6%)、美国(340亿美元,43.6%)和土耳其(330亿美元,57%)(见图10-3)。[1]中国作为俄罗斯最大贸易伙伴,2021年对俄出口为675.7亿美元,同比增长33.8%;自俄进口793.2亿美元,同比增长37.5%。[2]值得一提的是,该年度俄罗斯与乌克兰的双边贸易额达到122.8亿美元,同比增长22.8%。其中,俄对乌出口81.3亿美元,同比增长28.8%;俄自乌进口41.5亿美元,同比增长12%。

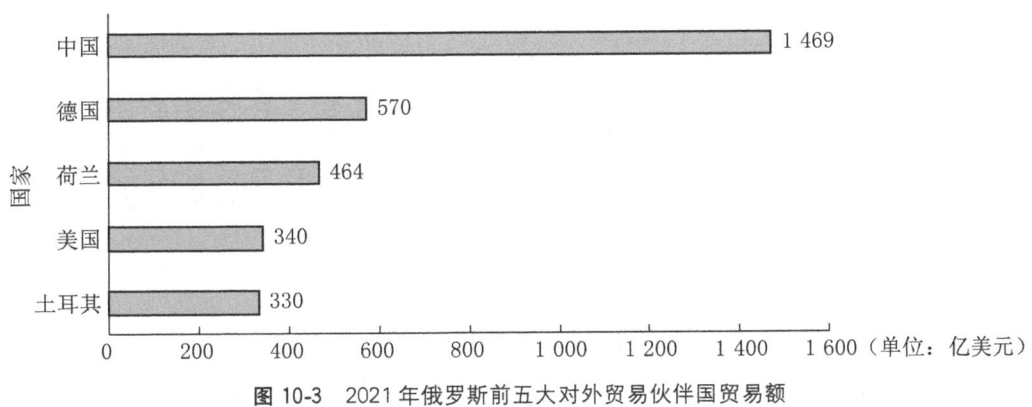

图10-3 2021年俄罗斯前五大对外贸易伙伴国贸易额

• 数据来源:驻俄罗斯联邦大使馆经济商务处,中国海关总署。

(五)通货膨胀持续上行,货币政策较早收紧

需求激增和全球供应链瓶颈的综合效应导致俄罗斯的通货膨胀不断上升。从2020年12月的4.91%上升到2021年2月的5.67%。即使俄罗斯联邦中央银行于2月宣布将上调基准利率,但通货膨胀率依然高居不下,10月其已攀升至8.14%,12月更是达到8.39%(见图10-4)。尽管产能在上半年得以恢复,总体供应情况有助于缓解通货膨胀,但全球供应链瓶颈约束持续存在,提高了投入成本和市场价格,对能源和制成品价格造成上行压力。

俄罗斯央行委托的家庭入户调查数据显示,12月家庭通胀预期呈上升趋势,达到2016年2月以来的最高水平,未来12个月的通胀预期中值达到14.8%;家庭实际通胀也有所增加,达到2016年7月以来的峰值,其预计中值为17.7%。俄罗斯银行评估,随着需求的扩张超过产能提高的能力,通货膨胀仍主要由食品价格等稳定因素驱动。在这种情况下,考虑到不断增长的通胀预期,控制通胀风险将向支持通货膨胀

---

[1] 驻俄罗斯联邦大使馆经济商务处. 2021年俄外贸额7 894亿美元,同比增长37.9%[EB/OL]. (2022-02-16)[2022-11-10]. http://ru.mofcom.gov.cn/article/jmxw/202202/20220203280425.shtml.

[2] 驻俄罗斯联邦大使馆经济商务处. 2021年中俄贸易额创历史新高[EB/OL]. (2022-01-19)[2022-11-10]. http://ru.mofcom.gov.cn/article/jmxw/202201/20220103237965.shtml.

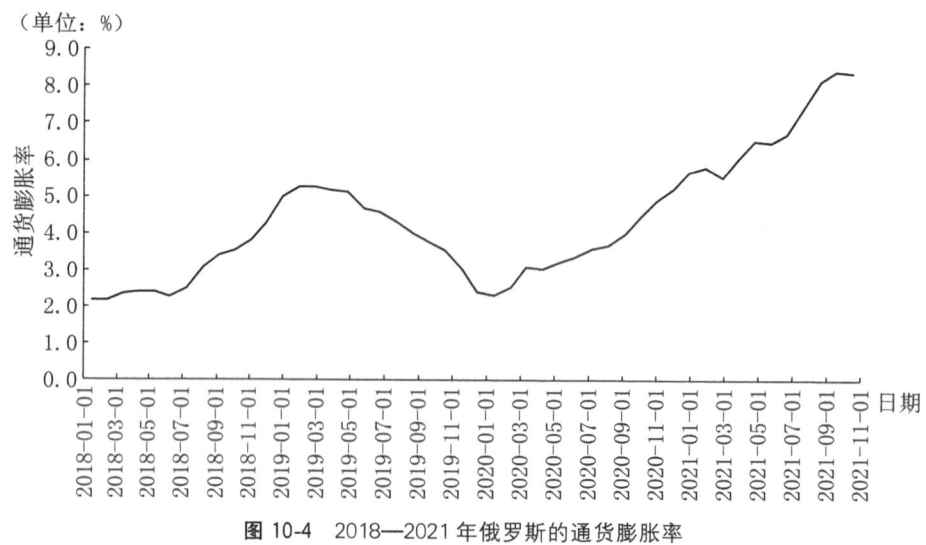

图 10-4　2018—2021 年俄罗斯的通货膨胀率

• 数据来源：OECD 统计局官网。

转变,这可能会导致通胀率与央行预设目标偏离得更远。

在此情况下,俄罗斯央行迅速采取行动,开始收紧货币政策以应对持续通胀的威胁。实际上,俄罗斯央行是 2021 年全球首批开始收紧货币政策的央行之一。随着通胀率从 2020 年 12 月开始超过目标利率,俄罗斯央行在 2021 年 3 月开始了一系列政策利率上调,此后连续 7 次提高基准利率,总计达 400 个基点,到 12 月 20 日升至 8.5％。这些利率上调政策有助于将实际利率维持在零左右,并助力货币政策朝着中性立场转变,同时在 2020 年实施的超宽松货币政策之后,中性政策不会对通货膨胀或经济增长施加上行或下行压力。

受益于强劲的对外投资、国家财富基金（National Wealth Funds，NWF）的持续积累和特别提款权持有量的增加,俄罗斯央行的国际储备总额至 12 月达到 6 306.27 亿美元,①处于合适且充足的水平；外汇储备虽然受到金价下跌和汇率变动的负面影响,但仍增加了 405.37 亿美元。②

（六）银行业仍具活力,金融风险整体可控

俄罗斯银行业在新冠肺炎疫情中表现出了弹性,银行业的主要信贷风险指标基本保持稳定,资金和流动性状况仍然稳固。从盈利能力来看,截至 2021 年 10 月 1 日,资产回报率和股本回报率分别为 2.2％和 21.5％,较 2020 年疫情期间明显改善。从资产构成来看,高流动性资产（包括现金和等价物、在银行的短期配售和未抵

---

①② Bank of Russia. International Reserves of the Russian Federation (End of period) [DB/OL]. [2022-12-10]. https://www.cbr.ru/eng/hd_base/mrrf/mrrf_m/?UniDbQuery.Posted=True&UniDbQueUn.From=01.2021&UniDbQuery.To=01.2022.

押的政府债券)约占行业资产的22%,客户存款仍然是俄罗斯银行的主要资金来源,占负债的近80%。其中家庭存款的增长与央行收紧货币政策及存款利率上升有关,也得益于一次性养老金支付有一部分被用于储蓄;公司存款的增长主要源于石油、天然气和冶金等行业商品价格的上涨和经营利润的增长。

快速增长的银行信贷和积极的贷款重组有助于降低不良贷款率。至10月,企业和家庭不良贷款率分别为8.5%和6.5%,自年初以来均有所下降。尤其是中小企业的不良贷款率下降至9.1%,低于年初的10.9%。截至12月,不良贷款占整个银行贷款的比率为7.9%,是自2018年以来连续第四年的下降(见图10-5)。

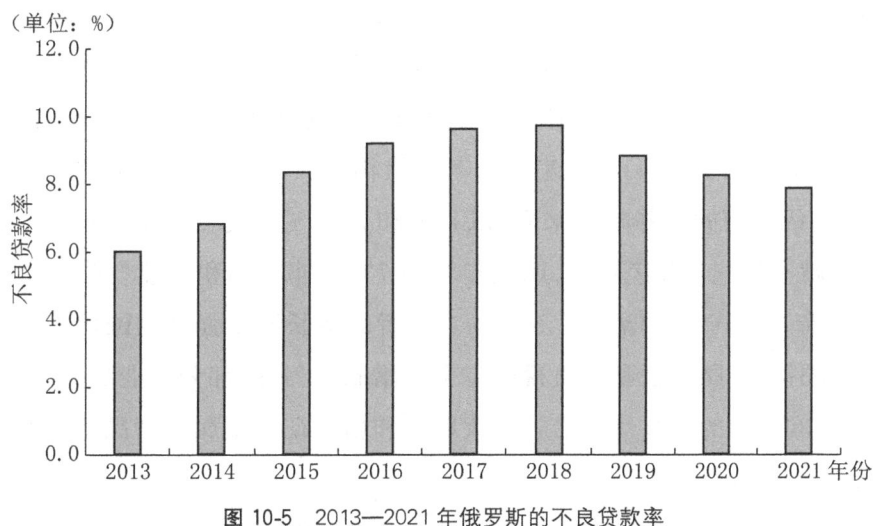

图10-5 2013—2021年俄罗斯的不良贷款率

• 数据来源:世界银行,2021;CEIC数据库,2022。

企业信贷逐渐降温,从2020年底的20%同比下降到2021年10月的12%,但中小企业的信贷增长由于政府采取了新的支持举措,仍然较高,9月同比增长14%,超过新冠肺炎大流行前的增长率。与企业贷款相比,家庭贷款在2021年中有所增加,抵押贷款居高不下,其他贷款类型也在增加。对此俄罗斯当局进行了政策调整,降低了大城市的最高贷款限额,放缓了抵押贷款的进度。在风险贷款方面,俄罗斯央行两次提高了无担保消费贷款的宏观审慎要求:2021年7月1日恢复到新冠肺炎疫情大流行前的水平,10月1日进一步提高风险权重。①

俄罗斯债券市场呈现稳步增长,2020年底达到GDP的29%。②从公司债券来看,

---

① Bank of Russia. Bank of Russia Raises Macroprudential Requirements for Unsecured Consumer Loans with High EIR and DTI [EB/OL]. (2021-07-30)[2022-11-11]. http://www.cbr.ru/eng/press/pr/?file=3.

② World Bank. Russia Economic Report: Amidst Strong Economic Recovery, Risks Stemming from COVID-19 and Inflation Build [EB/OL]. (2022-01-10) [2022-11-11]. http://documents.worldbank.org/curated/en/099100111302157406/P1775620 47516f01709b360c30dafa5850d0072021_171200eng_pp02082021_151638.htm.

截至 2021 年 11 月底,俄罗斯国内公司债券总额达到 173 417.1 亿卢布,较之 10 月环比增长了 1.77%,较之 2020 年 12 月 31 日的 162 847 亿卢布也有所增长。从市政债券来看,11 月共有 3 次配售,分别在下诺夫哥罗德地区、新西伯利亚地区和乌里扬诺夫斯克地区,市场交易量达 9 973 亿卢布,较 2020 年 12 月 31 日的 9 080 亿卢布增长了 9.8%。从联邦债券来看,俄罗斯财政部 11 月举行了 4 次联邦贷款债券拍卖,市场交易量达到 160 302.7 亿卢布,较之 2020 年 12 月底的 140 572.7 亿卢布增长了 14%。[①]

(七)财政收入稳步增长,预算平衡得以修复

2021 年,俄罗斯联邦政府的财政收入为 25.3 万亿卢布(约合 3 308.9 亿美元),财政支出 24.8 万亿卢布(约合 3 243.6 亿美元),盈余 5 147.6 亿卢布(约合 67.3 亿美元)。在财政收入中,俄税务局征收 15.9 万亿卢布(约合 2 079.5 亿美元),海关总署征收 7.2 万亿卢布(约合 941.7 亿美元),其他机构征收 2.2 万亿卢布(约合 287.7 亿美元)。[②]从各级政府的合并收入来看,以石油和天然气为代表的能源收入为俄罗斯联邦预算贡献了约 9.1 万亿卢布,比上年增长 73%;非石油和天然气收入贡献了约 39.1 万亿卢布,比 2020 年增长了 18.5%。后者的增长源于强劲的国内需求和劳动力市场改善的推动,所得税和增值税同步强势增长。另外,部分企业延期至 2021 年缴税、疫情期间推出的税收优惠措施陆续取消和新开征的金属类产品出口税都成为财政收入的补充来源(见表 10-2)。

在收入一端稳健增长的同时,联邦预算支出增长却相应放缓。前三季度,联邦预算基本支出实际增长率为 1.4%。政府保留了部分疫情期间推出的扶持和救济措施,同时推出了一些新的举措,如提高失业救济金和医务人员报酬、扩大就业支持计划等。[③]国家项目[④]的支出落后于其他项目的支出。2021 年 8 月,国家项目的预算执行达到计划支出的 59%,而联邦预算的总体执行率约为 63%。

支出受到约束的前提之下,俄罗斯联邦政府的预算平衡较为迅速地恢复。图 10-6 显示,2021 年 1 月俄罗斯联邦政府尚有 41 020 亿卢布的亏损,至 4 月就扭亏为盈至 2 050 亿卢,后续各月保持增长势头,至 10 月已获 14 440 亿卢布盈余额。

---

① Cbonds. The Russian Corporate Bond Market Increased by 1.77% in November 2021, 72 Corporate Issues Were Placed Near the Year Record[EB/OL]. (2021-12-02)[2022-11-12]. https://cbonds.com/news/1513383/.
② Federal Tax Service of RUSSIA. Russian Federation Revenue Sources[EB/OL]. (2022-10-31)[2022-11-12]. https://www.nalog.gov.ru/eng/tax_statistics/rfrs/.
③ 包括对中小企业实施额外的 COVID-19 支持措施,以及为应对高通货膨胀而为养老金领取者和军人提供的一次性社会福利,针对抚养孩子家庭的社会救助措施,以及在卫生、教育和基础设施方面的额外支出。
④ 2018 年,联邦政府开发了 13 个国家项目,作为实现国家目标的重要工具。项目主要涵盖三个领域,包括人力资本、舒适的生活环境和经济增长。2020 年,又增加了一个项目——"旅游和酒店"。

表 10-2　2009—2021 年俄罗斯各级政府合并收入情况

类别 \ 年份	2009	2010—2014	2015—2016	2017—2019	2020	2021
数值(万亿卢布)						
石油和天然气收入	3	5.2	2.8	7.6	5.2	9.1
非石油和天然气收入	10.6	13.9	10.1	28.3	33	39.1
在合并税收中的占比(%)						
石油和天然气收入	22.1	27.2	21.7	21.2	13.6	18.9
非石油和天然气收入	77.9	72.8	78.3	78.8	86.4	81.1
在 GDP 中的占比(%)						
俄罗斯联邦合并税收	32.5	34.1	15.3	35.4	35.7	36.7
其中:石油和天然气收入	7.2	9.3	3.3	7.5	4.9	6.9
非石油和天然气收入	25.3	24.8	11.9	27.9	30.8	29.8
其中:增值税	4.9	5.1	2.5	6.0	6.7	7.0
消费税	0.8	1.3	0.7	1.6	1.7	1.6
企业所得税	3.0	3.2	1.9	3.9	3.8	4.6
个人所得税	4.0	3.4	1.5	3.6	4.0	3.7
进口关税	1.1	1.0	0.3	0.6	0.7	0.7
社会保险税	5.5	6.2	3.1	7.4	7.7	6.9
其他	6.0	4.6	1.9	4.8	6.3	5.3

- 数据来源：Taxnotes 数据库。

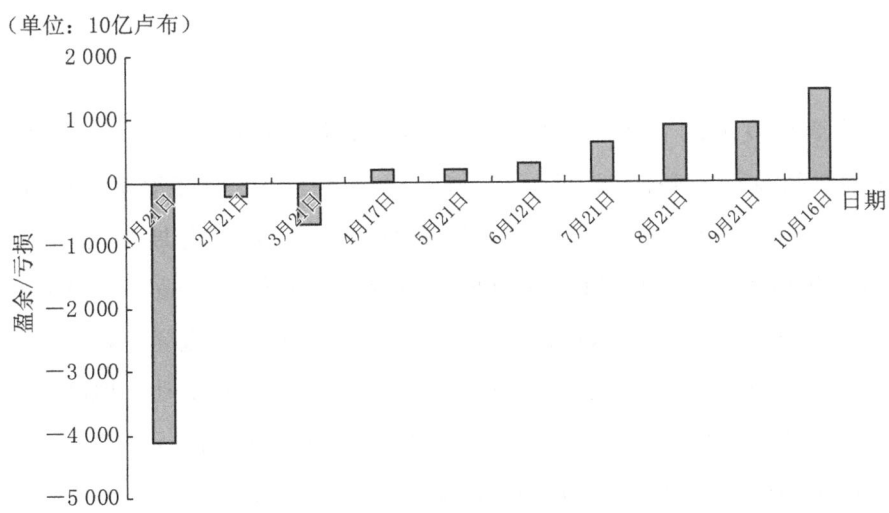

图 10-6　2021 年俄罗斯预算盈余/亏损

- 数据来源：俄罗斯联邦财政部官网，Take-Profit.Org 官网。

相较于其他年度的盈余规模,2021 年预算盈余额占 GDP 比重仅为 0.8%,低于 2018 年的 2.9% 和 2019 年的 1.9%。但该项盈余是弥补 2020 年的预算亏损之后再次实现,实属不易。2020 年的预算亏损额占 GDP 的比重高达 4%,为 2012 年以来的最高值(见图 10-7)。

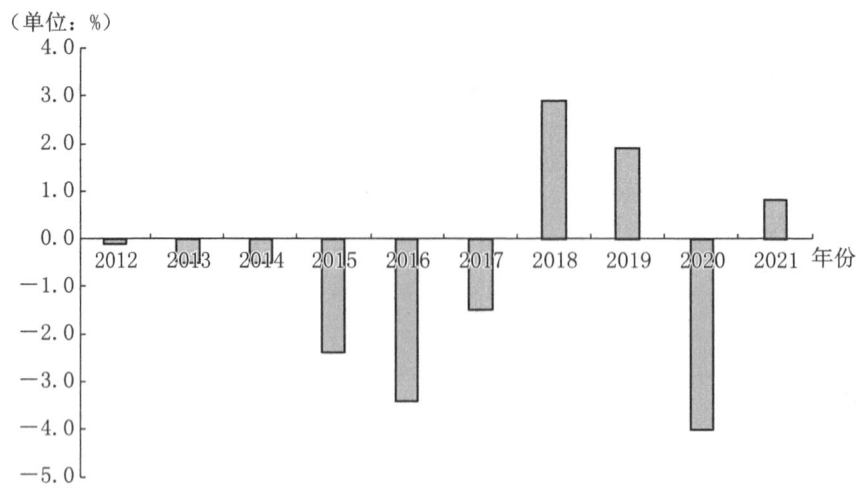

图 10-7 2012—2021 年俄罗斯预算盈余(亏损)占 GDP 的比重

• 数据来源:俄罗斯联邦财政部官网,Trading Economics 数据库。

2021 年各地区的财政状况有所改善,收入增长强劲,超过了支出。各地区的债务主要包括对银行部门的债务、未偿还的债券和对联邦政府的债务,多数地区的平均债务负担仍然较低。然而,一些地区的债务负担很高,特别是摩尔多瓦共和国(Republic of Moldova),而托木斯克州、卡尔梅基亚共和国和乌里扬诺夫斯克州的债务明显增加。

(八)低碳战略正式启动,绿色转型迈出步伐

在全球低碳发展的背景下,俄罗斯明确了碳中和目标。2021 年 7 月发布的《2050 年前限制温室气体排放法》明确了与 1990 年相比,2030 年温室气体排放降低三分之一。10 月发布的《2050 年前俄罗斯社会经济低碳发展战略》明确了在 2060 年前实现碳中和的目标,旨在应对世界能源和碳密集型产品不断变化的需求,并通过参与新的绿色市场,确保可持续的经济增长。为有效推进绿色转型进程,俄罗斯于 2021 年 1 月将萨哈林州设置为低碳转型试点。试点旨在推动该地区在 2025 年底前实现碳中和,成功之后政府再将其经验和做法推广到国内其他地区。同时在萨哈林州启动全国碳交易市场助力其顺利转型。

俄罗斯的绿色债券数量正在增加,但以国际标准来看,其交易量仍然较小。自 2019 年莫斯科交易所成立其绿色和社会债券可持续发展板块以来,共有 10 家发行人发行了 14 只国内绿色债券,总额超过 1 000 亿卢布。这包括了莫斯科政府的首个地方级绿色债券,这可能为俄罗斯其他地区开创先例。俄罗斯当局最近通过了国家绿色金融分类和验证指南,制定了绿色债券激励措施,增加了对俄罗斯央行软监管,

以及最近为绿化金融部门制定 CBR 路线图,①这些措施可能有助于刺激绿色债券和其他与气候相关的债券进一步发行。

整体上,2021 年俄罗斯在全球经济中的地位得以保持,经济体量位居世界第 11 位,占当年全球总产出的 1.7%;石油及其他液体燃料产量居全球第 3 位,天然气产量居全球第 2 位;对外投资居全球第 22 位,外汇储备居全球第 5 位(见表 10-3)。

表 10-3 俄罗斯在世界经济中的地位 (单位:10 亿美元)

类 别		金额	全球份额(%)	全球排名
GDP(现价)		1 478.6	1.7	第 11 位
贸易	货物出口	332.2	1.9	第 16 位
	货物进口	240.4	1.3	第 21 位
	服务出口	62.8	1.0	第 27 位
	服务进口	99.0	1.7	第 16 位
直接投资	对外投资存量	379.6	1.0	第 22 位
	外国投资存量	446.7	1.1	第 22 位
外汇储备		643.2	4.8	第 5 位
能源生产	石油/其他液体燃料(万桶/日)	10 496	11.2	第 3 位
	天然气(十亿立方英尺)	23 938	16.8	第 2 位

• 数据来源:美国国会研究服务处(Congressional Research Service, CRS)根据国际货币基金组织、联合国贸易与发展会议、俄罗斯海关总署、俄罗斯央行等机构的数据分析得出。

二、影响 2021 年俄罗斯经济的主要因素

一些长期的结构性因素使得俄罗斯在新冠肺炎疫情暴发后体现了较强的经济韧性。原因有以下三个方面:一是俄罗斯的服务业和中小企业的数量以及规模相对较小,受疫情冲击相对较小;二是自 2014 年的制裁危机以来,俄罗斯与全球经济隔绝加深,参与全球供应链的程度较低,在疫情对供应链的冲击方面损失较轻;三是长期较低的政府债务保证了其经济发展的稳健性。但一些即时性或突发性因素也对其经济整体的复苏进程造成了或正面或负面的影响。

(一)新冠肺炎疫情的反复扰乱了持续复苏的进程

2021 年初以来,俄罗斯的新冠肺炎疫情开始好转并逐步采取放松管制的举措。但 9 月中旬开始,俄罗斯每日新冠肺炎感染病例再次增多。10 月末,俄罗斯每日新增新冠肺炎确诊病例接近 40 000 例,高于高收入国家和中等收入以上国家的平均水平。另外,俄罗斯的疫情死亡率比较严峻。据俄罗斯联邦统计局的数据,2021 年 1—

---

① Bank of Russia. Bank of Russia Outlines Its Climate Commitments[EB/OL]. (2021-11-03)[2022-11-15]. https://cbr.ru/eng/press/event/?id=12397.

10月全国死亡人数已接近200万,比2020年同期高出约20%,比2019年同期高出30%以上。为了应对迅速恶化的形势,政府不得不再次加强防控,10月30日至11月7日期间实施了11天的"非工作日"(non-working days)封锁措施,一些地区则提出进入零售和商业建筑出示二维码的要求。2021年10月底,在俄罗斯官方报告的800多万例病例中,莫斯科占21%。莫斯科市长谢尔盖·索比亚宁(Sergey Sobyanin)要求至少30%的企业员工在2022年2月25日前远程工作。[①]以莫斯科为代表的许多人口稠密地区处于高风险状态,而这些人口稠密地区正是拉动俄罗斯经济增长的主要内需动力,封锁措施造成的消费萎缩和投资消退对经济增长造成不可避免的负面影响。

(二)能源稳定出口叠加价格高企缔造贸易顺差

2021年,俄罗斯每天生产1010万桶原油和凝析油,出口量超过产量的45%,即每天出口470万桶。俄罗斯还出口了8.9万亿立方英尺的天然气,占其生产总额24.8万亿立方尺的36%;同年煤炭出口同比增长7%,达到2.62亿短吨,占其产量的50%以上。出口区域主要集中在OECD、中国、日本等(见图10-8)。全球需求复苏、部分能源国家供应中断以及欧佩克及其合作伙伴(OPEC+)的限产都对2021年的原油价格形成支撑;其他能源价格的飙升也提振了将石油作为发电和取暖替代能源的需求。2021年12月31日,纽约商品交易所轻质原油期货和伦敦布伦特原油期货主力合约分别收于每桶75.21美元和77.78美元,比2020年末分别上涨约55%和50%。较为稳定的出口规模叠加大幅的价格上涨,为俄罗斯创造了可观的贸易顺差。

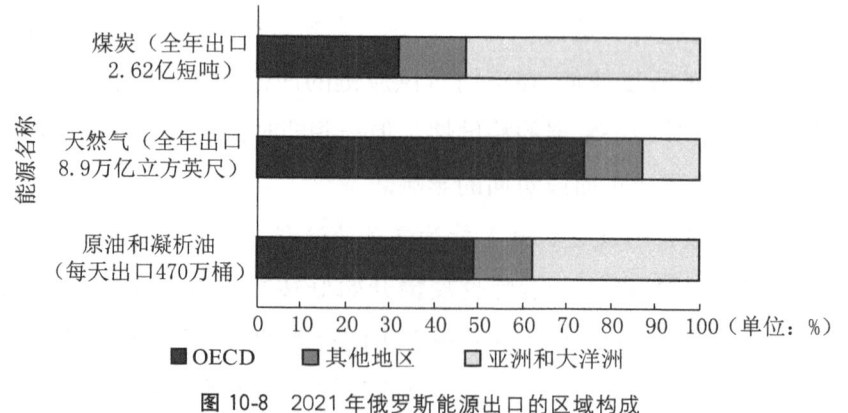

图10-8 2021年俄罗斯能源出口的区域构成

• 数据来源:美国能源信息署官网。

---

① CBS NEWS. Russia Orders New Business Shut-down Amid Record Daily COVID-19 Deaths[EB/OL]. (2021-10-20)[2022-11-15]. https://www.cbsnews.com/news/russia-covid-restrictions-deaths/.

（三）宏观政策松紧搭配有助于经济企稳

为应对新冠肺炎疫情的冲击，俄罗斯政府于2020年实施了"双宽松"的政策搭配模式，至2021年年中，转为"宽松＋紧缩"的政策组合。财政政策延续了2020年的经济活动复苏计划：2020年6月至2021年12月期间总计支出5万亿卢布（约730亿美元），优先扶持受疫情打击最严重的行业，包括汽车及航空制造、展览会务、文化休闲娱乐、体育健身、旅游酒店、餐饮、辅导培训等行业；中小企业的应纳社会保险费率由30%降至15%，暂缓6个月征收中小企业应纳税款，向中小企业提供优惠贷款等多种刺激措施；发行联邦政府债券为财政赤字融资；等等。面对2021年的通胀压力，货币政策由宽松转为紧缩。俄罗斯联邦央行多次提高基准利率，年内七次加息至8.5%的历史高位。为了稳定卢布汇率，俄罗斯央行还采取了在国内市场出售外汇，向俄银行系统注入5 000亿卢布，以及停止在国内市场上购买外汇等措施。宏观政策的有效组合和及时调整既保证了经济复苏所需的资金来源，也保证了经济发展所需的流动性，从而避免经济出现巨大的动荡。

第二节 2022年的俄罗斯经济：西方制裁下的韧性

2022年2月，俄乌冲突全面爆发。冲突爆发之后，美欧等国对俄罗斯采取了一系列经济制裁措施，包括限制进出口、冻结资产、暂停"北溪2号项目"以及将部分俄罗斯银行排除在环球银行金融通信协会支付系统（Society for Worldwide Interbank Financial Telecommunication, SWIFT）之外等措施，俄罗斯经济面临全面而深刻的困扰与风险。

一、2022年俄罗斯经济的主要特征

2014年克里米亚入俄以来，美欧层层加码的经济制裁给俄罗斯经济发展造成较大困难，尤其是国际原油价格大幅下跌，多重打击致使俄罗斯经济受到重创，以美元计算的人均GDP在2016年降至8 704美元，回落到2006年水平，出现"十年经济停滞"。俄乌冲突是2014年以来两国敌对行动中最重大的事件之一，西方国家在以往制裁的基础上再次层层加码，给俄罗斯经济造成深重影响。

（一）西方制裁层层加码，经济显示较强韧性

2022年第一季度俄罗斯经济继续呈现稳健的复苏势头，GDP同比增长3.5%，其中采矿业增长8.5%，制造业增长5.1%，零售业增长3.5%。但随着2月俄乌冲突爆发，美国首先宣布对俄罗斯实行经济制裁，冻结两家大型国有金融机构及其附属机构

在美资产,随后欧盟、英国、日本等国相继加入对俄制裁,并在能源、科技、金融、交通、文化、人员等领域不断加码制裁力度,如禁运石油、切断 SWIFT 交易渠道、实施技术出口管制、中止重大合作项目、取消"最惠国待遇"等一系列制裁手段(见表 10-4)。在俄乌冲突和多国极限制裁之下,IMF、世界银行、OECD 统计局等国际组织纷纷下调对俄罗斯的经济预测值。从俄罗斯实际经济运行来看,在多重重压之下的确出现了内需减弱和外需受制并存的局面,第二季度 GDP 同比为-4.1%,第三季度 GDP 同比为-4%,整体强于第三方机构预测的情形。

表 10-4 西方主要经济体对俄主要产业制裁和进出口限制情况

	美国	加拿大	欧盟	日本	瑞士	英国	澳大利亚
限制进口俄石油	✓	✓	✓	✓	✓	✓	✓
限制进口俄天然气	✓	✗	✗	✗	✗	✗	✓
限制进口俄煤炭	✓	✗	✓	✓	✗	✓	✗
限制进口俄黄金	✓	✓	✓	✓	✓	✓	✓
限制进口俄金属	✗	✓	✗	✗	✗	✓	✗
限制对俄出口金属	✗	✓	✓	✓	✗	✓	✗
限制对俄出口奢侈品	✓	✓	✓	✓	✓	✓	✓
限制进口俄奢侈品	✓	✓	✓	✓	✓	✓	✓
限制向俄出口技术	✓	✓	✓	✓	✓	✓	✗
限制俄国媒体广播	✓	✓	✓	✗	✓	✓	✗
限制向俄出口专业服务(如会计、咨询)	✓	✓	✓	✓	✓	✓	✗
限制俄获得 IMF 和世界银行资金	✓	✓	✓	✓	✓	✓	✗
撤销"最惠国待遇"	✓	✓	✓	✓	✗	✓	✓
限制俄主权债务	✓	✓	✓	✓	✓	✓	✓
限制俄银行代理银行账户	✓	✗	✗	✗	✗	✓	✗
限制俄银行使用 SWIFT	✓	✓	✓	✓	✓	✓	✗

• 资料来源:Castellum. Ai 数据库,国海证券研究所。

从生产端来看,服务业 PMI 自 3 月跌至 38.1 的低值之后持续上升,7 月达到 54.7 的峰值,但 8 月开始又连续下降,直至 10 月的 43.7。[1]最新数据显示,服务业整体产出水平基本保持不变。虽然制裁的影响和部分客户购买力的下降导致服务供给商报告产出减少,但是供应商争取到了新客户并开展了多样化的新业务线,服务业新订单从 8 月开始增长迅猛。制造业 PMI 连续三月降至收缩区间,3 月低至 44.1 后企稳回升,5 月重回至 50.8 的扩张区间,直至 10 月仍在 50.7 的扩张区间之内(见图 10-9)。服务业的新订单和制造业的景气值显示了俄罗斯经济较强的韧性。俄罗斯央行曾估计,2022 年本国 GDP 将同比下降 8%—10%。

---

[1] Take-Profit.Org. Russia PMI: Composite, Manufacturing and Services[EB/OL]. (2022-10-31)[2022-11-15]. https://take-profit.org/en/statistics/manufacturing-pmi/russia/.

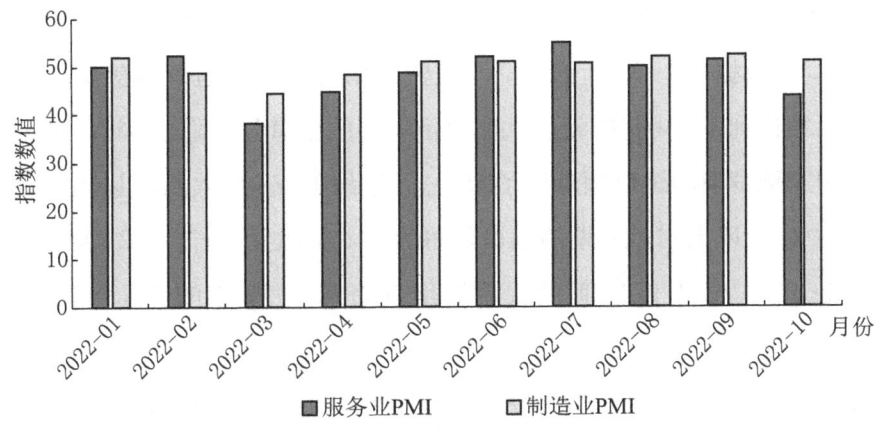

图 10-9　2022 年俄罗斯制造业和服务业 PMI

· 数据来源：Take-Profit.Org 官网。

从需求端来看，随着冲突的持续和制裁的加深，海外需求仍保持萎缩状态，国内消费零售额至 7 月同比下降了 9%，投资因外国投资者的大量撤出同步下降，净出口增速由第一季度的 246.9% 降至 114.6%，仍属于较高水平。在俄罗斯 GDP 构成中，最终消费支出占 GDP 的比重由第一季度的 69.5% 降至第二季度的 68.0%，资本形成总额占比由 21.5% 降至 19.0%，但净出口占比由 8.4% 大幅增至 16.1%。

（二）就业市场保持稳定，工资水平升中有降

截至 9 月，俄罗斯的失业率为 3.8%，失业人数为 290 万人，劳动参与率为 62.3%。相比之下，全国 15 岁及以上劳动力中有 6.3% 的人在 2020 年和 2021 年失业，2021 年经济复苏之后，俄罗斯的年失业率也有 4.3%。从就业率来看，年内最低值为 3 月的 59.36%，后连续回升至 8 月的峰值 60.4%，至 9 月又有所回落。整体来看，就业市场保持整体稳定，并未因军事冲突和西方制裁出现剧烈的波动，既最大程度保障了民生，又有助于经济平稳运行。

2022 年，俄罗斯的最低工资水平增至 15 279 卢布/月（相当于 246.863 美元/月）。截至 8 月，平均名义工资较去年同期相比增长 12.9%，达到 59 907 卢布。但实际工资继 7 月较去年同期相比下降 3.2% 之后，8 月又同比下降 1.2%，这是年度内实际工资的连续第五次下降。

（三）贸易结构有所调整，经常账户大幅盈余

从国家结构来看，俄罗斯从土耳其和印度在内的一些国家的进口有所增长，但从欧盟等制裁国家进口的大幅下降，导致第二季度的进口同比萎缩 22%；而对欧盟、中国、印度和土耳其等国新增的出口额在很大程度上抵消了对美国、日本等国出口额的

减少。根据中国海关的数据,1—10月,中俄贸易超过1 500亿美元,创历史新高。根据欧盟统计局的数据,1—7月,俄罗斯与欧盟国家之间的双边贸易额实际上有所增加,双边贸易额达到1 714亿欧元。欧盟对俄罗斯的出口额下降了33%,仅为341亿欧元,但欧盟从俄罗斯的进口额激增了69.9%,达到1 373亿欧元。①以当时数据为基准,意味着2022年欧盟对俄罗斯的出口额将为516亿欧元,低于2021年的1 045亿欧元,降幅超过50%,但俄罗斯对欧盟的出口将从2021年的1 585亿欧元增至2 028亿欧元。

从出口结构来看,由于俄罗斯单方面改变合同条款、关闭管道,对欧盟、中国和土耳其的天然气出口量下降,但能源价格持续高位弥补了出口损失。数据显示,2022年俄罗斯全部商品平均出口价格比2021年高出约60%,而3月份俄石油和天然气出口收入为1.2万亿卢布。②从进口来看,有几个因素导致了进口萎缩:一些国家禁止对俄出口,对俄金融部门的制裁限制了国际支付流量,许多外国公司完全撤出俄罗斯。2022年1—9月,货物和服务进口额同比下降11%,同期俄罗斯的贸易顺差同比飙升2.2倍以上,达到2 380亿美元。③

2022年1月至9月,俄罗斯经常账户盈余(见表10-5)从年初的1 231亿美元激增至1 984亿美元,第一至第三个季度的盈余分别是698亿美元、767亿美元和519亿美元,俄央行预计全年以2 530亿美元收官。④

表10-5 基准情形下俄罗斯的主要国际收支指标　　　　　　　　（单位:亿美元）

项目 \ 年份	2021(实际)	2022	2023	2024
经常账户	122	253	123	53
货物和服务	170	305	175	105
出口	550	631	515	464
进口	380	326	340	359
一次和二次收入余额	−48	−51	−52	−53
经常和资本账户余额	122	253	123	53

• 数据来源:俄罗斯联邦中央银行。

---

① Russia Briefing. Russia-European Union Bilateral Trade Increased 30.1% In 7M 2022[EB/OL]. (2022-10-03)[2022-11-16]. https://www.russia-briefing.com/news/russia-european-union-bilateral-trade-increased-30-1-in-7m-2022.html/.
② 李春辉. 俄罗斯经济好于预期风险犹存[N]. 经济日报,2022-06-15(4).
③ Bank of Russia. Bank of Russia's Medium-term Forecast[EB/OL]. (2022-10-28)[2022-11-16]. https://www.cbr.ru/Collection/Collection/File/43431/forecast_221028_e.pdf.
④ Bank of Russia. Balance of Payments, International Investment Position, and External Debt of the Russian Federation 2021[EB/OL]. (2022-07-07)[2022-11-16]. http://www.cbr.ru/content/document/file/126052/bp_e.pdf.

(四)联邦预算持续盈余,货币政策先紧后松

相较于一些 G20 国家,如德国常年的财政赤字,俄罗斯自 2018 年以来联邦预算屡有盈余,从而为其推出应对新冠肺炎疫情的大规模财政刺激计划、应对俄乌冲突激增的国防开支提供了相对充裕的资金来源。根据俄罗斯财政部的初步估测,1—10 月联邦预算盈余达 12 841 亿卢布(213 亿美元)。其中联邦预算收入总额约为 22.14 万亿卢布(3 678 亿美元),占联邦法律批准的 2022—2024 年预算总额的 88.5%;支出总额为 22.01 万亿卢布(3 663 亿美元),占年初计划额的 92.9%。[①]

为应对金融制裁,俄罗斯当局 2 月 28 日将利率提高了一倍至 20.0%,并宣布了 1 万亿卢布的一揽子计划,实施了资本管制,并出台了金融市场的管理措施和特别规定,旨在遏制资本外逃,增加金融系统的压力,随后于 4 月 8 日、4 月 29 日和 5 月 26 日分别将基准利率下调至 17.00%、14.00% 和 11.00%。6 月 10 日,俄罗斯央行将利率从 11.00% 下调至 9.50%,恢复到制裁前的水平。8 月,随着消费者价格压力的缓解,央行不仅放松了 2 月份出台的货币紧缩政策,而且在 9 月 19 日将基准利率降至 7.50%[②](见图 10-10)。

与此同时,俄罗斯的通货膨胀居高不下,4 月更是达到峰值 17.80%,后在俄罗斯

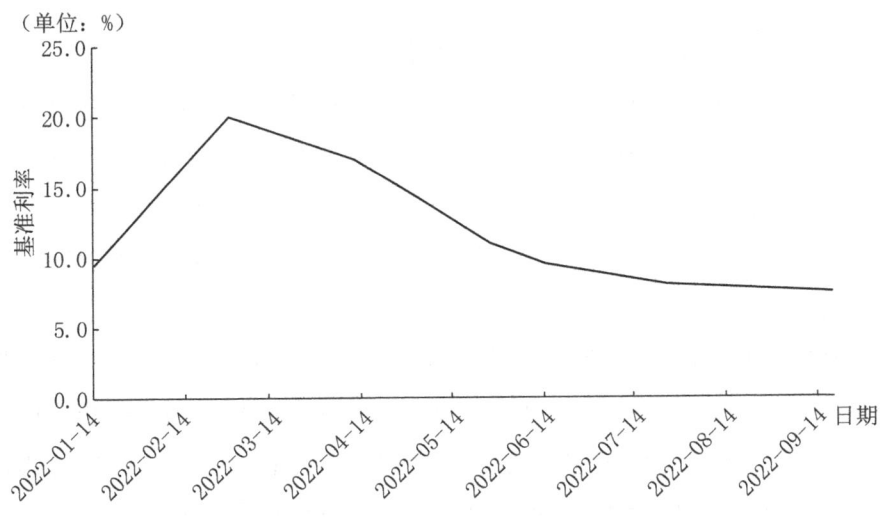

图 10-10 2022 年俄罗斯基准利率走势

• 数据来源:俄罗斯联邦中央银行官网。

---

① TASS. Russia's Federal Budget Surplus was $ 2.13 bln in January-October 2022[EB/OL]. (2022-11-11)[2022-11-17]. https://tass.com/economy/1535365.
② Bank of Russia. Interest Rates on Monetary Policy Operations[EB/OL]. (2022-03-25)[2022-11-17]. https://www.cbr.ru/eng/hd_base/ProcStav/IR_MPO/? UniDbQuery. Posted = True&UniDbQuery. From = 31.01.2022&UniDbQuery. To = 11.17.2022.

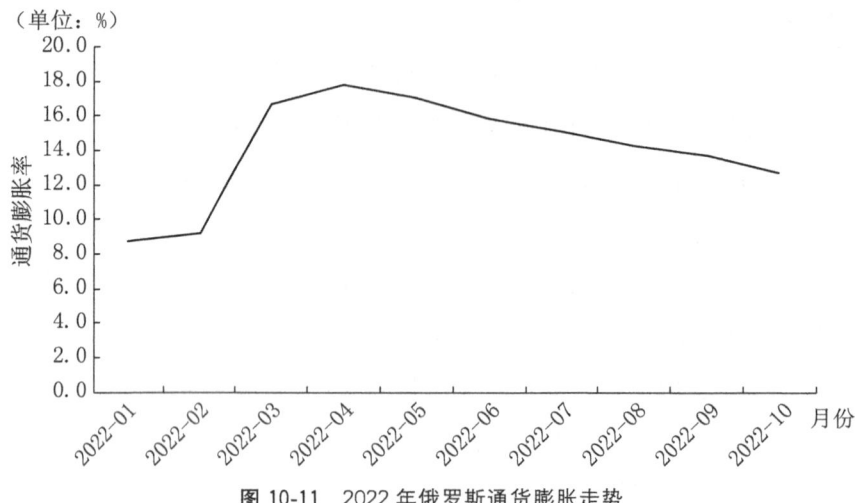

图 10-11 2022 年俄罗斯通货膨胀走势

• 数据来源：Statista 数据库。

央行的政策干预下开始回落，但 10 月仍有 12.70％的水平（见图 10-11）。根据俄罗斯央行的估计，短期内通胀风险和反通胀风险之间存在平衡。至于中期前景，通胀风险仍占主导地位。俄罗斯央行预测，2022 年全年通胀率将达到 12.00％—13.00％，考虑到货币政策的跟进实施，2023 年通胀率将降至 5.00％—7.00％，2024 年将进一步降至 4.00％。

（五）卢布贬值压力仍存，资本外流势头未减

俄罗斯卢布/美元汇率在 2020 年和 2021 年保持基本稳定，除了在 2020 年 3 月新冠肺炎危机最严重时贬值。然而，在 2022 年 2 月底俄乌冲突的两周内，卢布从 80 卢布/美元大幅贬值至 120 卢布/美元，3 月 10 日更是跌至 135.809 卢布/美元，创历史新低。此后一直稳定于 60—70 卢布/美元的区间之内，11 月 23 日收盘于 60.68 卢布/美元。[1]

卢布暂时企稳得益于俄罗斯央行的快速反应。美欧制裁目的之一是切断俄罗斯与全球金融市场的联系，使其无法为军事冲突提供资金。制裁不仅阻止了西方银行与俄罗斯主要银行进行交易，并将几家俄罗斯银行排除在 SWIFT 之外，还冻结了以联盟货币计价的俄罗斯央行账户，使该央行一半的外汇储备无法使用。俄罗斯央行对此的反应是大幅提高利率并实施严格的资本管制，这暂时阻止了资本外逃并稳定了卢布。在制裁后不到两个月，卢布和俄罗斯金融体系避免了崩溃，卢布对美元汇率恢复至军事冲突之前的水平。

---

[1] EXCHANGE-RATES.org. US Dollar(USD) To Russian Ruble(RUB) Exchange Rate History for 2022[DB/OL]. [2022-11-24]. https://www.exchange-rates.org/exchange-rate-history/usd-rub-2022.

从资本外流来看,根据俄罗斯央行的数据,第一季度的流出额估计为642亿美元,大多数资金往东流出,包括中亚。为了规避俄罗斯的货币出口限制,部分公司和个人一直在使用加密货币将资金转移到国外。而根据耶鲁大学管理学院研究团队的跟踪研究,超过1 000家公司已公开宣布自愿缩减在俄罗斯的业务,这些公司在俄罗斯的投资价值合计超过6 000亿美元,约占俄罗斯GDP的40%,雇用当地员工超过100万人。[1]部分仍在俄运营公司的清单,见表10-6。

表10-6 部分仍在俄运营的外国公司

公司名称	运营情况	所属行业	所属国家
阿塞里诺克斯集团	继续营业	金属材料业	西班牙
阿果安娜公司	继续在俄种植	种植业	澳大利亚
中国农业银行	继续营业	金融业	中国
中国航空	继续执飞	航空业	中国
阿里巴巴	继续营业	可选消费品业	中国
安踏体育	继续营业并提供线上销售	可选消费品业	中国
塞尔维亚航空公司	继续执飞	航空业	塞尔维亚
AnyDesk软件公司	继续营业	信息技术业	德国
欧尚集团	继续营业	消费必需品业	法国
巴拉特石油公司	继续购买乌拉尔石油	能源业	印度
Carl's Jr.汉堡	继续营业	可选消费品业	美国
欧洲通信卫星公司	继续提供卫星服务	通信服务业	法国

• 资料来源:耶鲁大学管理学院网站。

(六)金融市场动荡加剧,外债违约或将增加

俄罗斯指数(英文缩写为MOEX,2017年12月之前称为MICEX指数)是全球主要的股市指数,跟踪莫斯科证券交易所上市的10个主要经济部门的50家规模最大和流动性最强的俄罗斯公司业绩。2022年1月3日,MOEX尚在3 852.5的高点,2月22日悬崖式下跌到2 058.1的历史低点,后续9个月在1 900—2 500的区间内呈现频繁高波动的态势。根据莫斯科证交所发布的数据,截至第三季度末,股票市场的总市值为3 375万亿卢布。股票市场的手续费和佣金收入下降了52.8%,交易量下降了53.9%。[2]

其他资本市场的情况也不容乐观。截至第三季度,债券市场的手续费和佣金下降了25.2%,不包括隔夜债券的交易量减少了46.2%。外汇市场的手续费和佣金收入增长61.9%,交易量下降22.6%,收入上涨源于2022年8月推出的新关税政策,

---

[1] Yale School of Management. Over 1 000 Companies Have Curtailed Operations in Russia-But Some Remain[EB/OL]. (2022-10-31)[2022-11-17]. https://som.yale.edu/story/2022/over-1000-companies-have-curtailed-operations-russia-some-remain.
[2] MOEX. Moscow Exchange Announces Results for Q3 2022[EB/OL]. (2022-11-03)[2022-11-18]. https://www.moex.com/n52853/?nt=201.

其有利于有进出口业务的制造商,交易量下降源于部分资金转向现货市场。货币市场的手续费和佣金收入下降了31.9%,交易量增长14.0%;衍生品市场的手续费和佣金收入下降14.8%,交易量下降57.0%(见表10-7)。

表10-7 2022年俄罗斯资本市场主要指标

	2022年第三季度	2021年第三季度	上年同比(%)	第二季度	季度环比(%)
证券市场					
手续费和佣金收入(百万卢布)	559.4	1 185.6	−52.8	466.7	19.9
交易量(亿卢布)	3 121.3	6 772.1	−53.9	2 522.3	23.7
债券市场					
手续费和佣金收入(百万卢布)	486.2	649.9	−25.2	244.1	99.2
交易量(亿卢布)	2 749.9	5 109.4	−46.2	1 450.1	89.6
外汇市场					
手续费和佣金收入(百万卢布)	1 526.8	942.9	61.9	1 160.0	31.6
交易量(亿卢布)	57 718.4	74 547.3	−22.6	55 875.6	3.3
货币市场					
手续费和佣金收入(百万卢布)	2 071.4	3 043.9	−31.9	2 246.0	−7.8
交易量(亿卢布)	150 027.3	131 581.7	14.0	164 075.1	−8.6
衍生品市场					
手续费和佣金收入(百万卢布)	1 055.9	1 239.3	−14.8	555.6	90.0
交易量(亿卢布)	15 964.8	37 104.2	−57.0	15 032.5	6.2
ISLM手续费收入	865.1	1 002.2	−13.7	825.1	4.8
信息服务(百万卢布)	248.8	295.6	−15.8	263.6	−5.6
软件销售和技术服务(百万卢布)	301.6	320.7	−6.0	270.2	11.6
上市和其他服务(百万卢布)	154.7	191.0	−19.0	108.2	43.0
金融市场服务(百万卢布)	160.0	194.9	−17.9	183.1	−12.6
其他业务线(百万卢布)	2 363.1	2 347.8	0.7	2 558.8	−7.6
手续费和佣金总收入	8 927.9	10 411.6	−14.3	8 056.3	10.8

• 数据来源:俄罗斯联邦莫斯科证券交易所官网。

还需指出的是,俄乌冲突伊始,惠誉评级公司就将俄罗斯债务违约的信用评级下调六个等级至C级,穆迪将其下调至"垃圾级",标普的评级仅比"违约级"高出三级。随着冲突的延续,评级机构连续调低对俄信用评级直至完全撤销评级(见表10-8)。6月26日,俄罗斯发生了百年以来的首次海外债务"违约",不过这次"违约"并非俄罗斯没有意愿或者能力支付债务利息,而是因为美欧制裁使资金无法抵达债权人手中。随着制裁的持续,这种被动"违约"或将再现。

表 10-8　2022 年俄罗斯资本市场主要指标

评级机构	评级时间	投资级别	展望	评级含义
标普	2022/4/8	NR	不适用	
穆迪	2022/3/31	NR	不适用	撤销信用评级
惠誉	2022/3/25	NR	不适用	
标普	2022/3/17	CC	负面	基本不能保证偿还债务
惠誉	2022/3/8	C	不适用	即将违约
穆迪	2022/3/6	Ca	负面	极有可能违约
穆迪	2022/3/3	B3	仍在审查	投机级别,信用风险高
标普	2022/3/3	CCC−	负面	违约风险极高
惠誉	2022/3/2	B	负面	高等投机,违约风险较高
标普	2022/2/27	BB+	负面	有较高违约风险
穆迪	2022/2/25	Baa3	仍在审查	中等信用风险

• 资料来源:Trading Economics 数据库。

二、影响 2022 年俄罗斯经济的主要因素

俄罗斯在 2022 年显示的经济韧性基于独一无二的自然禀赋、长期推行的进口替代战略,还有国家垄断资本主义的宏观调控模式,但在全球经济日益"逆全球化"且不确定性和不稳定性明显抬升的情况下,俄罗斯还要面对与乌克兰的军事冲突、面对西方层层加码的制裁、面对国际社会的舆论压力,其要继续维持国内经济生活的稳定和已有的全球经济地位,实属不易。

(一) 自然禀赋独一无二,重要资源自给自足

俄罗斯是世界上地域最辽阔、面积最广大的国家,约占全球陆地总面积11.4%。得天独厚的地理环境造就了种类繁多的自然资源且储量相当丰富,煤、天然气、石油、泥炭、铁、磷灰石、钾、有色和稀有金属等矿物储量均位居世界前列。

从能源来看,2021 年俄罗斯石油产量为 1 094.4 万桶/天,占全球原油产量的12.2%,排名世界第二位;石油出口量 823.4 万桶/天,占全球石油出口总额的 1.3%,排名世界第一位。2020 年俄罗斯燃气储量探明为 37.4 万亿立方米,占全球储量的19.9%,位居世界第一位;2021 年俄罗斯天然气产量占全球产量的 16.8%,位居世界第二位。[①] 2022 年尽管受到西方限制产量、限制出口、限制交易等制裁,但西方国家对俄罗斯石油和天然气长期依赖的局面难以在短期改变,俄罗斯在全球能源领域的领先地位仍将继续维持。

从农业来看,根据世界银行的统计,2020 年俄罗斯农业用地达 2.16 亿公顷,占国土面积的 12.6%。其中耕地面积达到 1.21 亿公顷,占国土面积的 7.1%;人均耕地

---

① Congressional Research Service. Russia's Trade and Investment Role in the Global Economy[EB/OL]. (2022-03-24)[2022-11-18]. https://crsreports.congress.gov/product/pdf/IF/IF12066.

面积达到0.84公顷,是世界平均水平的4.7倍。[①]而且俄罗斯拥有全球面积最大的黑土区,是全球土壤肥力最高、固碳能力最大、粮食产出最高的土壤类型。如此优渥的土地和土壤资源,使得俄罗斯一直为世界产粮大国。2021年俄罗斯粮食总产量达到约1.21亿吨(见图10-12),2022年比2021年增长29.9%,达到约1.57亿吨。加上农作物品种丰富,俄罗斯的粮食自给自足率高达100%,无须依赖粮食进口。

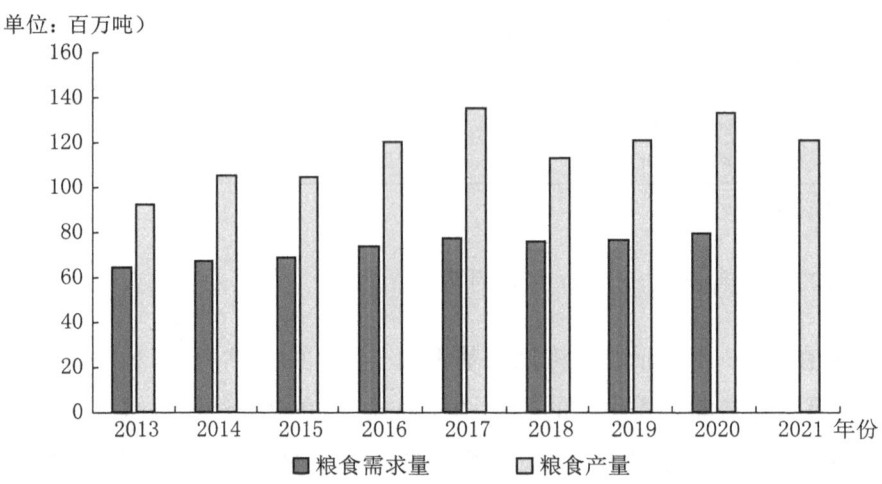

图10-12　2013—2021年俄罗斯的粮食产量和需求量

• 数据来源:Statista数据库。

因自身粮食消费有限,俄罗斯成为全球重要的粮食出口国,在全球粮食贸易中占有举足轻重的地位。2021年俄罗斯小麦、大麦和玉米出口量合计分别占全球出口量的21.99%、12.86%和2.8%(见表10-9)。全球约有50个国家依赖从俄罗斯进口小麦,以保障本国30%以上的供应量。同时,俄罗斯还是全球第二位的葵花籽油生产国和供应国,2021年葵花籽油产量549.3万吨,占全球总产量的25.9%。

表10-9　2021年俄罗斯粮食产量和出口量及其占全球比重　　（单位:万吨）

粮食产量及全球占比							
小麦	占比	大麦	占比	玉米	占比	大豆	占比
8 199	10.56%	1 750	12.00%	1 487	1.25%	425	1.14%
粮食出口量及全球占比							
小麦	占比	大麦	占比	玉米	占比		
4 249	21.99%	450	12.86%	527	2.8%		

• 数据来源:联合国粮食及农业组织官网。

[①] World Bank. Macro Poverty Outlook for Russian Federation：April 2022（English）[EB/OL].（2022-04-22）[2022-11-18]. http://documents.worldbank.org/curated/en/099053504222211133/IDU0c72f82f302430046a80b0400a3effeb3e549.

不过,需要指出的是,此前受新冠肺炎疫情的冲击,全球粮食供给已出现短缺,已有 27 个国家出现粮食危机。而俄罗斯和另一粮食大国乌克兰受冲突爆发的影响,粮食出口量大幅下跌。加之两国 3 月以来均宣布禁止小麦、糖类和化肥的出口,使得本已不堪重负的全球粮食供给雪上加霜。

(二) 长期施行进口替代,国内循环日渐畅通

2009 年,俄罗斯首次提出进口替代的政策规划,要求国防军工和食品生产实现自我保障。2013 年,在乌克兰"颜色革命"掀起的反俄浪潮之下,俄罗斯开始全面推动国防产品的自给自足,并制定了"二战"以来第一份禁止和限制进口的进口替代文件——《关于禁止和限制国防和安全订货中采购外国产品和服务的规定》。2014 年因克里米亚危机事件,美欧对俄实施了多轮制裁。其中,美国主要对俄罗斯实施技术封锁,欧盟配合对俄罗斯实施金融和国际资本封锁,波兰、捷克、立陶宛和拉脱维亚等国则进行边境和通道封锁。在美欧层层加码的严厉制裁之下,俄罗斯无法从西方获取技术、资本和人才等方面的先进资源,一些敏感民用技术和战略领域企业在国际市场遭受围堵。在此背景下,俄罗斯于 2015 年 12 月 31 日推出了《国家安全战略计划》,要求"实施积极的进口替代战略,降低对国外技术和工业品的依赖,加快农业综合体和医药产业的发展",同时"加快高新技术领域的发展,巩固航空和原子能领域的既有地位,恢复传统工业领域(重型机械、航空和成套设备)的领先地位",等等。至此,进口替代战略由最初的被动应对发展成为主动规划,从单兵作战到全面出击,也引导着俄罗斯在食品工业、国防工业、医药卫生、信息通信、航天航空、生物技术、原子能等具有国家战略安全意义的产业领域逐步推进"新型工业化"。

从实施效果来看,俄罗斯在 2016 年的进口替代战略就取得明显成效:运输机械制造业进口占比仅为 3%(原计划 18.5%),森林和木材加工业进口占比为 12.5%(原计划 24%),石油天然气设备进口占比 45.5%(原计划 56%),汽车业进口占比 34%(原计划 41.5%),电子业进口占比 53.9%(原计划 69%),重型机械制造进口占比 47.6%(原计划 56%)。[①]特别是 2018 年以来,俄罗斯政府推出 13 个国家项目,明确要求在基础设施投资、产业发展和科技创新、民生、环境、教育等方面的新投资都必须确定国内产品的采购比例。由于这些投资主要来自联邦财政以及国家发展和开发基金,所以国家项目政府采购 30% 以上必须是国产设备的要求甚至上升到法律强制层面(徐坡岭,2022)。实际上,俄罗斯军事工业体系的自主安

---

① 转引:国海证券研究所.俄乌冲突之后的俄罗斯经济:韧性与隐忧[R].宏观研究专题报告,2022-11-12.

全在2018年后基本实现。俄罗斯联邦发布的《2021年政府工作报告》显示：2021年俄罗斯的粮食、植物油、鱼肉的自给率超过100%，土豆、牛奶和蔬菜的自给率超过80%，医药和医疗器械、电气设备、化工设备、机床仪器等精密制造领域的对外依存度明显改善。①

在金融领域，俄罗斯则从2014年开始"去美元化"的进程，不仅在国际贸易结算中减少使用美元，而且大幅降低外汇储备的美元资产。尤其值得一提的是，俄罗斯建立了自身的金融信息传输系统或资金支付系统(Financial Messaging System of the Bank of Russia, SPFS)。该系统的功能与SWIFT相同。俄罗斯央行的数据显示，截至2022年6月底，已有12个国家的70家银行介入SPFS系统；截至9月，又有50家新实体加入SPFS系统，使其总数达到了440家（见表10-10）。

表10-10 俄罗斯SPFS与国际SWIFT系统对比

类别	SPFS	SWIFT
国家	俄罗斯	国际组织
参与机构数量	约440家	超过1.1万家
参与国家和地区	12	超过200个国家和地区
货币种类	以卢布为主	美元、欧元、英镑、日元、人民币等多种货币
系统运营量	未公布	5兆—6兆美元/日

• 资料来源：国海证券研究所。

总体上，通过十余年持续实施进口替代战略，俄罗斯的国内循环日益畅通，从生产到流通再到分配最后到消费这四个环节的堵点越来越少。生产作为国内循环的起点日益提高了供给数量和供给质量，消费作为国内循环的终点随着工资水平的提高和供给体系的完善对俄罗斯经济增长的贡献也逐步加强。

（三）国有经济全面覆盖，国内供需得以保障

俄罗斯国有经济主要表现为三种形态：国家参与的企业(Companies with State Participation, CSP)，国有单一制企业(State Unitary Enterprises, SUE)，非营利性国有组织(State Management Sector, SMS)。第一种形态的企业包括股份有限公司和有限责任公司，涉及各个行业，如俄罗斯铁路公司、俄罗斯航空公司、俄罗斯联邦储蓄银行、埃罗莎钻石公司等。第二种形态的企业是非公司法人的独立企业，其权力基础是"经营权"，典型代表有俄罗斯邮政公司、俄罗斯联邦印刷局、全俄国家电视广播公司、俄罗斯太子伯郎酒业集团等。第三种形态又有两种形式：第一种是利用政府资产开展战略型研究和承担社会公共职能的国有企业，如俄罗斯国家技术集团、俄罗斯国

---

① 俄总理：俄罗斯粮油鱼肉自给率超100%，2021年GDP增速达4.7%[EB/OL].光明网，(2022-04-07)[2022-11-18]. https://m.gmw.cn/baijia/2022-04-07/1302888117.html.

家原子能集团、俄罗斯联邦航天局、俄罗斯开发银行、俄罗斯存款保险局和俄罗斯住房改革基金。第二种企业创建目的在于服务特定的公共事业,常常挂靠在国有企业组织之下,如购房消费者权益保护基金。可见,国有经济覆盖了俄罗斯社会经济生活的方方面面,从关系国家安全的战略资源型行业到关系民生的社会公共事业,从代表高技术的航天航空产业到服务于实体经济的银行保险等金融服务业,参与比例最高可达到100%(见表10-11)。

表10-11　2017年俄罗斯各行业的国家资本参与情况　　　　　　　　　　(单位:%)

行　业	国家直接参与份额	国家间接参与份额	国家参与总额
航空运输	25.6	0.0	25.6
汽车工业	14.8	5.1	19.9
核电	66.9	33.0	99.9
机场	72.1	0.9	72.9
银行业	25.8	4.6	30.5
矿产开采	100.0	0.0	100.0
水声工程	100.0	0.0	100.0
建筑	0.0	15.5	15.5
钻石开采	47.4	34.9	82.3
金矿开采	0.0	0.0	0.0
煤炭开采	0.0	0.0	0.0
铁路运输	100.0	0.0	100.0
机械工程	10.5	13.3	23.8
矿物肥料	0.0	0.0	0.0
石油和天然气	11.4	15.2	26.6
房地产	6.4	0.0	6.4
军事工业	73.4	12.9	86.3
机械设备批发	0.0	0.0	0.0
食品生产	0.0	0.0	0.0
邮政服务	100.0	0.0	100.0
装卸业务	20.0	0.0	20.0
基础设施建设	0.0	47.1	47.1
电信	10.6	12.7	23.2
公路运输	0.0	30.6	30.6
管道运输	100.0	0.0	100.0
煤炭生产	0.0	0.0	0.0
药品批发	0.0	0.0	0.0
化工和石化产品	0.0	4.9	4.9
有色金属	0.0	0.0	0.0
电力	20.9	17.3	38.2

・资料来源:Alexander Abramov等,2017;国海证券研究所,2022。

正是由于国有经济全方位的覆盖和渗透,甚至主导,国有企业成为俄罗斯经济社会发展的重要物质基础,成为满足人民物质文化生活需要的重要支柱。自2014年以来,俄罗斯的国有企业成为该国经济发展和社会稳定的"生力军""稳定器"和"压舱石"，成为抵御和抗衡西方制裁和国际环境变化的重要力量。2022年以来，俄罗斯国有经济未因军事冲突和多重制裁而倒退或停产，相反大力保障了国内供给、稳定了国内市场，并畅通了国内循环。

（四）反制裁措施及时推出，市场预期得以稳固

2022年2月以来，美欧等西方经济体对俄罗斯实施了一系列前所未有的严厉制裁，包括金融制裁，禁止或限制俄罗斯的能源出口及关键技术进口等。根据关注制裁问题的平台（Castellum.AI）的追踪数据，俄罗斯在2月22日至11月9日内共受到10 052项制裁，其中来自美国的有1 683项，加拿大1 416项、瑞士1 406项、英国1 384项、欧盟1 184项、法国1 122项，澳大利亚974项和日本880项。这一数量大幅超过了俄罗斯在2014年至2022年2月21日之间受到的制裁数量总和，被制裁数量接近对伊朗、叙利亚、朝鲜、白俄罗斯、委内瑞拉和缅甸数十年被制裁措施的总和。具体制裁措施见表10-12。

表10-12　俄乌冲突后美欧等经济体、经济组织对俄罗斯的经济制裁措施及俄部分反制裁措施

国家或组织	主要制裁措施
"跨大西洋工作组"（七国集团＋欧盟）	1. 取消各成员国对俄关键产品实行的"最惠国待遇" 2. 将俄罗斯7家银行踢出SWIFT系统 3. 冻结俄罗斯的国际储备，包括黄金和美元等 4. 限制俄关键商品和技术进出口贸易，进一步限制对俄高附加值产品进出口 5. 禁止对俄能源等关键经济部门进行新的投资 6. 阻止俄罗斯从国际货币基金组织和世界银行等国际机构获得任何融资
美国	1. 联合盟友减少俄高技术产品出口50%，并对俄国防和航空航天等行业实行出口管制 2. 禁止进口俄原油和某些石油产品、液化天然气和煤炭；对自俄、白两国进口产品加征关税；对俄油气开采设备实施出口管制 3. 限制俄、白两国肥料等产品出口，并要求两国自美进口这些产品需获特殊许可证 4. 禁止美国企业或个人向俄政府或任何在俄人士出口、再出口、出售或供应美元 5. 禁止美对俄特定经济领域进行新的投资 6. 禁止在美境内或由美国人批准、筹资、协助或担保任何别国与俄交易 7. 纳斯达克证券交易所暂停俄Yandex和OZON公司证券交易，纽约证券交易所暂停俄Mechel、MTS、CIAN公司证券交易 8. 针对140多名寡头及其家庭成员和400多名俄罗斯政府官员实施制裁，对俄罗斯最大的金融机构俄罗斯联邦储蓄银行、最大的私人银行阿尔法银行实施全面封锁制裁 9. 万事达和visa暂停在俄服务
欧盟	1. 禁止所有与俄央行储备有关的交易 2. 禁止投资或参与俄直投基金所有投资的项目 3. 禁止通信、电子、半导体、飞机和零部件、航天元器件等产品对俄出口 4. 禁止自顿涅茨克、卢甘斯克两地货物进口，并限制对其的投资、旅游及技术出口 5. 2030年前逐步削减自俄进口煤炭、石油和天然气的计划，至2022年底，对俄天然气依赖将减少67% 6. 对自俄生产、出口的煤炭和其他硬质矿物燃料实行禁运 7. 大幅禁止对俄能源领域新的投资，包括与能源勘探和生产有关的所有投资、技术转让和金融服务 8. 禁止自俄进口钢铁行业关键商品 9. 禁止自俄进口俄原木、水泥、化肥、海产品及酒类饮料，以及对俄出口喷气燃料、量子计算机、先进半导体、高新技术电子产品、软件、智能机器和交通设备

(续表)

国家或组织	主要制裁措施
英国	1. 全面禁止对俄投资;限制俄公司在英市场上获利、使用美元和英镑结算 2. 伦敦证券交易所暂停包括俄储银行、俄气、俄油等公司的证券交易 3. 全面冻结俄罗斯最大银行俄罗斯联邦储蓄银行和莫斯科信贷银行的资产 4. 计划在2022年底前停止进口俄罗斯石油及相关石油产品,并禁止向俄出口航空航天产品和技术 5. 宣布2022年底摆脱对俄石油、煤炭的依赖,停止自俄进口天然气,并禁止对俄出口关键炼油设备、催化剂,禁止进口俄钢铁产品 6. 暂停军用卡车、半导体、石油生产设备等零部件对俄出口许可
澳大利亚	1. 禁止对俄出口氧化铝、铝矿石及铝土矿 2. 对自俄、白进口的所有商品加征关税;停止自俄进口石油、天然气、煤炭等产品 3. 禁止对俄出口珠宝、黄金、葡萄酒、汽车、皮草等奢侈品
部分反制裁措施	
俄罗斯	1. 要求"不友好国家"进口俄天然气时以卢布支付,否则断供 2. 对于列入"不友好国家"地区清单的外国债权人,如俄国家、个人和企业对其负有外汇债务,可使用卢布偿还 3. 按国别冻结美、欧的不友好国家在俄资产 4. 2022年底前禁止部分产品和原材料进口 5. 禁止葵花籽和油菜籽出口;大豆仅通过远东联邦区检查站出口;豆粕出口仅保留远东口岸和加里宁格勒地区海上口岸 6. 俄工业和贸易部批准允许平行进口的商品清单,涵盖超200个品牌的50多类商品

• 资料来源:人大重阳《大裂化:俄乌冲突后,全球经济新冷战评估与防范》,作者整理。

作为回击,俄罗斯对西方国家推出反制裁措施,以期达到"稳汇率、稳就业、稳内需、稳外贸"的效果。反制裁措施主要包括以下方面:一是紧急收紧货币政策并实施资本和外汇管制。俄罗斯央行从2022年2月28日开始将关键利率紧急加息1 050个BP至20%,为近二十年来最高水平。3月10日至9月10日期间,境内居民法人仅可提取上限为5 000美元的等值外币且只能用于国外商务旅行费用,俄罗斯出口商从1月1日获得的80%的外汇收入被强制结汇。3月31日,俄罗斯总统普京签署法令,宣布对"非友好"国家和地区的企业实施以卢布结算天然气款项的措施。二是财政政策加大支出力度以稳定内需。3月4日,俄国家杜马通过一项法律,其中包含对企业和居民的一系列支持措施,如允许暂停对中小企业和信息技术行业的例行检查,将公民的"信贷假期"(即延期付息等优惠)延长至9月30日,此外还从国家福利基金中拨款1万亿卢布用于购买俄罗斯股票和债券,多项措施的组合对减少失业和企稳内需起到重大作用。三是持续实施平行进口策略降低供给缺口。4月23日,俄罗斯工贸部宣布了允许开展平行进口的商品清单,包括近200个国际品牌。5月6日,工贸部宣布启动平行进口机制,以便在"非友好"国家和地区的企业撤出俄罗斯之后,保护国内消费者利益。6月8日,普京再次签署法令,规定"平行进口"商品合法化。四是同步谋求他国进口渠道。俄罗斯在欧亚经济联盟成员国、塞浦路斯、土耳其等国投资开设公司,从事迂回进口业务来抵制进口制裁。7月以来,俄罗斯与土耳其、巴西的进出口贸易均创下了历史最高纪录。

虽然俄罗斯经济发展的韧性犹存,但未来经济发展仍有诸多隐忧:

一是军事冲突和西方制裁同步消耗国家实力,俄罗斯在全球经济地位或将持续下降。2013年俄罗斯在全球经济中的占比为3%。受2014年以来西方制裁的持续深刻影响,2021年占比降至1.7%。在俄乌冲突和西方长期无限制裁之下,俄罗斯经济将继续受到全方位的冲击,在全球经济中的地位或将继续下降。

二是经济表现与国际油价高度相关,衰退幅度大小依赖于国际油价的高低。短期制裁效果被油气价格上涨所抵消,但随着美联储加息进程,OPEC有望加快增产,国际能源署释放更多原油储备,全球能源转型加速,国际油价回落将令俄罗斯经济面临更大压力。

三是国际运输成本持续抬升,贸易顺差能否继续堪忧。由于美欧制裁,俄罗斯能源出口在船只供应和付款方面遭遇困难,其在国际市场上的销售屡屡受挫。俄罗斯一些大型港口的货运量急剧下降,据德国基尔世界经济研究所统计,2022年圣彼得堡港作为俄罗斯与欧洲贸易的主要门户,其集装箱运输比2021年下降了85%。不过远东最大的符拉迪沃斯托克港却在超负荷运转,俄中贸易适度弥补了俄欧贸易的下降亏损。

四是外汇储备被冻结,加剧国家信用风险。截至10月28日,俄罗斯外汇储备为5 501亿美元,超过一半的外汇储备被欧美制裁冻结。外汇冻结不仅限制了俄罗斯利用国际金融市场交易和变现的能力,也造成俄罗斯股市汇市大幅波动。同时,除了削弱俄央行通过出售外汇储备来稳定外汇市场的能力之外,它也将直接降低俄罗斯的偿债能力,加剧主权债务违约风险。

五是高科技竞争力遭受破坏,现代工业化进程受阻。海外投资减少甚至撤出,一方面使跨国公司对俄罗斯的技术溢出效应和人才培养贡献下降,本土企业依靠"外源式"创新获得技术提升的机会大打折扣;另一方面与世界先进技术的交流接触受到极大阻碍,削弱了俄罗斯获取尖端科技资源和开展国际技术合作的能力。而科技是一国现代化和工业化长期发展的根本动力,若处于技术"孤岛"位置,单靠"本源式"创新,整体进程将被拉长,时间难以预计。

表10-13显示了俄罗斯央行最新的经济预测数据,2022年GDP增速落于-3.5%至-3.0%区间,但在2024年可恢复1.5%—2.5%的增长。俄罗斯经济缓慢修复的支撑在于:需求侧通过加大国内投资力度和解决出口障碍来恢复经济活力,供给侧则需继续通过稳就业、稳汇率、稳货币等措施来稳定经济大盘。

表 10-13 俄罗斯央行在基准情形下对关键经济指标的预测数据(较 2021 年增长) (单位:%)

	2021(实际)	2022	2023	2024
通货膨胀,12 月值	8.4	12.0—13.0	5.0—7.0	4.0
通货膨胀,年度均值	6.7	13.7—13.9	4.5—6.4	4.1—4.8
关键利率,年度均值	5.7	10.6	6.5—8.5	6.0—7.0
GDP	4.7	(−3.5)—(−3.0)	(−4.0)—(−1.0)	1.5—2.5
—第四季度同比	5.0	(−7.8)—(−6.4)	0.0—1.5	0.5—1.5
最终消费支出	7.2	(−2.5)—(−2.0)	(−2.5)—(+0.5)	3.0—4.0
—家庭消费支出	9.5	(−3.5)—(−3.0)	(−3.0)—0.0	3.5—4.5
资本形成总额	8.9	(−11.5)—(−10.5)	2.5—6.5	3.0—5.0
—固定资本形成	6.8	0.0—1.0	(−7.0)—(−3.0)	3.0—5.0
出口	3.5	(−16.0)—(−15.0)	(−11.5)—(−7.5)	(−3.0)—(−0.1)
进口	16.9	(−23.5)—(−22.5)	(−3.5)—(+0.5)	3.0—5.0
名义货币供给	13.0	23—26	10—15	9—14
卢布和外币索赔权	13.9	9—12	8—13	9—14
—对机构	10.7	10—13	7—12	8—13
—对家庭	22.0	7—10	9—14	9—14
—抵押贷款	26.7	14—17	10—15	10—15

• 数据来源:俄罗斯联邦中央银行。

第三节 2022 年中俄经贸合作新进展

近些年来,在两国元首战略引领和合作机制大力推进之下,中俄经贸合作取得了卓越的发展成就。贸易、投资、金融等传统领域的合作进入加速提质升级的新阶段,重大项目成为重要支撑点,新兴合作领域助推"新增长"。[①]不仅如此,中俄经贸合作经受住了新冠肺炎疫情的考验,长期向好态势没有改变,两国新时代全面战略协作伙伴关系保持了高水平运行和高度互信,使双方经贸关系向更大规模、更深层次和更高水平迈进。

一、中俄贸易额创下新高

2022 年以来,尽管受俄乌冲突、新冠肺炎疫情等多重不利因素的影响,面临原材料价格攀升、物流运输时断时续、卢布汇率大幅波动等多重挑战,中俄共同努力促进两国正常经贸往来,维护产业链稳定,打造数字经济、绿色发展、生物医药等新的增长点。中俄经贸关系在质和量上不断升级,双边贸易额保持增长态势。根据中国海关总署 2023 年 1 月发布的统计数据,2022 年 1 月至 12 月,中国自俄进口 7 637.5 亿元人民币,较 2021 年同期增长 48.6%;对俄出口 5 123.0 亿元人民币,较

---

① 郭晓婷. 中俄经贸合作:成就、问题及新冠肺炎疫情影响下的表现[J]. 东北亚学刊,2021(9):131-152.

2021年同期增长17.5%，①中国连续12年稳居俄罗斯第一大伙伴贸易国（见表10-14）。

表10-14　2022年12月中国对俄进出口额　　　　　（单位：亿元人民币）

项目与时间	进出口		出口		进口		累计比上年同期±%		
	12月	1月至12月	12月	1月至12月	12月	1月至12月	进出口	出口	进口
总值	37 713.4	420 678.2	21 607.2	239 654.0	16 106.1	181 024.2	7.7	10.5	4.3
俄罗斯联邦	1 264.1	12 760.6	626.9	5 123.0	637.2	7 637.5	34.3	17.5	48.6

• 数据来源：中国海关总署官网。

二、中俄能源合作继续推进

2022年，中俄能源合作继续发挥两国经贸关系的压舱石作用，俄罗斯继续成为中国第一大能源进口来源国。2022年2月，中国石油集团与俄石油公司签署了保障中国西部炼厂供油的原油购销合同补充协议，协议提出将向中国额外累计增供1亿吨原油。同日，中国石油集团还与俄罗斯天然气工业股份公司签署中俄远东天然气购销协议，俄气每年输往中国的管道天然气供应量将增加100亿立方米。这些协议是继2019年12月中俄东线天然气管道投产供气后，双方在原油和管道天然气贸易方面取得的又一重要合作成果。截至2022年1月，中国石油累计自俄罗斯进口管道原油超过3亿吨，天然气超过150亿立方米。上述合作文件的签署，进一步夯实了中国东北和西北能源通道，深化了中俄在油气领域的长期合作。

不仅如此，中俄两国还聚焦绿色低碳，共同推进能源转型。2022年2月，中国石油集团与俄罗斯石油股份公司共同签署《低碳发展领域合作谅解备忘录》，备忘录指出：双方公司将加强低碳领域对话交流，携手助力企业绿色低碳高质量发展和"碳中和"目标的实现。②2022年11月，第四届中俄能源商务论坛在北京召开，中俄双方代表围绕"深化中俄能源合作，共促能源安全与绿色可持续发展"展开了全面而深入的交流。③双方探讨在保证化石能源稳定供应的同时，着眼长远，广泛探讨在风光气电融合发展和地热、氢能以及碳捕集利用与埋存等负碳技术领域的合作机会，并通过建立合资企业等方式，共同加强可再生能源制备和基础设施建设，扩大可再生能源产能建设合作。

---

① 中国海关总署. 2022年12月进出口商品主要国别（地区）总值表（人民币值）[EB/OL]. (2023-01-13)[2023-01-14]. http://www.customs.gov.cn/customs/302249/zfxxgk/2799825/302274/302275/4793979/index.html.
② 杨碧泓, 刘洋. 中国石油与俄伙伴达成多项协议[N]. 中国石油报, 2022-02-05(2).
③ 第四届中俄能源商务论坛召开，中俄能源合作保持积极发展态势[EB/OL]. 光明网, (2022-11-30)[2022-12-14]. https://m.gmw.cn/baijia/2022-11/30/1303210570.html.

为提高中俄能源合作效率，两国之间的铁路运输也快速发展。2022年，俄中铁路运输量增幅显著，包括石油、煤炭等大宗商品的运输量再创新高。与此同时，多个陆路口岸在对俄大宗商品物流方面发挥更为重要的作用，参与货运的俄罗斯企业其地理分布更加广泛，如俄罗斯远东、外贝加尔边疆区等多家企业积极推动进出口货物运输。①

三、重大项目取得持续进展

中俄东线天然气管道工程北起黑龙江黑河，南至上海白鹤，途经吉林、内蒙古、辽宁、河北、天津、山东、江苏等多地，全长5 111公里。其中，新建管道3 371公里，分北、中、南三段核准建设，北段黑龙江黑河—吉林长岭、中段吉林长岭—河北永清分别于2019年12月、2020年12月建成投产。②南段河北永清—上海段工程于2021年1月开工建设，2022年9月实现投产；南段山东泰安至江苏泰兴段工程于2021年2月开工建设，2022年12月正式投产。以此为标志，中俄东线与西气东输管道系统在江苏泰兴正式联通，"北气南下"通道延伸至长三角地区，国内东部能源通道实现全面贯通。中俄东线于2019年12月通气之后，输气量连续三年稳定增长，2022年底中俄东线输气量进一步增长，日输气量超过5 000万立方米，2022年全年输气量突破150亿立方米。③

四、人民币在俄备受青睐

人民币在俄罗斯联邦的政府部门、金融市场和行业企业日益受到重视，使用范围越来越广泛。根据俄罗斯工业通讯银行的报告，2022年5月至10月，约15%的俄罗斯中小企业使用外汇，而在使用外汇结算者当中，34%选择美元，31%选择人民币，28%选择欧元。④2022年9月，中国石油集团与俄罗斯天然气工业股份公司签署的《中俄东线天然气购销协议》相关补充协议中，将卢布和人民币作为天然气结算货币，中俄本币结算取得重大突破。2022年底，俄罗斯联邦财政部提出实行定期购买人民币以补充俄罗斯国家财富基金的做法，在俄罗斯国家财富基金的法定资产结构中将人民币占比上限从原有的30%提高到60%，黄金占比上限从原有的20%提高到

---

① 中国石油新闻中心. 深化中俄能源合作，共促能源安全与绿色可持续发展[EB/OL]. (2022-12-01)[2022-12-20]. http://news.cnpc.com.cn/system/2022/12/01/030086712.shtml.
② 左丰岐. 中俄东线天然气管道山东泰安至泰兴段投产[N]. 大众日报，2022-12-28(4).
③ 西伯利亚天然气直通上海，中俄东线日输气超6 000万立方米[EB/OL]. 国际燃气网. (2023-01-03)[2023-01-04]. https://gas.in-en.com/html/gas-3667652.shtml.
④ 王娣. 俄机构最新调查：人民币在俄中小企业国际结算中超欧元[EB/OL]. (2022-12-28)[2022-12-30]. https://www.xhby.net/tuijian/202212/t20221228_7789580.shtml.

40%，英镑和日元账户余额则被归零。①

俄罗斯联邦的各家银行日益加大人民币业务力度，推出人民币理财产品，开展人民币定期理财业务，并计划发行人民币债券，人民币交易价值不断增长。俄罗斯联邦中央银行于2022年12月发布的金融稳定评估报告表明，2022年第二季度和第三季度俄罗斯联邦市场上使用美元结算比例从52%降至34%，欧元从35%降至19%。而人民币的比例已接近欧元，在2022年4月至9月间从0.4%上升到14%，人民币在交易所的交易量占比则从3月的3%跃升至11月的33%。②

总体上，2022年以来，中国密切关注俄乌冲突进展，密切关注国际能源走势，政府部门指导企业主动适应国际环境变化和国际市场震动，与俄罗斯联邦共同推进两国经贸合作行稳致远，量质齐升。

---

① RETURNS. Permitted Share of China's yuan in Russian Wealth Fund Doubled to 60%-finmin[EB/OL]. (2022-12-30)[2023-01-05]. https://www.reuters.com/markets/currencies/permitted-share-chinas-yuan-russian-wealth-fund-doubled-60-finmin-2022-12-30/.
② Bank of Russia. Financial Stability Review Q2-Q3 2022 [EB/OL]. (2022-12-01)[2022-12-20]. http://www.cbr.ru/collection/collection/File/43513/en_2q_3q_2022.pdf.

主要参考文献

1. 本书编写组. 党的十九大报告学习辅导百问[M]. 北京:党建读物出版社,学习出版社,2017.
2. 本书编写组. 党的十九大报告辅导读本[M]. 北京:人民出版社,2017.
3. 本书编写组. 党的二十大报告辅导读本[M]. 北京:人民出版社,2022.
4. 本书编写组. 党的二十大报告学习辅导百问[M]. 北京:学习出版社,2022.
5. 毕马威中国. 2023年宏观经济十大趋势展望[EB/OL]. (2022-12-08)[2022-12-15]. https://home.kpmg/cn/zh/home/insights/2022/12/ten-macro-economic-trends-in-2023.html.
6. 曹鹏鹏,冯怀信. 重复博弈、复合竞争与中印边界的互动态势[J]. 南亚研究,2022(2).
7. 陈卫. 中国的低生育率与三孩政策——基于第七次全国人口普查数据的分析[J]. 人口与经济,2021(5).
8. 陈小方. 印尼再次上调基准利率[N]. 经济日报,2022-09-24(4).
9. 陈新. 高通胀拖累欧洲经济[N]. 人民日报,2022-11-28(14).
10. 帝国数据银行. 俄罗斯、乌克兰形势对企业采购的影响调查[EB/OL]. (2022-05-16)[2022-11-20]. https://www.tdb.co.jp/report/watching/press/p220504.html.
11. 丁纯,罗天宇. 从亚洲战略到"印太战略":欧盟全球战略重心的转移及逻辑[J]. 太平洋学报,2022(11).
12. 董方冉. 俄罗斯逆势降息复苏经济[J]. 中国金融家,2022(8).
13. 董一凡. 欧盟能源安全政策调整及其影响[J]. 现代国际关系,2022(11).
14. 冯玉军. 俄罗斯经济的政治社会根源及国家发展前景[J]. 欧亚经济,2022(1).
15. 葛顺奇. 引领全球投资规则体系建设[N]. 人民日报,2016-08-23(23).
16. 龚婷. 美国推出"芯片法案"意欲何为[J]. 时事报告,2022(9).
17. 郭连成. 俄罗斯中小企业改革发展历程与政府扶持政策[J]. 俄罗斯东欧中亚研究,2021(6).
18. 郭晓琼. 俄罗斯对外贸易发展:形势、政策与前景[J]. 俄罗斯学刊,2021(4).
19. 郭晓婷. 中俄经贸合作:成就、问题及新冠肺炎疫情影响下的表现[J]. 东北亚学刊,2021(5).
20. 国海证券研究所. 俄乌冲突之后的俄罗斯经济:韧性与隐忧[R]. 宏观研究专题报

告,2022-11-12.

21. 国际劳工组织. 世界就业和社会展望 2021 年趋势[M]. 北京:经济科学出版社,2022.

22. 国家统计局. 中华人民共和国 2021 年国民经济和社会发展统计公报[EB/OL]. (2022-02-28)[2022-12-01]. https://www.gov.cn/xinwen/2022-02/28/content_5676015.htm.

23. 郝宇. 欧洲能源危机的根源与影响[J]. 人民论坛,2022(7).

24. 胡天姣. 加息抑制全球并购重组热情,今年全球并购交易或下降 1/4[N]. 21 世纪经济报道,2022-08-23(7).

25. 户华玉,龚同,佘群芝. 全球贸易自由化格局演变及其对 FDI 的影响[J]. 国际经贸探索,2022(4).

26. 黄群慧,刘学良. 新发展阶段中国经济发展关键节点的判断和认识[J]. 经济学动态,2021(2).

27. 贾平凡. 美国"芯片法案"扰乱全球供应链[N]. 人民日报海外版,2022-08-09(10).

28. 姜振军. 西方制裁与疫情叠加冲击下俄罗斯经济发展态势分析[J]. 西伯利亚研究,2022(4).

29. 康安等. 南宁至河内货物运输实现"一日达"[N]. 广西日报,2022-01-05(3).

30. 黎兆齐等. 前 10 月中越班列累计开行 238 列[N]. 南宁晚报,2022-11-08(3).

31. 李春顶,林欣. 美国贸易政策的制定与决策机制及其影响[J]. 当代美国评论,2020(1).

32. 李春辉. 俄罗斯经济好于预期风险犹存[N]. 经济日报,2022-06-15(4).

33. 李建民. 美西方制裁对俄罗斯经济的影响及启示[J]. 欧亚经济,2022(4).

34. 梁昊光,张耀军. "一带一路"高质量发展是世界经济稳定的力量[N]. 光明日报,2022-07-04(12).

35. 林民旺. "印太"的建构与亚洲地缘政治的张力[J]. 外交评论(外交学院学),2018(1).

36. 刘湘丽. 日本供应链重组政策及其影响[EB/OL]. (2022-03-21)[2022-12-10]. 中国商务部公共商务信息服务,http://chinawto.mofcom.gov.cn/article/br/bs/202203/20220303286955.shtml.

37. 刘旭. 中国东盟数字经济合作正当时[N]. 国际商报,2022-11-17(4).

38. 刘宇南. 中国与世界经济发展报告(2022)[M]. 北京:中国市场出版社,2021.

39. 刘志中,崔日明. 全球贸易治理机制演进与中国的角色变迁[J]. 经济学家,2017(6).

40. 门洪华,王骁. 中国国际地位动态研究(2008—2018)[J]. 太平洋学报,2019(7).
41. 门镜. 欧盟与俄乌冲突:困境与出路[J]. 俄罗斯研究,2022(6).
42. 莫莉. 俄罗斯经济展现韧性[N]. 金融时报,2022-08-17(8).
43. 钱思韵,朱启兵. 美国税收、支出、债务的财政三角困局[J]. 国际金融,2019(3).
44. 乔晓春. 从"七普"数据看中国人口发展、变化和现状[J]. 人口与发展,2021(4).
45. 曲文轶. 经济增长恢复、刺激模式退出、气候行动开启——2021 俄罗斯经济述评[J]. 俄罗斯研究,2022(1).
46. 权衡. 新发展格局是开放的国内国际双循环[N]. 学习时报,2020-10-21(3).
47. 任理轩. 加快构建新发展格局[J]. 人民日报,2021-05-12(7).
48. 日本贸易振兴机构(JETRO). 俄罗斯乌克兰形势下在欧日资企业的问卷调查结果[EB/OL]. (2022-11-07)[2022-11-20]. https://www.jetro.go.jp/news/releases/2022/7ff46d6b118a8017.html.
49. 日本贸易振兴机构(JETRO). 平台时代下韩国内容产业振兴对策及事例调查[EB/OL]. (2022-03)[2022-12-02]. https://www.jetro.go.jp/ext_images/_Reports/02/2022/66c457767e8bbf81/202203.pdf.
50. 日本内阁府. 2022 年经济财政白皮书[EB/OL]. (2022-07)[2022-11-02]. https://www5.cao.go.jp/j-j/wp/wp-je22/index.html.
51. 孙广勇. "这条铁路能让老挝走得更远"[N]. 人民日报,2022-01-22(3).
52. 滕泰,张海冰. 全球通胀与衰退[M]. 北京:中译出版社,2022.
53. 王晋斌. 2021 全球货币金融形式的思考[M]. 北京:中国社会科学出版社,2022.
54. 王卫,吴琼. 欧盟考虑对美《通胀削减法案》采取报复措施[N]. 法治日报,2022-11-14(6).
55. 威廉·诺德豪斯. 变暖的世界:全球变暖的经济模型[M]. 上海:东方出版中心,2021.
56. 吴长伟等. 中国—东盟经贸合作硕果累累[N]. 人民日报海外版,2022-11-17(6).
57. 西南财经大学全球金融战略实验室. 2020—2021 年全球系统性风险趋势报告[M]. 北京:中国法制出版社,2020.
58. 习近平. 把握新发展阶段,贯彻新发展理念,构建新发展格局[J]. 求是,2021(9).
59. 习近平. 不断做强做优做大我国数字经济[J]. 求是,2022(2).
60. 习近平. 共同构建人类命运共同体[J]. 求是,2021(1).
61. 习近平. 加快建设科技强国　实现高水平科技自立自强[J]. 求是,2022(9).
62. 习近平. 坚持和发展中国特色社会主义要一以贯之[J]. 求是,2022(18).

63. 习近平. 努力成为世界主要科学中心和创新高地[J]. 求是,2021(6).
64. 习近平. 努力建设人与自然和谐共生的现代化[J]. 求是,2022(11).
65. 习近平. 深入实施新时代人才强国战略 加快建设世界重要人才中心和创新高地[J]. 求是,2021(24).
66. 习近平. 扎实推动共同富裕[J]. 求是,2021(20).
67. 习近平. 正确认识和把握我国发展重大理论和实践问题[J]. 求是,2022(10).
68. 习近平. 新发展阶段贯彻新发展理念必然要求构建新发展格局[J]. 求是,2022(17).
69. 习近平. 命运与共 共建家园——在中国—东盟建立对话关系30周年纪念峰会上的讲话[N]. 人民日报,2021-11-23(2).
70. 肖晞,杨依众. 新形势下世界"中国观"的变化与加快构建中国国际话语权的战略路径[J]. 吉林大学社会科学学报,2022(1).
71. 徐坡岭. 美欧制裁压力下俄罗斯经济的韧性、根源及未来方向[J]. 俄罗斯学刊,2022(4).
72. 严瑜. 世贸组织部长级会议取得丰硕成果[N]. 人民日报海外版,2022-06-21(10).
73. 杨碧泓,刘洋. 中国石油与俄伙伴达成多项协议[N]. 中国石油报,2022-02-05(2).
74. 杨继军,艾玮炜,范兆娟. 数字经济赋能全球产业链供应链分工的场景、治理与应对[J]. 经济学家,2022(9).
75. 杨明. 韩国低生育率拖累经济发展[N]. 经济日报,2022-11-21(4).
76. 杨思灵. 印度大国博弈策略偏好如何影响中印关系[J]. 学术前沿,2018(1).
77. 叶海林. 中国崛起与次要战略方向挑战的应对——以洞朗事件后的中印关系为例[J]. 世界经济与政治,2018(4).
78. 张晓通,陈实. 百年变局下中美全球贸易治理的竞争与合作[J]. 国际贸易,2021(10).
79. 张根海,王颖. "印—太战略弧"视阈下美印日澳组合对南海安全的导向性分析[J]. 南亚研究,2017(4).
80. 张琳,石先进. 中国对外贸易报告(2020—2021)[M]. 北京:中国社会科学出版社,2021.
81. 张宇燕,孙杰,姚枝仲. 2021年世界经济形势分析与预测[M]. 北京:社会科学文献出版社,2021.
82. 张志明,曲文轶,郭一文. 俄罗斯在亚太价值链中的角色及其演变态势[J]. 俄罗斯东欧中亚研究,2017(3).
83. 赵岩. 数字经济发展报告(2021—2022)[M]. 北京:社会科学文献出版社,2020.
84. 中国人民大学重阳金融研究院. 大裂化:俄乌冲突后全球经济新冷战评估[R]. 人大

重阳"宏观形势"系列研究报告第 32 期,2022-05-20.

85. 中国信息通信研究院. 大数据白皮书(2022 年)[EB/OL]. (2022-01-04)[2022-12-01]. http://www.caict.ac.cn/kxyj/qwfh/bps/202301/t20230104-413644.htm.

86. 中国银行研究院. 全球经济金融展望报告[R]. 2022-07-05.

87. 中华人民共和国人力资源和社会保障部. 2021 年度人力资源和社会保障事业发展统计公报[EB/OL]. (2022-06-07)[2022-12-01]. http://www.mohrss.gov.cn/xxgk2020/fdzdgknr/ghtj/tj/ndtj/202206/W020220607572932236389.pdf.

88. 中华人民共和国商务部,国家统计局,国家外汇管理局编. 2020 年度中国对外直接投资统计公报[M]. 北京:中国商务出版社,2021.

89. 中华人民共和国商务部,国家统计局,国家外汇管理局编. 2021 年度中国对外直接投资统计公报[M]. 北京:中国商务出版社,2022.

90. 左丰岐. 中俄东线天然气管道山东泰安至泰兴段投产[N]. 大众日报,2022-12-28(4).

91. Asian Development Bank. Asian Development Outlook 2022 Update: Entrepreneurship in the Digital Age [EB/OL]. (2022-09-21)[2022-10-30]. https://www.adb.org/sites/default/files/publication/825166/ado2022-update.pdf.

92. Bank of Korea. Economic Outlook November 2022, Economic Outlook May 2022 [EB/OL]. (2022-11-24)[2022-11-25]. http://www.bok.or.kr/eng/bbs/E0000634/view.do?nttId=10074011&menuNo=400069&pageIndex=1.

93. Goldman Saches Economics Research. Global Economics Analyst Macro Outlook 2023: This Cycle Is Different [EB/OL]. (2022-11-16)[2022-12-01]. https://www.goldmansachs.com/insights/pages/gs-research/macro-outlook-2023-this-cycle-is-different/report.pdf.

94. International Monetary Fund. IMF Annual Report 2021[EB/OL]. (2021-08-02)[2022-09-20]. https:/www.imf.org/external/pubs/ft/ar/2021/eng/downloads/imf-annual-report-2021.pdf.

95. International Monetary Fund. Policy Response to COVID-19[EB/OL]. (2021-07-02)[2022-09-20]. http://www.imf.org/en/Topics/imf-and-covid19/Policy-Responses-to-COVID-19#U.

96. International Monetary Fund. World Economic Outlook: Countering the Cost-of-Living Crisis [EB/OL]. (2022-10-17)[2022-11-01]. https://www.imf.org/en/Publications/WEO/Issues/2022/10/11/world-economic-outlook-october-2022.

97. International Monetary Fund. World Economic Outlook: Recovery During a Pandemic Pandemic—Health Concerns, Supply Disruptions, and Price Pressures[EB/OL]. (2021-10-12) [2022-09-30]. https://www.imf.org/-/media/Files/Publications/WEO/2021/October/English/text.ashx.

98. OECD. OECD Economic Outlook: Volume 2022 Issue 2[EB/OL]. (2022-11-20) [2022-12-01]. https://www.oecd-ilibrary.org/economics/oecd-economic-outlook/volume-2022/issue-2_f6da2159-en.

99. UNCTAD. Global Trade Update, July 2022[EB/OL]. (2022-07-05) [2022-12-30]. https://unct-ad.org/system/files/official-document/ditcinf2022d2_en.pdf.

100. UNCTAD. World Investment Report 2022[M]. New York: United Nations Publications, 2022.

101. UNDESA. World Population Prospects 2022: Summary of Results[EB/OL]. (2022-07-18) [2022-12-01]. https://www.unorg/development/desa/pd/sites/www.un.org.development.desa.pd/files/wpp2022_summary_of results.pdf.

102. WHO. COVID-19Vaccine Tracker and Landscape[DB/OL]. (2022-01-24) [2022-10-20]. https://www.who.int/publications/m/item/draft-landscape-of-covid-19-candidate-vaccines.

103. World Bank. Doing Business 2020: Comparing Business Regulations in 190 Economies[EB/OL]. (2019-10-24) [2022-11-08]. https://documents1.worldbank.org/curated/en/688761571934946384/pdf/Doing-Business-2020-Comparing-Business-Regulation-in-190-Economies.pdf.

104. World Bank. Macro Poverty Outlook for Russian Federation: April 2022 (English)[EB/OL]. (2022-04-22) [2022-11-11]. http://documents.worldbank.org/curated/en/099053504222211133/IDU0c72f82f302430046a80b0400a3effeb3e549.

105. World Bank. Russia Economic Report: Amidst Strong Economic Recovery, Risks Stemming from COVID-19 and Inflation Build[EB/OL]. (2022-01-10) [2022-11-11]. http://documents.worldbank.org/curated/en/099100111302157406/P177562047516f01709b360c30dafa5850d.

106. WTO. Global Trade Outlook and Statistics[EB/OL]. (2023-04-05) [2023-04-09]. https://www.wto.org/english/res_e/booksp_e/trade_outlook23_e.pdf.

后　记

2018年底,中共中央提出了"要推动由商品和要素流动型开放向规则等制度型开放转变"。2020年,中共中央提出构建"双循环"新发展格局。"双循环"新发展格局的提出,从制度型开放的视角对中国建设更高水平开放型经济新体制提出了新要求。

上海社会科学院世界经济研究所成立于1978年,是全国世界经济领域最重要的研究机构之一。世界经济研究所以世界经济与国际关系两大学科为主轴,将世界经济研究与国际关系研究、世界经济研究与中国对外开放研究相结合,注重研究的综合性、整体性,提高研究成果的理论性、战略性与对策性。在学科建设的基础理论方面和对外开放的战略研究方面形成了一批被同行广泛认可的较有影响的成果。

就本书而言,上海社会科学院世界经济研究所曾连续多年出版世界经济形势分析报告,已经在社会上形成了较大影响。"双循环"新发展格局下,本所组织研究团队进行集体攻关,就新形势下的世界经济格局和各主要国家、地区的经济形势进行分析。因此,本书是全所多名科研人员在长期积累基础上共同撰写的一本专著。本书经过全所多次集体讨论,并确定本书的书名、主题与内容,其中部分内容由本所的博士研究生张雪梅、王少宏分别和导师合作撰写。本书的主要数据截止到2022年。

本书的具体分工如下:第一章,赵蓓文、张雪梅;第二章,智艳;第三章,王莹、姜云飞;第四章,刘芳;第五章,陈陶然;第六章,姜云飞;第七章,唐杰英;第八章,张天桂;第九章,徐乾宇;第十章,王莹、王少宏。全书由赵蓓文研究员拟定总体框架和写作思路,赵蓓文研究员、王莹研究员负责统稿、删减、补充、调整和最终定稿。王少宏负责全书参考文献的格式整理。

本书在撰写过程中得到诸多学术界前辈、同行的支持和帮助,特别是张幼文研究员、权衡研究员两位老所长为本书的最终付梓奠定了重要的研究基础。正是在前辈们的引导下,本所的学科研究能够得到不断绵延,本书还得到所内外各位老师、同仁的指点和帮助,人数众多,无法一一枚举,在此一并予以感谢！点点滴滴,铭记于心！

赵蓓文
2023年1月于上海社会科学院

图书在版编目(CIP)数据

蹒跚复苏的世界经济：新格局、新风险与新机遇：2021—2022年世界经济分析报告 / 赵蓓文等著. —上海：上海社会科学院出版社，2023
 ISBN 978-7-5520-4197-2

Ⅰ.①蹒… Ⅱ.①赵… Ⅲ.①世界经济—研究报告—2021-2022 Ⅳ.①F11

中国国家版本馆CIP数据核字(2023)第138823号

蹒跚复苏的世界经济：新格局、新风险与新机遇
——2021—2022年世界经济分析报告

著　　者：	赵蓓文　等
责任编辑：	王　勤
封面设计：	朱忠诚
出版发行：	上海社会科学院出版社
	上海顺昌路622号　邮编200025
	电话总机 021-63315947　销售热线 021-53063735
	http://www.sassp.cn　E-mail: sassp@sassp.cn
照　　排：	南京理工出版信息技术有限公司
印　　刷：	苏州市古得堡数码印刷有限公司
开　　本：	787毫米×1092毫米　1/16
印　　张：	13.25
字　　数：	246千
版　　次：	2023年8月第1版　2023年8月第1次印刷

ISBN 978-7-5520-4197-2/F·734　　　　　　　　　　定价：78.00元

版权所有　翻印必究